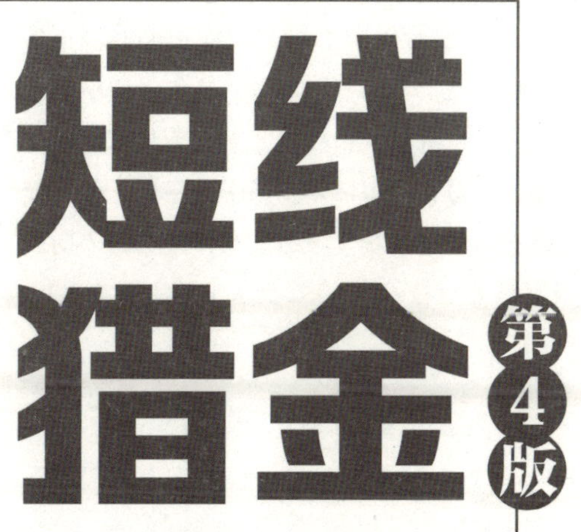

短线炒股实战技法必读全书

老金◎编著

中国纺织出版社有限公司

内 容 提 要

本书融股票短线操作的基础知识、基本技法为一体，在介绍K线图、技术指标和技术图形等入门知识的基础上，详细为读者解读了短线选股、看盘、操盘、止损、跟庄等实战技法。为避免技术指标分析的枯燥感，书中大量运用沪深股市实战案例，使技术分析变得简单、易学、易用，便于模仿操作。本书既是普通股民系统学习短线操作技巧的入门向导，也是股民优化短线炒股技术，提高操盘水平的实用参考书。

图书在版编目（CIP）数据

短线猎金 / 老金编著. -- 4版. -- 北京：中国纺织出版社有限公司，2020.9

ISBN 978-7-5180-7862-2

Ⅰ.①短… Ⅱ.①老… Ⅲ.①股票交易—基本知识 Ⅳ.①F830.91

中国版本图书馆CIP数据核字（2020）第179553号

策划编辑：史　岩　　　　责任编辑：段子君

责任校对：高　涵　　　　责任印制：储志伟

中国纺织出版社有限公司出版发行

地址：北京市朝阳区百子湾东里A407号楼　邮政编码：100124

销售电话：010—67004422　传真：010—87155801

http://www.c-textilep.com

中国纺织出版社天猫旗舰店

官方微博 http://weibo.com/2119887771

三河市宏盛印务有限公司印刷　各地新华书店经销

2020年9月第1版第1次印刷

开本：710×1000　1/16　印张：18

字数：300千字　定价：58.00元

目录 CONTENTS

第八章
主力迷踪——散户跟随主力技巧

第九章
反败为胜——短线止损解套技巧

第一章

参透 K 线图形

不要懵懵懂懂地随意买股票，要在投资前扎实地做一些功课，才能成功！

——[美]威廉·欧奈尔

第一节 K线图的基本知识

K线图源于日本德川幕府时代（1603~1867年），当时日本米市的商人用K线图来记录米市的行情与价格波动，后因其细腻独到的标画方式而被引入股市及期货市场。K线图具有立体感强、直观、携带信息量大的特点，蕴含着丰富的东方哲学思想，能充分显示股价趋势、买卖双方力量的变化，预测后市走向较准确，是各类传播媒介、电脑实时分析系统应用较多的技术分析手段。通过K线图，我们能够把每日或某一周期的市况表现完全记录下来，其记录方法分为以下四部分：

一、日K线的记录

日K线是根据股价（股票指数）一天的走势中形成的四个价位,即开盘价、收盘价、最高价和最低价绘制而成的。

1. 开盘价

开盘价又称开市价，是指某种金融产品在证券或者期货交易所交易日开市后的第一笔买卖成交价格。

2. 收盘价

收盘价是指某种金融产品在证券交易所或者期货交易所一天交易活动结束前最后一笔交易的成交价格。如果当日没有成交，则采用最近一次的成交价格作为收盘价。投资者对行情分析时，一般采用收盘价作为计算依据。因为收盘价是当日行情的标准，又是下一个交易日开盘价的依据，可据以预测未来证券市场行情。

3. 最高价

最高价是指某种金融产品在当日交易中从开市到收市的交易过程中所产生的最高价格。

4. 最低价

最低价是指某种金融产品在当日交易中从开市到收市的交易过程中所产生的最低价格。

开盘价低于收盘价时，则开盘价在下收盘价在上，二者之间的长方柱用红色实心或空心绘出，称为阳线；其上影线的最高点为最高价，下影线的最低点为最低价。

开盘价高于收盘价时，则开盘价在上收盘价在下，二者之间的长方柱用绿色实心或空心绘出，称为阴线，其上影线的最高点为最高价，下影线的最低点为最低价。根据每只股票当日的开盘价、收盘价、最高价、最低价四项数据，可以将股价走势图画成K线图。具体绘制方法如图1–1、图1–2所示。

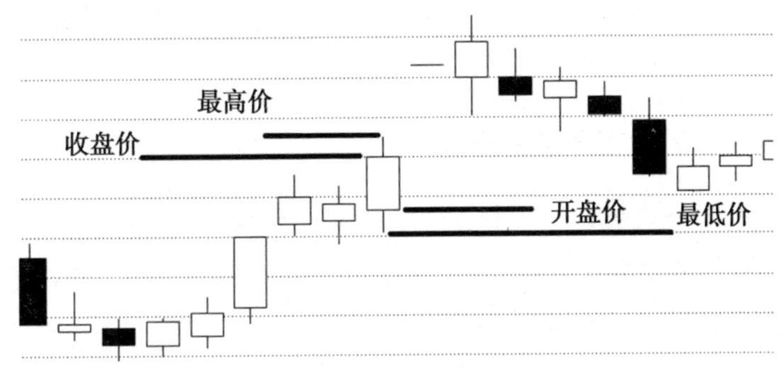

图1–1　阳线K线图

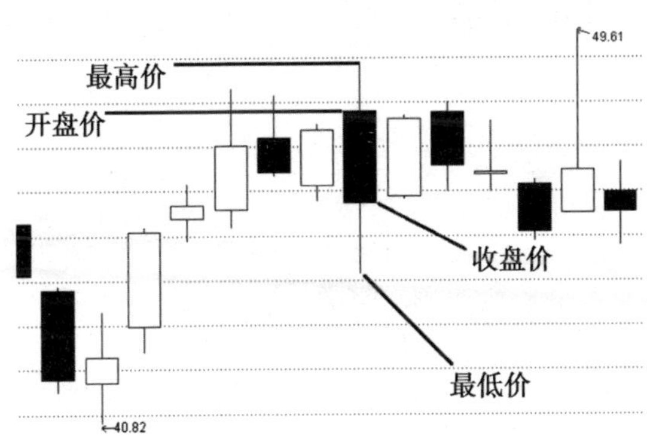

图1–2　阴线K线图

二、周K线和月K线的记录

根据K线的计算周期还可将其分为周K线、月K线等。

（1）周K线是指以周一的开盘价、周五的收盘价为K线的开盘价和收盘价，以全周最高价和全周最低价来画的K线图。

（2）月K线则以一个月的第一个交易日的开盘价、最后一个交易日的收盘价为K线的开盘价和收盘价，以全月最高价与全月最低价来画的K线图，同理可以推得年K线定义。

周K线，月K线常用于研判中期行情，但是由于指标选择周期较长，对短线行情的指导意义会减弱。

根据开盘价与收盘价的波动范围，可将K线分为极阴、极阳，小阴、小阳，中阴、中阳和大阴、大阳等线形。它们的波动范围通常为：极阴线和极阳线的波动范围在0. 5%左右。小阴线和小阳线的涨跌幅度一般在0.5%~1.5%。中阴线和中阳线的涨跌幅度一般在1.5%~3.5%；大阴线和大阳线的涨跌幅度在3.5%以上。

三、典型日K线图形及其形成

下面说明几种典型的单个日K线图的形成过程及其各自的含义。分时走势图记录了股价的全天走势，不同的走势形成了不同种类的K线，而同一种K线却因股价走势不同而各具不同的含义。

1. 小阳星（图1–3）

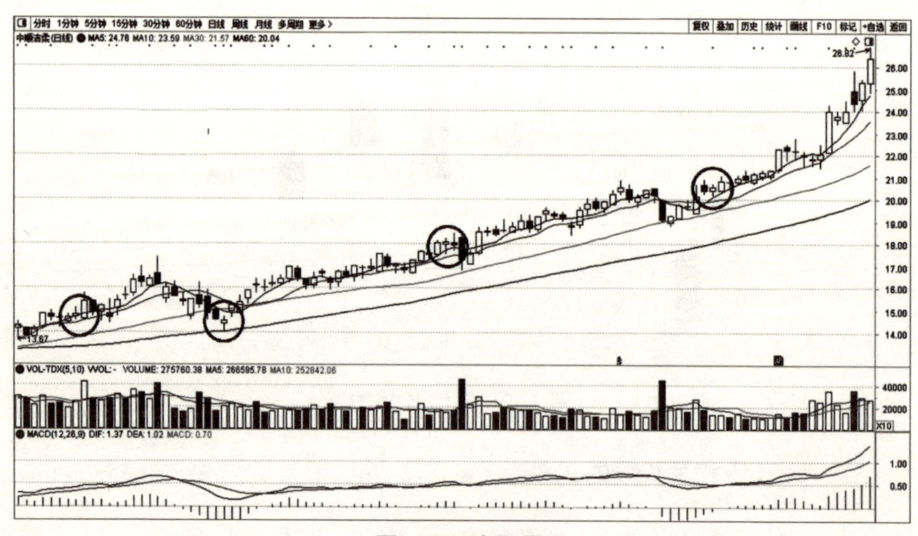

图 1–3　小阳星

短线点金

图1-3为2020年新冠疫情爆发后的“口罩防护”概念股中顺洁柔的K线走势图，从2020年1月底开始，中顺洁柔多次出现小阳星。小阳星的出现表示当日股价波动很小，开盘价与收盘价极其接近，收盘价略高于开盘价。小阳星的出现，表明行情正处于震荡调整阶段，后市的涨跌无法预测，此时要根据其前期K线组合的形状以及当前所处的价位区域综合判断。图中2020年2月24日的小阳星后，股价一路上扬。至2020年7月15日股价涨幅高达78.26%。

2. 小阴星（图1-4）

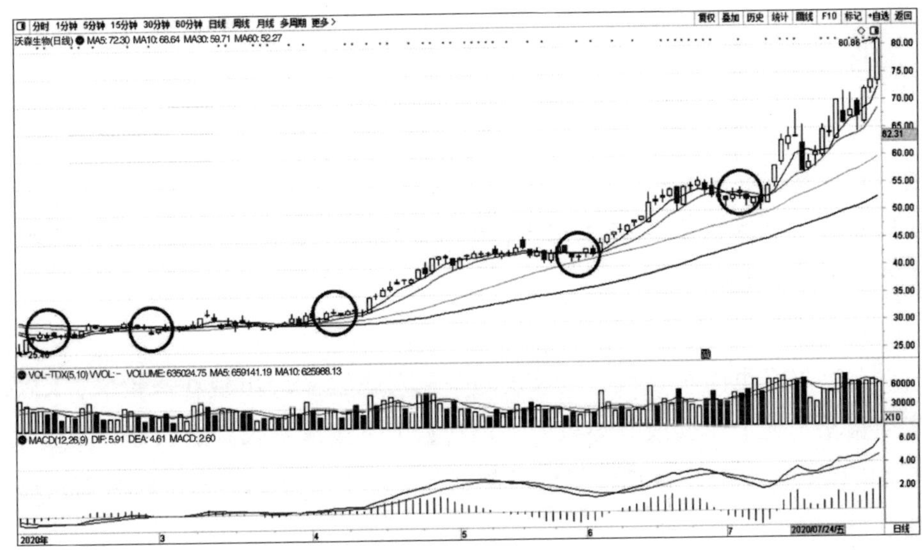

图1-4　小阴星

短线点金

图1-4为2020年新冠疫情爆发后的“生物疫苗”概念股沃森生物的K线图，从2020年1月底开始，中国交建多次出现小阴星。小阴星的分时走势图与小阳星相似，只是收盘价格略低于开盘价格，表明行情处于调整中。

3. 小阳线（图1–5）

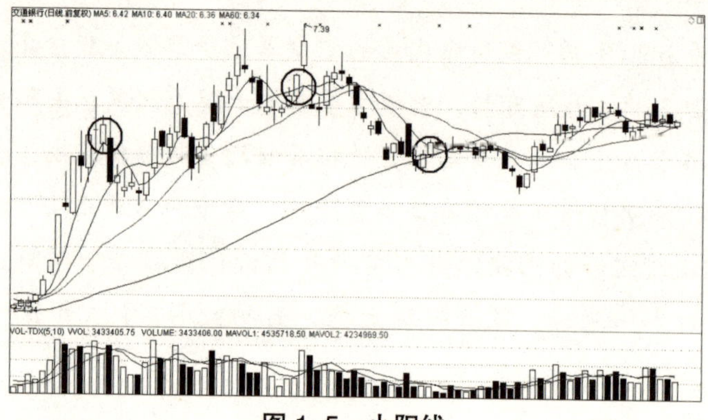

图1–5 小阳线

短线点金

其波动范围较小阳星增大，多头稍占上风，但上攻乏力，表明行情发展扑朔迷离，多见于大幅涨跌中的过渡行情或震荡行情。图1–5为交通银行2014年10月至2015年3月的K线图，小阳线的出现表明股价的涨势呈现弱势，直至出现横盘整理。

4. 上吊阳线（图1–6）

上吊阳线也叫吊颈线，是K线的一种形态。一般出现在高价区，K线实体很小，无上影线或有很短的上影线，但下影线很长，通长是K线实体的2倍以上，下影线越长转势信号越强烈。图1–6为2014年7月31日的爱使股份。

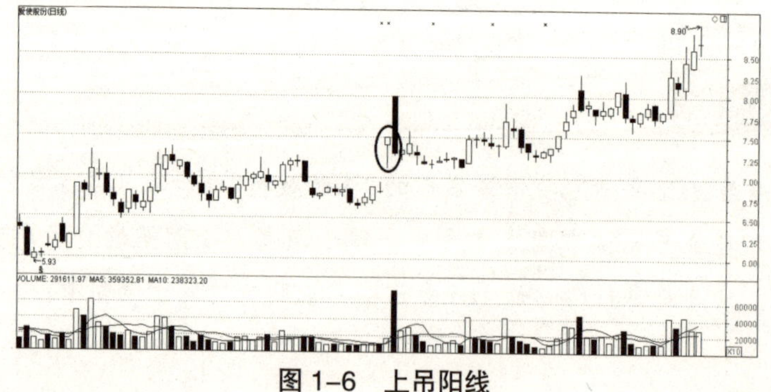

图1–6 上吊阳线

短线点金

如果在低价位区域出现上吊阳线，如图1-6所示，股价表现出探底过程中成交量萎缩，随着股价的逐步攀高，成交量呈均匀放大势态，并最终以阳线报收，预示后市股价看涨。如果在高价位区域出现上吊阳线，股价走出图示的形态，则有可能是主力在拉高出货，需要留心。

5. 下影阳线（图1-7）

图1-7　下影阳线

短线点金

它的出现，表明多空交战中多方的攻击沉稳有力，股价先跌后涨，行情有进一步上涨的潜力，但是具体的股价处于什么位置，是否有骗线的可能要综合考虑，图1-7就是一个反例。

6. 上影阳线（图1-8）

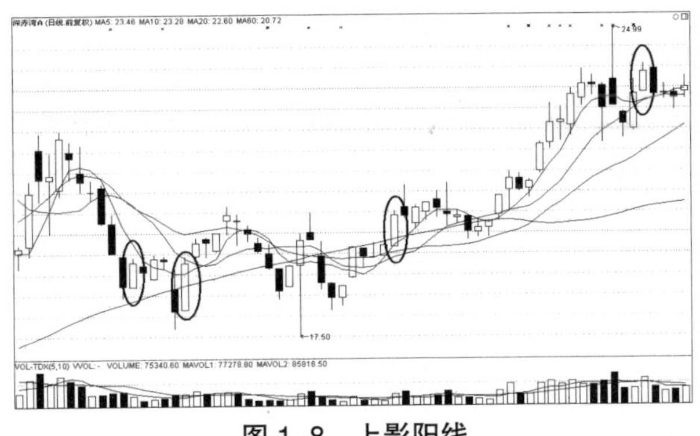

图1-8　上影阳线

短线点金

显示多方攻击时上方抛压沉重。这种图形常见于主力的试盘动作，说明此时浮动筹码较多，涨势不强。

7. 穿头破脚阳线（图1-9）

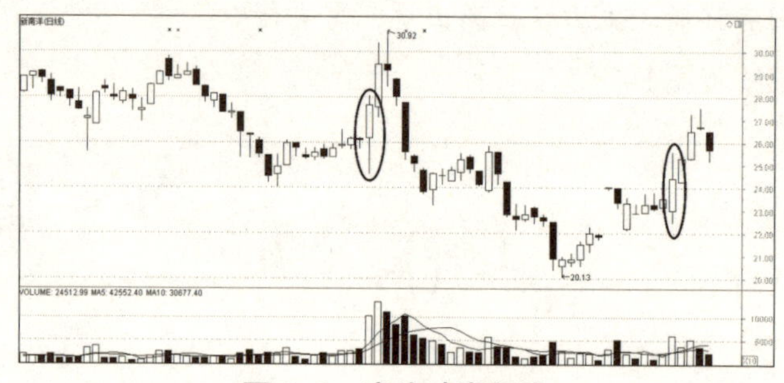

图 1-9　穿头破脚阳线

短线点金

股价走出如图1-9所示的图形说明多方已占据优势，并出现逐波上攻行情，股价在成交量的配合下稳步升高，预示后市看涨。同样为穿头破脚阳线，股价走势若表现出在全日多数时间内横盘或者盘跌而尾市突然拉高时，预示次日可能跳空高开后低走。

还有一种情况，股价走势若表现为全日宽幅震荡尾市放量拉升收阳时，可能是当日主力通过震荡洗盘驱赶坐轿客，然后轻松拉高，后市可能继续看涨。

8. 光头阳线（图1-10）

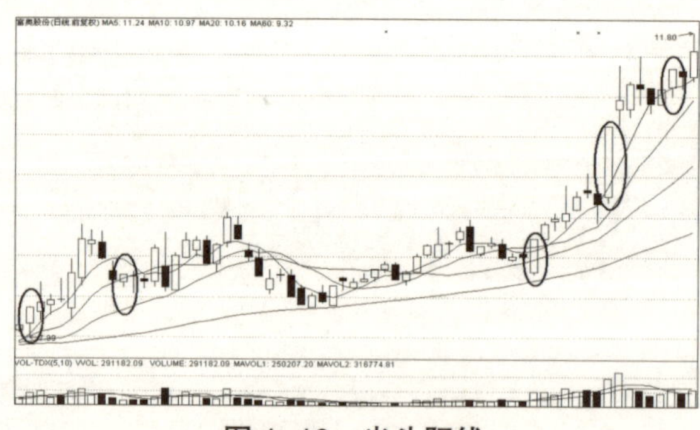

图 1-10　光头阳线

短线点金

光头阳线若出现在低价位区域，在分时走势图上表现为股价探底后逐浪走高且成交量同时放大，预示为一轮上升行情的开始。如果出现在上升行情途中，表明后市继续看好。

9. 光头光脚阳线（图1–11）

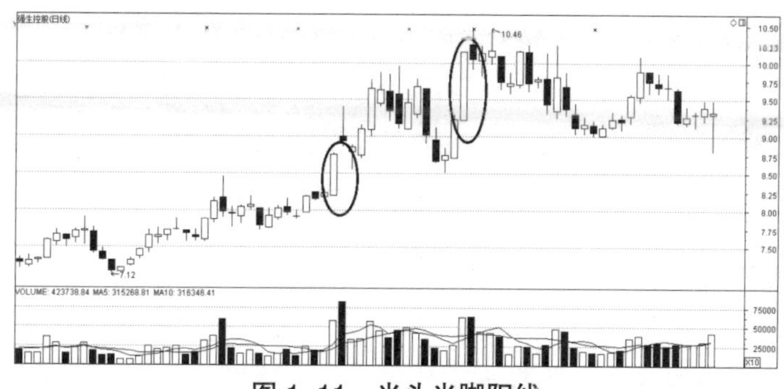

图1–11　光头光脚阳线

短线点金

表明多方已经牢固控制盘面，逐浪上攻，步步逼空，涨势强烈。

10. 小阴线（图1–12）

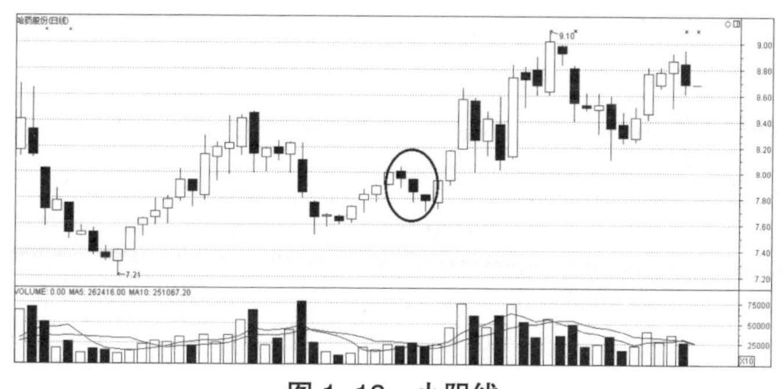

图1–12　小阴线

短线点金

表示空方呈打压态势，但力度不大，若出现在大阳线之后，代表着空方力量薄弱，后市涨势可以确定。

11. 光脚阴线（图 1–13）

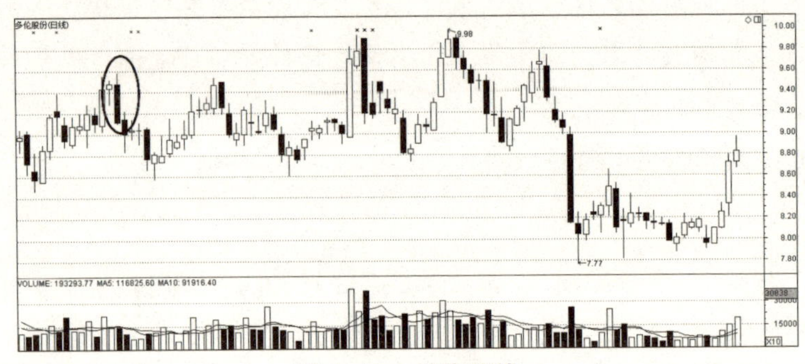

图 1–13 光脚阴线

短线点金

光脚阴线的出现表示股价虽有反弹，但上档抛压沉重。空方趁势打压使股价以阴线的最低价报收。

12. 光头阴线（图 1–14）

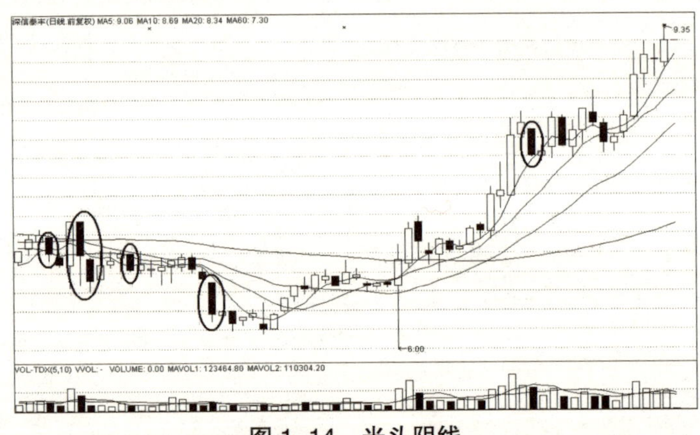

图 1–14 光头阴线

短线点金

如果这种线型出现于低价位区，说明抄低盘的介入使股价有反弹迹象，但力度不大。从图 1–14 中三个光头阴线可以看出，光头阴线所在位置的不同，起到的作用也是不一样的。

13. 下影阴线、下影十字星、T形线（图1–15）

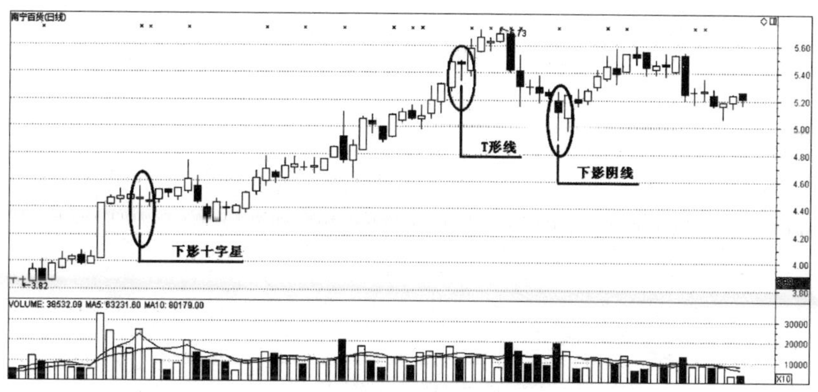

图 1–15　下影阴线、下影十字星、T 形线

短线点金

这三种线型中的任何一种出现在低价位区时，都说明下档承接力较强，股价有反弹的可能。

14. 上影阴线、倒T形线（图1–16）

图 1–16　上影阴线、倒 T 形线

短线点金

这两种线型中的任何一种出现在高价位区时，说明上档抛压严重，行情

疲软，股价有反转下跌的可能；如果出现在中价位区的上升途中，则表明后市仍有上升空间。

15. 十字星（图1–17）

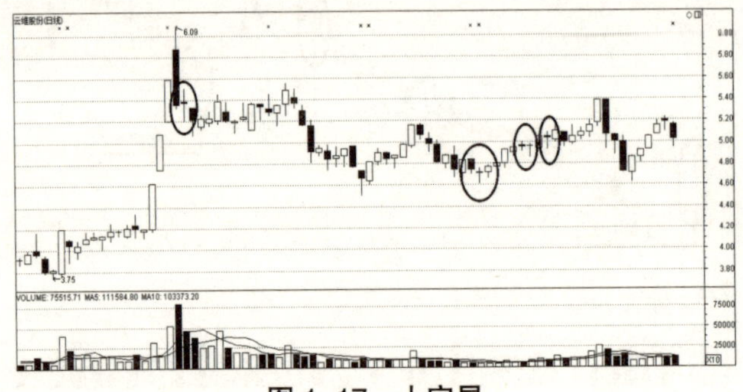

图1–17　十字星

短线点金

这种线型常称为变盘十字星，无论出现在高价位区还是低价位区，都可视为顶部或底部信号，预示大势即将改变原来的走向。由于十字星的特殊作用，股民朋友一定要特别小心小盘股票的十字星，因为小盘股票容易操控，形成骗线，从而诱惑股民朋友。

16. 光头光脚大阴线（图1–18）

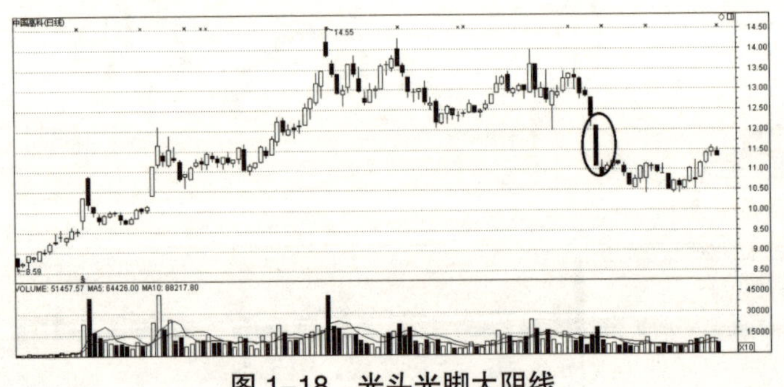

图1–18　光头光脚大阴线

短线点金

股价横盘一日，尾盘突然放量下攻，表明空方在一日交战中最终占据了主导优势，次日低开的可能性较大。如果股价走出如图1–18所示的逐波下跌的行情，这说明空方已占尽优势，多方无力抵抗，股价被逐步打低，后市看淡。从图1–18中我们可以看到，在光头光脚大阴线出现之后，又出现十字星，如果此时错误地理解了十字星的作用，就会被深度套牢。

第二节　K线图的底部买入信号

K线图底部见底的买入信号很多，在这里，我们给大家介绍一些常见的底部买入信号，希望对广大股民朋友们有所帮助。

一、开盘长阳收上影线

开盘长阳收上影线表示在开盘后，买方发动的攻势较强，卖方难以阻挡，因此股价一路上升，呈现为带小上影线的长阳线或光头阳线。

一只股票经过深度回调，并在低价位横盘数日，如果某日出现了开盘长阳收上影线，则说明股价已经见底，后市将会有一段时间的回涨。如果第二天继续收阳，就是介入的最佳时机。图1–19为2020年6月19日通策医疗的K线图，股价经过漫长的盘整后，6月19日拉出一根阳线收小上影线，此后股价一路飙涨，至2014年8月28日，股价217元，涨幅达43.22%。

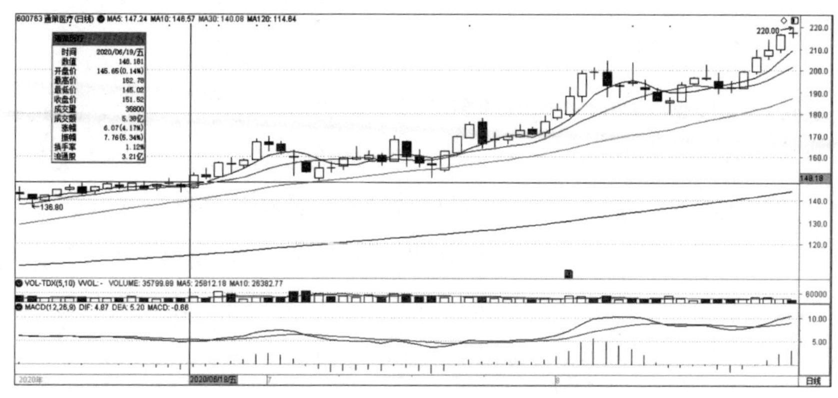

图1–19　开盘长阳收上影线

短线点金

低价位或箱形整理开盘长阳收上影线是一个强烈的买入信号，但是需要注意的是，结合其他指标判断，此阳线要确实出现在底部，同时阳线不易过长，第二天若继续收小阳线，则可大胆介入；若收阴线，则应继续观望。

二、长阴下跳空回补中阳线

股价经过深幅调整后在低价位出现一条大阴线，而次日，向下空跳收一条小图线（阴阳均可），在三日内将该向下跳空缺口补去并拉出中阳线，称为“长阴下跳空回补中阳线”。该线的出现表示重要的阶段性底部显现，这是强烈的见底信号，可抓紧买入（图1-20）。

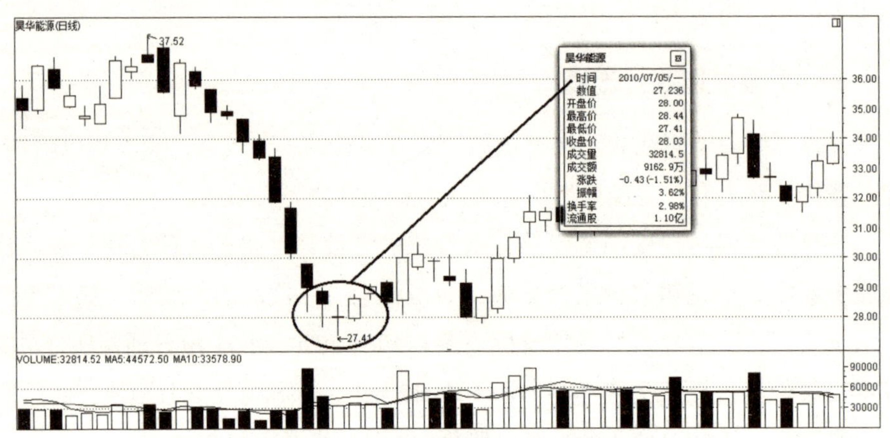

图1-20 长阴下跳空回补中阳线

三、低价位孕线

低价位孕线是指经过一连串的阴跌或整理之后出现了一个大线（阳、阴），而次日又出现了一个短小的图形，其上下的幅度都没有超过前一个交易日的幅度，这样的情况，我们就称之为低价位孕线。低价位孕线分“阳孕阴”“阴孕阳”“阴孕阴”“阳孕阳”“十字星孕线”等形态。在低价区，上述形态均为买入信号。图1-21为2015年3月4日青岛海尔的K线图，出现低价位十字星孕线后，股价狂飙，至2015年4月3日狂涨近40%。

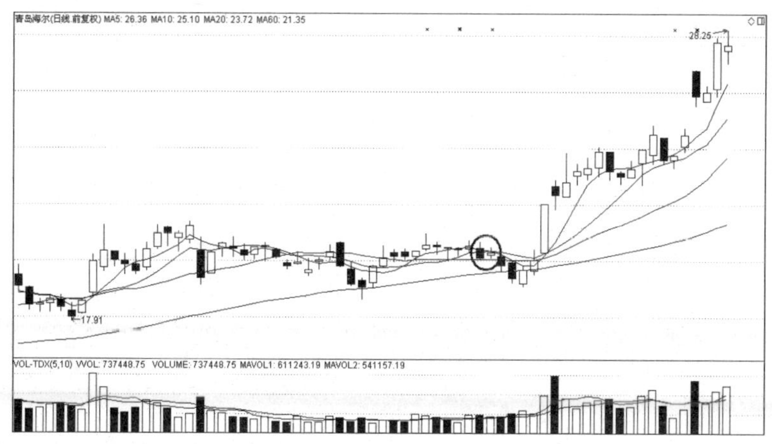

图 1-21　低价位孕线

四、低价位抱线

在持续一段时间的下跌后，某日出现一条短小的线图，次日出现一条长大的线图（阴或阳线），形成包容状态，这样的K线图称为低价位抱线。低价位抱线表明在持续的下跌后，出现的小图表示下跌力量减弱；随后出现的大线图，最高价超过了前一日的最高价，表示买方力量加强，形势利于多方。此图不论是阳抱阴，还是阴抱阳，或者阳抱阳，抑或阴抱阴都是买入信号（图1-22）。

图 1-22　低价位抱线

短线点金

低价位抱线一般是比较准确的买入信号，尤其是“异性相抱”，阴抱阳或者阳抱阴更加准确。低价位抱线的周抱线比日抱线更加准确，基本可以放心地买入了。而下降途中的阴抱阴抱线，一般是反弹信号，最好不要介入，如果想介入，那么需要快进快出。

五、底部倒山形三阴线

底部倒山形三阴线是三条阴线组成的倒“山”形图形，底部倒山形三阴线多出现在股价深跌后的低位，是典型的见底买入信号，可放心做多（图 1–23）。

底部倒山形三阴线有时也出现在其他位置，但没有实际意义，可不予理会。底部倒山形三阴线有如下三个形态特征：

（1）三条图线由中阴线构成，如果出现如图 1–23 所示中间的阴线位阴十字星，则更加确定了底部的信息。

（2）该形态的第二条图线一般平开，低开更好，如留有较长的下影线，其见底的有效性更高。

（3）第三条图线一般是向上跳空高开，高开的幅度应与前两条阴线实体的长度相当，略小也可，但不宜太小，收盘价最好是收在第二条线的开盘价之上，如果第三条线的收盘价收到第二条线的实体内较下的地方，则不能按底部倒山形三阴线的图线操作。

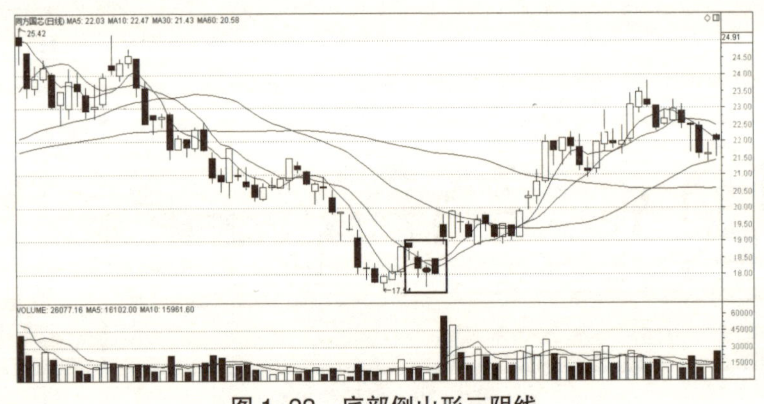

图 1–23　底部倒山形三阴线

短线点金

底部倒山形三阴线形态完全符合前面所说的三大特征是不多见的，所以底部倒山形三阴线形态不能像其他的图线那样要求“达标”，只要是相似或近似即可。这些相似的形态与标准形态的底部倒山形三阴线所显示的信号同样可信，应放心操作。

后市能否获利的关键就是要认真分析底部倒山形三阴线形态是否处在低位。判断是否处在低位，一般的办法是观察该股前段下跌的幅度，若前段下跌的幅度超过30%，就可视为处在“低位”，即使不是底部，但股价下跌了30%后，绝大多数的股票会出现一次较大的反弹，抓住了这次反弹，所得到的收益也会令人满意。

底部倒山形三阴线形态中的第二条阴线，如果带有较长的下影线时，则应放心大胆做多。因为长下影线本来就是一个可信的见底信号（即下浮底部线），这两种见底信号的叠加，显示见底更加有力，操作起来更令人放心。

六、底部并列三阳线

底部并列三阳线是由三条上升的阳线组成的图形。在暴跌行情之后，空方已无力继续压低股价，股价在低价区呈“一”字形窄幅波动，小阳线与小阴线交替出现，成交量萎缩。经过较长时间整理之后，多方积蓄了足够上升的能量，伴随着成交量的均匀放大，盘面出现连续上升的三根小阳线，使股价突破盘局开始上升。这三根小阳线称为底部并列三阳线，它的出现预示着后市大幅上升的可能性很大（图1–24）。

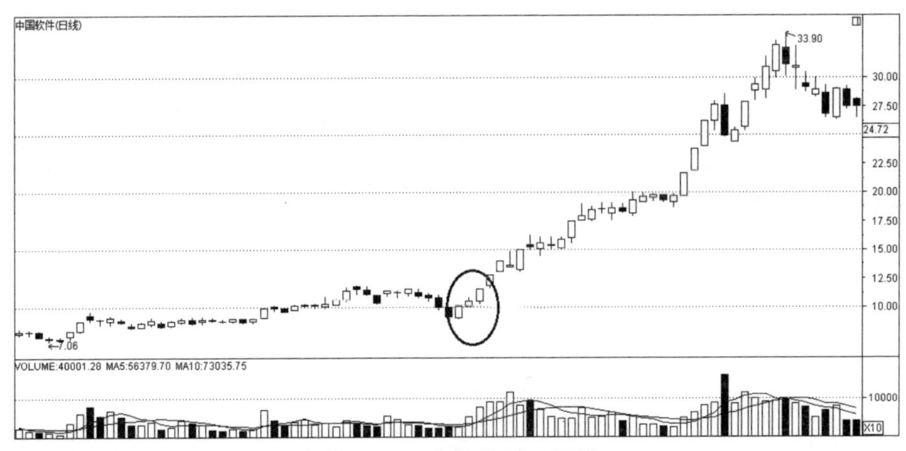

图1–24 底部并列三阳线

底部并列三阳线有如下三个特征：

（1）三条阳线应为中小阳线，第三条阳线的实体要大体相当。

（2）第二条阳线和第三条阳线要分别在前一条阳线实体的中心值之上开盘。

（3）第三条阳线必须在第二条阳线的最高价之上收盘。

短线点金

底部并列三阳线出现的频率很高，但符合条件的则相当少。标准的底部并列三阳线，必须符合上述提到的三个特征，不符合特征的三条阳线，均不能按底部并列三阳线形态进行操作。

处在高位的底部并列三阳线，要注意获利了结，更不能把它当成上升途中的底部并列三阳线而买进。

底部并列三阳线可在任何位置出现，但只有在低位和上升途中出现的底部并列三阳线，才是可信的买入信号。

第三节 K线图上升途中的买入信号

K线图上升途中的买入信号主要有以下五种。

一、横盘整理突破

横盘整理突破即突破上升平台，是上升途中的介入良机。这样的股票K线形态主要特征如下：

（1）股价连续涨升，往往在此阶段股价很难看出未来趋势，散户也没有胆量介入。

（2）几天后股价在一个阶段性高位横盘整理。一般要一到两周完成整理过程。

（3）突破平台的标准应该是适度放量，同时上升幅度超过3%。

图1–25为雪榕生物2020年4月24日和2020年6月24日的两个横盘整理突破，经两次横盘整理后，庄家充分吸筹，股价开始飙升。故两次横盘均为好的买入时机。

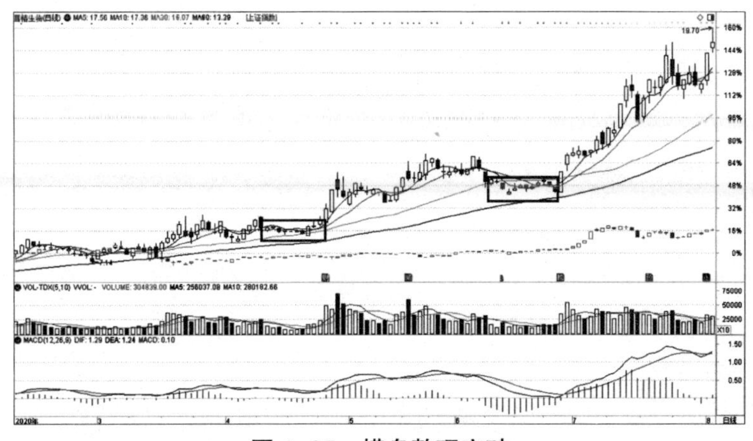

图1–25　横盘整理突破

短线点金

横盘整理突破形态的横盘阶段常伴随着大量的小阳线、小阴线、星线、盘整时间短则一周左右，长则数周，最后以一根大阳线标志横盘整理正式突破。在盘整阶段，要参考量价的变化，盘整不放量，长阳线突破放量。盘整阶段宜买入。

二、涨跌整理后上扬

多数市场的主力不愿意让自己的操作意图过于明显地表露，加上震仓洗盘的需要，股票在上升途中经常出现涨跌整理后上扬这样一种形态。

（1）股票价格首先上涨，有的还形成跳空缺口，在明确了突破向上后又毫无征兆地急跌，收出大阴线，将缺口回补。

（2）随后的三到十天，股价在一个小范围内没有规则地上下波动，形成一个旗形整理态势。

（3）在成交量明显收缩后突然又一根阳线向上突破，这样的走势属典型的洗盘K线组合。

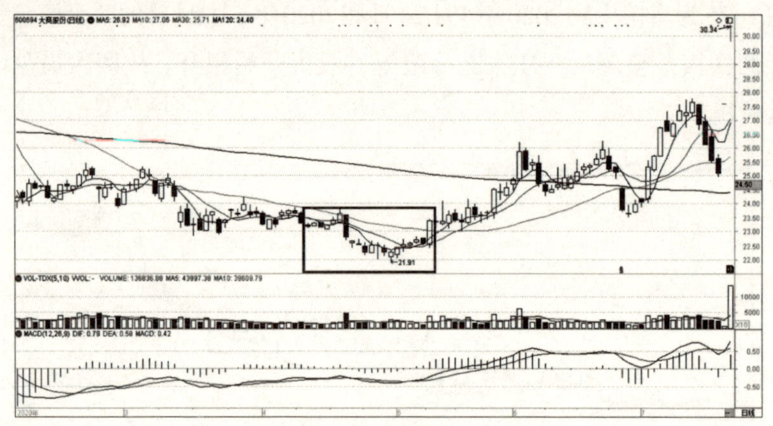

图 1-26　涨跌整理后上扬

短线点金

如图1-26所示，大商股份在2020年4月出现“涨跌整理后上扬”行情，股价开始跳空上涨，随后一个大阴线回补缺口，股价也随着下跌，此时很多散户已经被震仓出局，但是12天之后，股价又重新涨回到缺口顶部位置，随即该股一发不可收拾，2个月上涨了近30%。

三、上升三阳线突破

上升三阳线突破往往表示主力做多的坚定信念，主要表现为连续多根大或中阳线的组合，尤其是连续并列的阳线，更加表现了上升势头的猛烈（图1-27）。

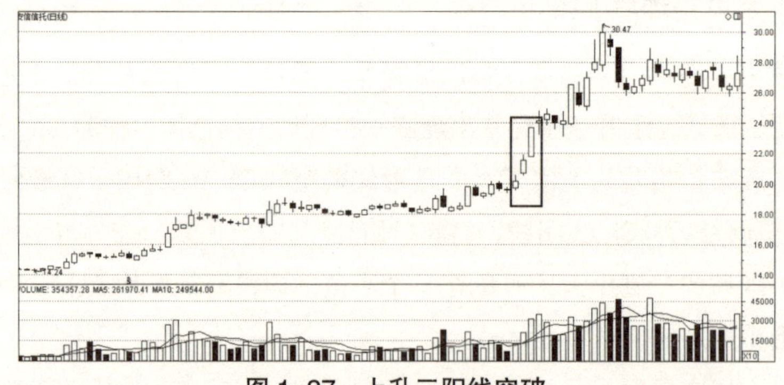

图 1-27　上升三阳线突破

短线点金

上升三阳线突破出现在长期整理之后，如果伴随着一个跳空高开，做多行情便十分坚定。这种股票多为大盘蓝筹股，跟随大盘指数的上涨而上涨，并且有超越指数的潜质。

四、大幅上涨后微调

大幅上涨后微调往往在做盘时有一定的随机性，与大势的配合较为明显。股价在上升途中多出现一些插入线和斩回线。但出现一条阴线后往往能够在下一个交易日收一条向下跳低开盘的阳线，其收盘价格进入前阴线实体中心值的附近，有的还能够收到上方，这说明多头力量依然强劲，主力控盘力量没有减弱。这样的形态依然是买入良机（图 1–28）。

图 1–28　大幅上涨后微调

短线点金

上证指数出现较大的回调，个股也会随着回调，如果出现“大幅上涨后微调”，下跌空间将被若干阳线收回失地。但是此种形态“事不过三”，假如连续出现两次以上即要警惕变盘的可能，尤其在放量比较大以后，则应及时出场。

五、上升阳线夹多星线

股价上升途中出现一条大阳线，随后出现两颗到三颗星形线或者十字星，然后，又在市场的犹豫中突然收起一根令人疑惑的阳线，其收盘价高于或接近星形线的最高价，此形态出现后，该股将要有一波急拉行情（图1–29）。

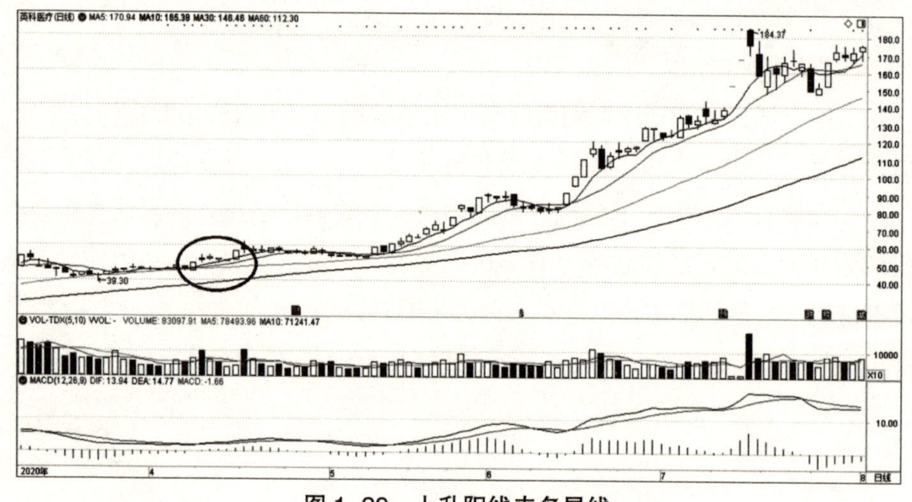

图1–29 上升阳线夹多星线

短线点金

如图1–29所示，英科医疗于2020年4月9日至16日在一个阳线之后连续形成四个小星线，之后拉出阳线，可以确认多头势力强盛。此时果断买入继续持股待涨将收获巨丰。至8月3日，股价收于175.27元，股价攀升200%以上。

第四节 K线图的卖出信号

股市有这样一句话：会买的是徒弟，会卖的才是师傅。会买不如会卖，要将账面上的赢利转化为真正的利润，必须会卖不行。因此，如何识别和利用K线图卖出信号来为自己创造财富，是每一位股民都必须深入学习的。K线图的卖出信号很多，在这里我们介绍一些常见的K线图卖出信号，希望对广大股民朋友们有所帮助。

一、高开阴线下插阳线

高开阴线下插阳线俗称乌云线，也称覆盖线，由一条阳线和一条阴线组成，阴线在阳线收盘价之上开盘，在阳线实体内收盘，形成乌云盖顶之势。具体图形如图1–30所示。

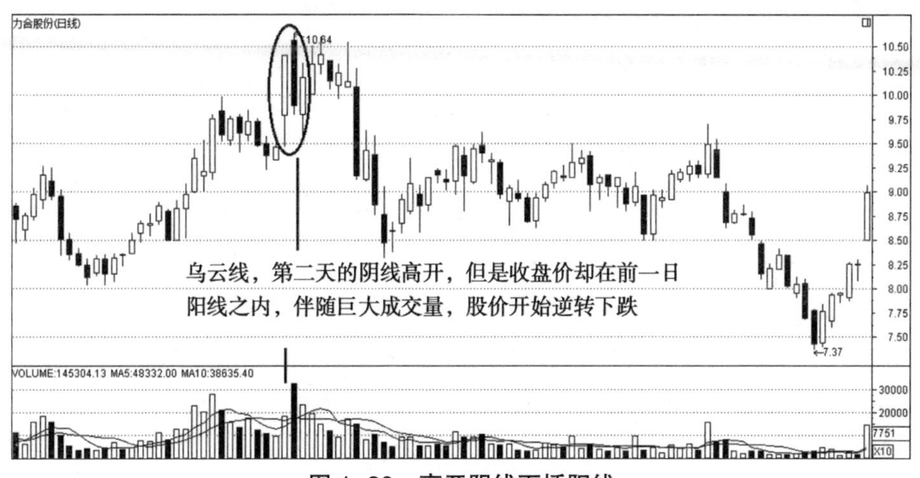

图1–30　高开阴线下插阳线

行情连续数天扬升之后，隔日高开。随后买盘不愿追高，大势持续滑落，收盘价跌至前一日阳线之内。这是超买之后所形成的卖压涌现，获利了结盘大量抛出之故，将下跌。高开阴线下插阳线可在走势图中的任何位置出现，但只有出现在高位和上升或下降途中的“高开阴线下插阳线”才具有研究价值。处在高位或下降途中的高开阴线下插阳线，所显示的是卖出信号。在横向盘整行情中出现的高开阴线下插阳线，属于一般波动，不能作为操作的依据。

短线点金

高位高开阴线下插阳线是比较强烈的卖出信号，当出现此信号时，应坚决卖出股票，不能有丝毫的犹豫。

下降途中的高开阴线下插阳线，也是很强的卖出信号，也应像对待高位高开阴线下插阳线一样，及时卖出，以免越套越深，不能自拔。

千万别把上升途中的高开阴线下插阳线当成高位高开阴线下插阳线进行卖出操作。不要贪多，有了盈利，就应了结。

二、顶部孕线

顶部孕线是由一阴一阳两条图线组成的图形，有如下两种形态：

第一条图线为阳线，第二条图线为阴线，且阴线在前阳线的实体内开盘（图1–31）。

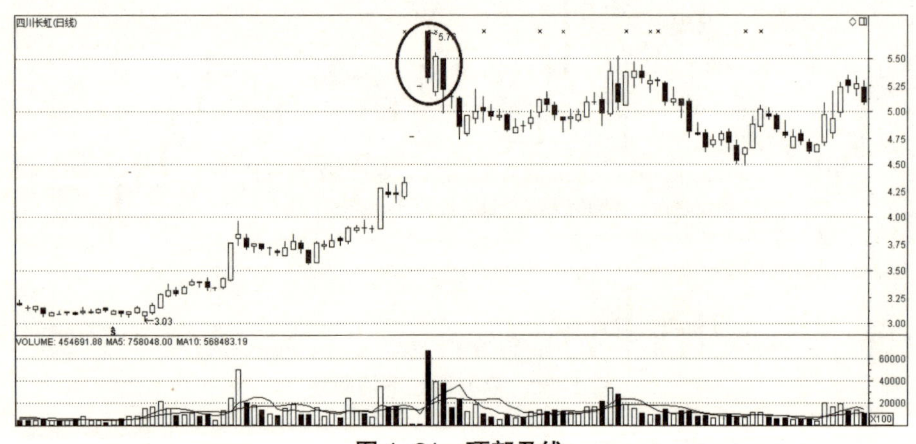

图 1–31　顶部孕线

顶部孕线可在走势图中任何位置出现，处在高位（包括大天顶高位和上升行情的波段峰顶高位）和下降途中的顶部孕线，均为卖出信号。

短线点金

按照处在天顶高位处顶部孕线卖出股票后，应远离股市，等待股价调整到位后才可重新买入。但在波段顶部卖出股票后，须时时关注后市的走势，一旦调整到位，应及时买回，迎接下一波的升势。

三、向上跳空星形线

向上跳空星形线是由一根中阳线或长阳线，与一根跳空高开的小阴星或者小阳星组成。具体如图1-32所示。

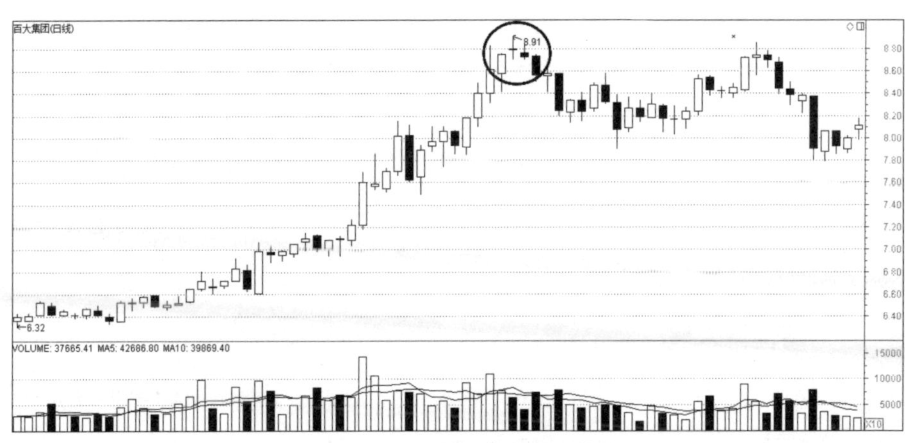

图1-32　向上空跳星形线

向上跳空星形线具有如下三大特征：

（1）在该组合出现前应该有至少10%的阶段上涨幅度，换句话说就是该星形线处于阶段高位。

（2）该形态的前一条图线必须是一条大阳线，当日升幅至少在2%以上。

（3）第二条星形线必须与第一条阳线在实体之间，有向上跳空缺口。

向上跳空星形线是典型的见顶信号，该形态出现后，行情一般会出现一段下跌走势，应及时卖出股票，以免高位套牢。

短线点金

向上跳空星形线出现后，有的股票仅收一条阳线就反弹收阳线，在星形线出现的当日没来得及卖出股票的持有者，应该趁反弹之机果断卖出，如果再失去这次卖出机会，就会使到手的盈利至少损失10%以上，投资者应格外珍惜这一可贵的卖出机会，不能存有等待反弹的想法。

向上跳空星形线的最佳卖出时间就是星形线出现的当天，一旦发现股价向上跳空高开，同时出现大成交量，股价先是暴涨，然后下跌的走势时，就可认定是向上空跳星形线的形成，此时就应全部卖出手中的获利筹码。为了能顺利卖出，报价应低于市价1~2个价位。获利丰厚的投资者，还可挂出更低的卖出价格。

向上跳空星形线出现后，股价下跌的幅度一般会达到前期升幅的80%，甚至100%，即跌回到原起涨点价位。股价跌回到原起涨点价位后，先前卖出的投资者，此时可酌情抄底抢反弹，但出手不要太大，只能做试探性买入，因为股价跌回到原位后，并不意味着就不再下跌了，有时仅在原位虚晃一枪，就破位下行，若是一次进多了货，即使及时进行了“止损”，其损失也是令人难以接受的。

四、高位待入线

股价涨升到高位后，一日走出一条大阴线，第二天在阴线底部附近开盘，收一条小阴线，收盘价与前一条阴线的收盘价同值或接近，但不能进入阴线实体内，这种形态的图线就是高位待入线，该线预示着股价已经到了顶部，后市将以向下调整为主。

待入线是判断行情走势的重要信号之一，处在高位的待入线多显示见顶信号，应卖出股票（图1–33）。

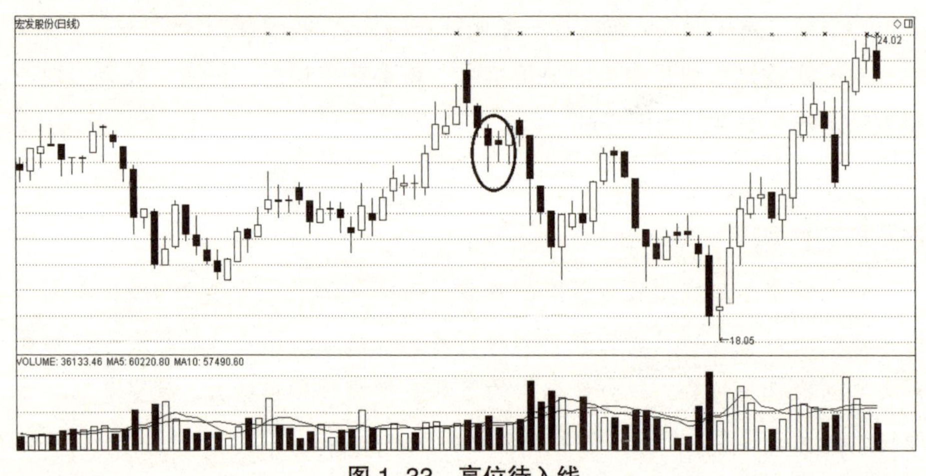

图 1–33　高位待入线

五、高位切入线

高位切入线与高位待入线的图形基本相似，即在高位出现一条大阴线后，紧接着走出一条小线，在前阴线的实体以下开盘，在前阴线实体内的下端收。

切入线是一条弱势线，是强烈的卖出信号（图 1–34）。

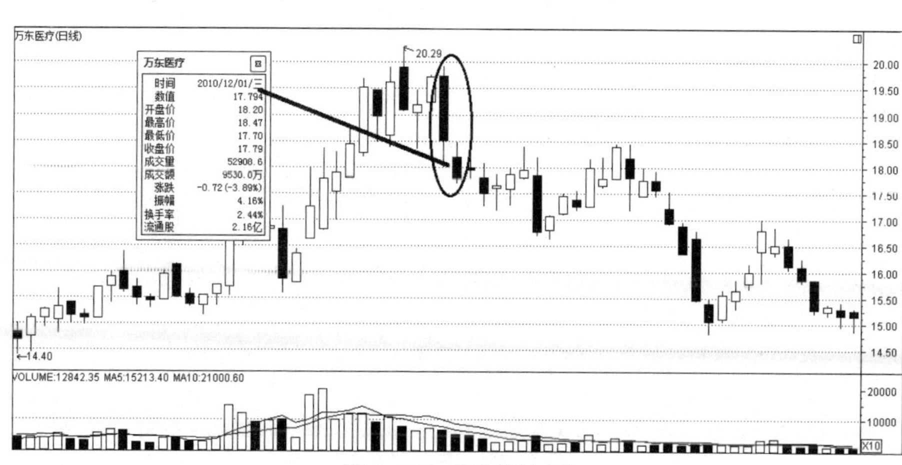

图 1–34　高位切入线

六、高档横盘中跳大阴线

股价在高档横盘整理，连日小阴小阳不断，某一日忽然大幅向下跳空，股价跌落至其横盘区域收市，形成高位的大阴线。其后，股价再无力向上，最后只能向下突破，展开一段下跌行情（图 1–35）。

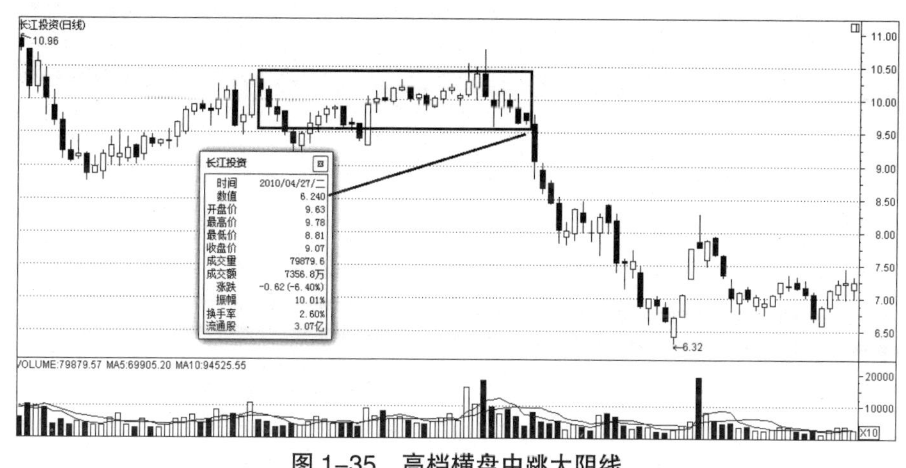

图 1–35　高档横盘中跳大阴线

七、齐头并列线

齐头并列线由两条开盘价和收盘价基本接近、实体长度大体相当的图线组成（图1-36）。

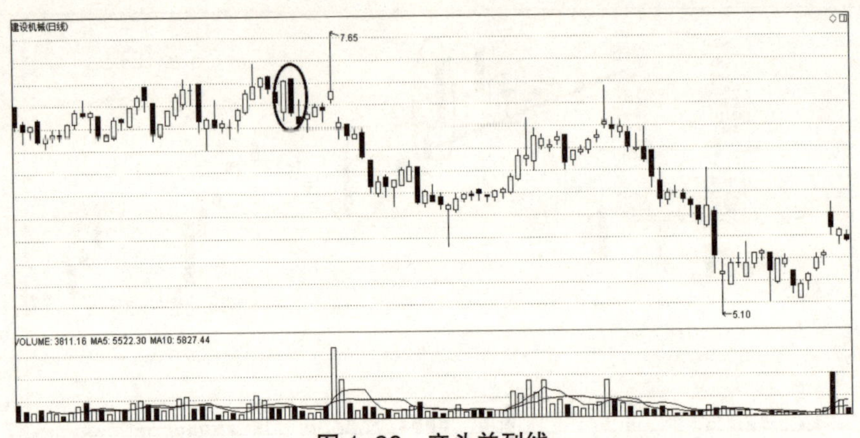

图1-36　齐头并列线

在一般情况下，齐头并列线并不表示什么信号，只有在上升趋势中，且处在高位向上空跳的并列，才显示见顶信号，在下降趋势中，处在低位且向下空跳的并列，才显示见底信号。投资者一定要根据它们所处的位置，进行买入或卖出操作。

操作齐头并列线应注意以下三个事项：

（1）在特殊情况下，处在天顶部位的并列阴线，不要求是向上空跳的形态，只需要两条图线的开盘价、收盘价和实体的大小均符合并列线的组合要求就行。

（2）并列阴线或并列阳线，指的是它们实体部分的并列，一般不考虑上、下影线的长短。

（3）要注意区分并列阳线和并列阴线所处的位置，如“高位”与“低位”问题。一般没有绝对标准，需要根据个人的经验进行判断。

第五节　K线组合图形的识别和运用

做短线讲究快和准。快能抢到时机，准能使买和卖的时机选择不出差错。

何时买入、何时卖出，要依趋势而动。在基本趋势上涨或下跌的中途，往往会出现一些时间不长、振幅不一的盘整走势，它们就像一个歇脚站，股价在此盘整蓄势，然后终止盘整，继续沿原趋势方向运行，这种形态在技术上叫“突破”。由于盘整积蓄了新的能量，股价突破盘整局面后所能够达到的点位是特别值得短线投资者关注的。因此，突破形态是短线操作最应注意的转势信号。如果确认后及时跟进向上的突破形态，一般都可以有10%以上的收获；看到向下突破的信号，则可以及时止损。

适合做短线投资的突破形态有很多，其中较为常见的有以下几种。

一、上升三角形

上升三角形通常出现在上升趋势的中途，是较为常见的中途整理形态。它是在股价经过前阶段的大幅上涨之后，为防止短线跟风盘抬轿而进行的一种整理形态，目的就是将短线跟风客清洗出去。在这个整理形态中，两次冲顶连线呈一水平线，两次探底连线呈上升趋势线，但总体来说都存在一个缩量的过程，这种调整的幅度越来越小，到整理末期基本以十字星报收，量也缩到这个整理形态的最小位置。

上升三角形具有以下特征：股价回落的低点一个比一个高，而高点却在同一水平受阻，最后股价向上放量突破阻力，展开新的上升浪。上升三角形的形式如图1–37所示。图为新华百货2020年5月25日至7月6日形成的上升三角形，此后股价震荡上涨。

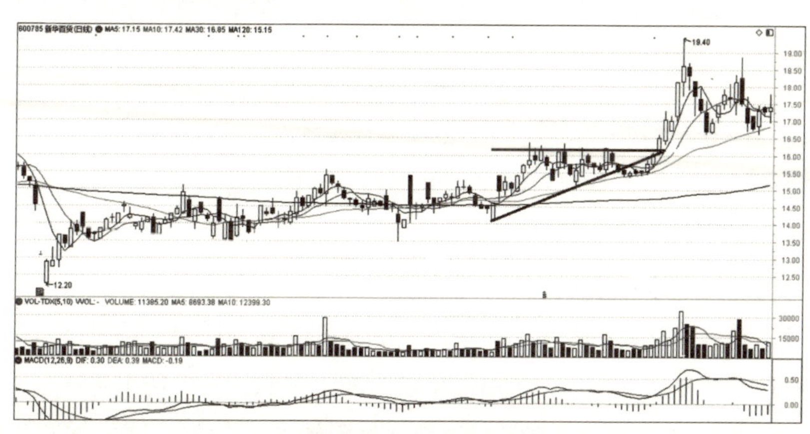

图1–37　上升三角形

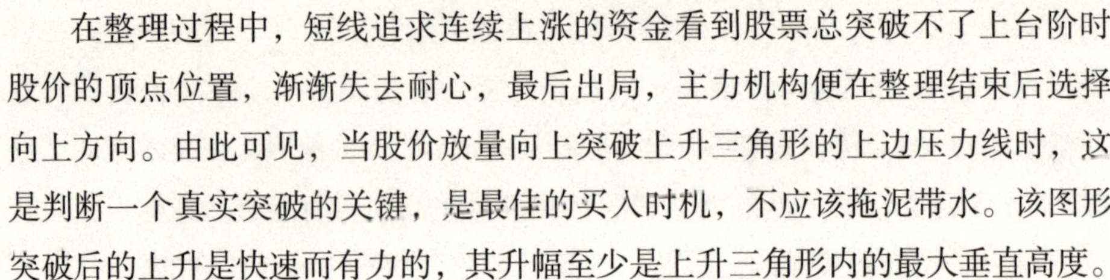

在整理过程中，短线追求连续上涨的资金看到股票总突破不了上台阶时股价的顶点位置，渐渐失去耐心，最后出局，主力机构便在整理结束后选择向上方向。由此可见，当股价放量向上突破上升三角形的上边压力线时，这是判断一个真实突破的关键，是最佳的买入时机，不应该拖泥带水。该图形突破后的上升是快速而有力的，其升幅至少是上升三角形内的最大垂直高度。

短线点金

对于确认上升三角形的向上突破需要注意的是：

由于上升三角形属于上升趋势的中途整理形态，在其形态形成过程中的成交量应逐步萎缩，而向上突破时成交量必须有效放大。切记，放量的突破才是好的突破形态。量是每个炒股的人时刻需要关注的，尤其是大盘压力重重的时候。

上升三角形完成的时间不应过长，一般只有两个浪峰；也不应直至三角形顶端才突破，否则上升力度有限或可靠性降低，甚至会演化为横向走势。

如果突破时成交量配合不理想，股价又重新回到三角形之内时，应小心假突破并应止损。特别对有些涨幅已经很大的股票，主力往往利用假突破制造多头陷阱，达到高位派发的目的，其特点就是突破后很快股价又跌回至整理形态之内并形成头部。于是，三角形失败，形成多重顶。

如果对上升三角形的本质有了充分而又具体的认识，在此基础上去识别正确形态，做到胸有成竹，捕捉具有完美上升三角形形态的个股，想不赚钱都难了。

二、对称三角形

对称三角形属于典型的中途整理形态，它既可能出现在上升趋势中途，也可能出现在下降趋势中途。

上升趋势中的对称三角形，是在股价经过快速上涨之后，进入整理时所形成的。它的高点是一个比一个低，而低点的支撑却一个比一个高，构成一个向右逐渐收敛的三角形，最后股价放量向上突破三角形的上边压力线，继续上涨。对称三角形向上突破时应有成交量明显放大的配合，这一点非常重要。

下降趋势中的对称三角形与此相反。

对称三角形的图形变化复杂，不易直接看出，其向上突破形态如图1-38所示。

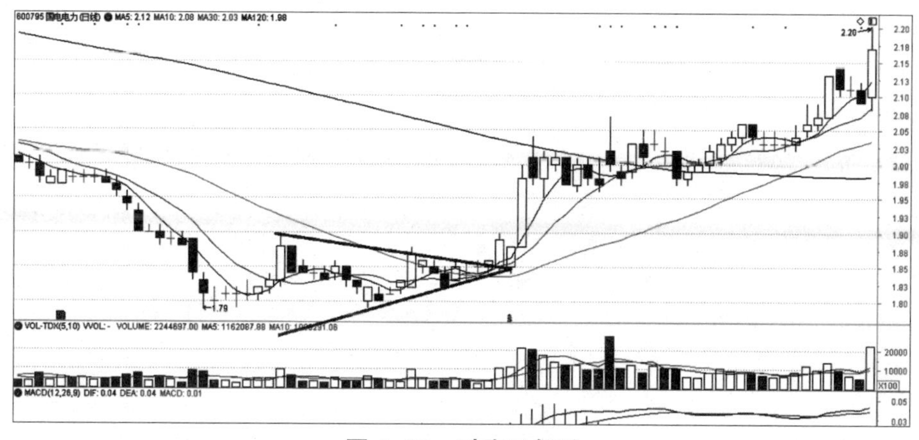

图1-38　对称三角形

短线点金

对于确认对称三角形的向上突破需要注意的是：

（1）上升趋势中对称三角形的形成应具备两个条件：在三角形形成之前必须有明确的上升趋势，三角形有两个明显的高点与低点。

（2）三角形内的成交量必须逐步萎缩，向上突破时应有成交量明显放大的配合，三角形完成的时间不应过长和不应至三角形顶端才突破。否则，由于多方力量减弱致使突破后的上涨力度有限甚至形成假突破。

（3）对称三角形向上突破后的最小升幅一般为三角形内的最大垂直高度。

（4）对称三角形放量突破其上边压力线时为买入时机，如突破后股价很快跌回三角形内或三角形上边线之下为假突破，应止损。

短线炒股者若拿不准其突破方向，应遵循等待、观望、休息的策略，直至产生突破方向时再入市。

三、下降三角形

下降三角形与上升三角形图形相反（如图1-39所示），也是一种典型的中途整理形态。走势特点是高点一个比一个低（或低点越来越低，但高点始终无法形成突破），而低点则在同一个水平线上。最后股价向下突破三角形的下压力线，其下跌幅度至少是三角形最大高度的1倍。

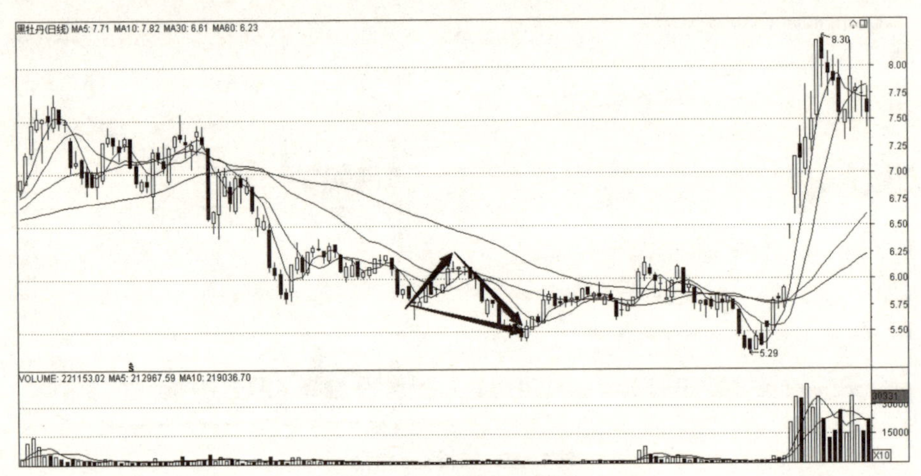

图 1–39　下降三角形

四、上升旗形

上升旗形是在股价经过快速而陡峭的上升之后形成旗杆，然后进入调整因股价波动紧密而形成一个狭窄和稍微向下倾斜的平行四边形，像一面旗子（图1–40），所以叫旗形突破。形态内的成交量快速萎缩，向上突破时成交量又快速放大且股价再次出现快速拉升。

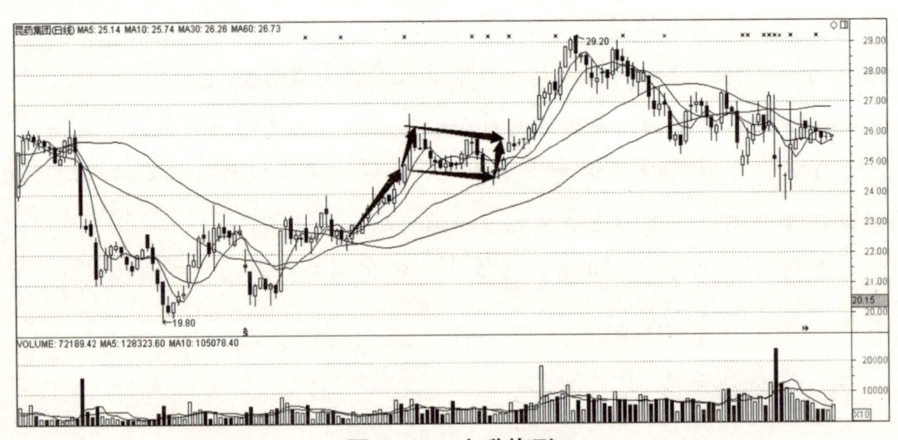

图 1–40　上升旗形

短线点金

对于确认上升旗形的向上突破需要注意的是：

（1）上升旗形是在股价大幅快速上涨之后出现的强势调整形态，调整时间不应超过4周，且形态的成交量必须显著萎缩，否则形态的作用会大为减弱甚至会演化为其他形态。

（2）上升旗形向上突破时，应有成交量放大的配合方可信赖。其突破后的升幅与旗杆的长度大致相同，其上涨的速度与旗杆相似。

（3）上升旗形一旦放量向上突破，旗形的上边压力线是最佳买入时机，上升又将开始。止损点可设在旗形的下边支撑线被跌破时。

五、上升矩形

矩形，实际上就是平常所说的箱体，它是股价在两条平行线之间上下波动所形成的一种典型和较为常见的整理形态，它既可以出现在上升趋势中，也可以出现在下跌趋势中。

在上升趋势中，当股价上了一个台阶后，如果再向上必然遇到较大抛压，于是主力机构便在台阶上方反复上下整理，以达到清洗短线获利盘和重新吸引新资金介入的目的。同时，机构也可以通过高抛低吸降低自己的成本。这个矩形有一个箱顶——阻力位，有一个箱底——主力护盘位。当股价上升至某一水平时就遇阻回落，到一定水平又获得支撑上升，来回反复，形成三个大致相同的低点和三个高点。在这个过程中，无论股价以怎样的阴线、阳线上下整理，大部分时间都不会超出这个箱体（如图1–41所示），成交量也明显萎缩。到整理接近尾声时，量有可能放大，因为主力要将所有的抛盘接下来，剩下一些关注这个形态形成重新跟风的买盘和坚决持有的非短线抛盘。待时机成熟，便放量向上突破，开始新的上升波段或者是进入高一层的新箱体运行。在这种形态中，如果整理的时间越长，向上突破的力度和高度也越大，这就是股市中那句——“横有多长，竖有多高”的由来。

为了更深刻地了解K线组合形态，应该了解每种组合形态的内在和外在的原理。因为它不是一种完美的技术，这一点同其他技术分析方法是一样的。

K线分析是靠人类的主观印象而建立的，因此，我们也不能盲目地完全依靠它作为判断股市行情的唯一依据。

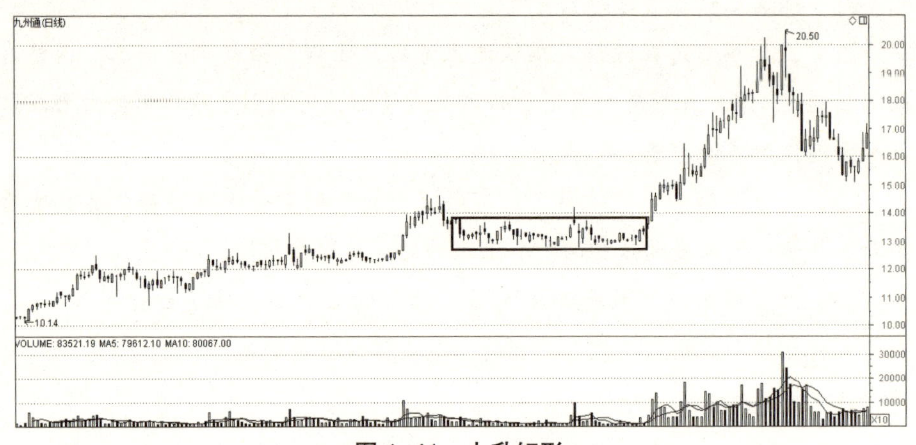

图 1–41　上升矩形

短线点金

对于确认上升矩形的向上突破需要注意的是：

（1）矩形应由基本相同的高点和低点组成，形态内的成交量应逐步萎缩，在形态突破前应小心其演化成三重顶的可能，特别是升幅较大的股票。

（2）矩形应由三个大致相同的低点和高点组成，三个低点和高点在相差3%的范围内都是可以接受的。

（3）矩形向上突破后的升幅一般是矩形的垂直高度或是其数倍，且波幅越大的矩形其突破后的升幅越大。

（4）矩形向上突破时应有成交量明显放大的配合，否则其可靠性降低。

（5）矩形在突破前可进行短线操作，即在箱底附近买进、箱顶附近卖出，止损点设在箱底跌破时。放量向上突破箱顶时是明确的短线买入时机，止损位设定在股价又跌至箱顶之下时，以防假突破。

本章启示

K线图是最能表现股市行为的图表之一，尽管如此，一些常见的K线组合形态只是根据经验总结了一些典型的形状，没有严密的科学逻辑。在应用K线图的时候要记住以下几点：

（1）结合其他方法共同使用。用其他分析方法已经做出了该买还是该卖的决定之后，才用K线组合选择具体采取行动的时间和价格。

（2）具体情况具体分析，不断“修改、创造和调整”组合形态。组合形态只是总结经验的产物，实际在股市操作中，完全满足我们所介绍的K线组合形态的情况是不多见的。如果一点不变地照搬组合形态，有可能长时间碰不到合适的机会。因此，要根据情况适当地改变组合形态。

（3）K线分析的错误率是比较高的。股市的变动是快速和复杂的，因此，实际的股市情况可能与我们的判断有所差别。从经验统计的结果中可以证明，用K线组合来研判后市的成功率不是很高。

第二章

精解技术指标

不进行研究的投资，就像打扑克从不看牌一样，必然失败！

——［美］彼得·林奇

第一节 股市的生命线——MACD

一、认识MACD

1. MACD的定义

MACD即平滑异同移动平均线（Moving Average Convergenceand Divergence），是Geral Appel于1979年提出的，一项利用短期（常用为12日）移动平均线与长期（常用为26日）移动平均线之间的聚合与分离状况，对买进、卖出时机做出研判的技术指标。当MACD从负数转向正数时，是买进的信号；当MACD从正数转向负数时，是卖出的信号。当MACD以大角度变化时，表示快的移动平均线和慢的移动平均线的差距非常迅速地拉开，代表了一个市场大趋势的转变。图2-1为MACD指标。

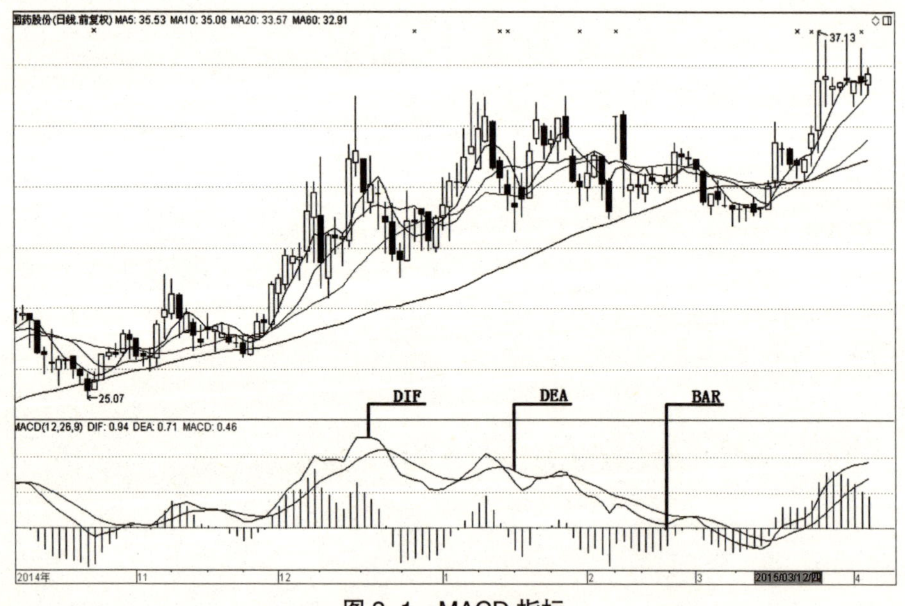

图2-1 MACD指标

2. MACD的计算公式

MACD 指标主要是通过EMA(指数平均数指标)、DIF（差离值）和DEA（异同平均数）三者之间的关系，通过DIF和DEA连接起来的移动平均线以及DIF减去DEA值而绘制成的柱状图（BAR）等来分析判断行情，是预测股价中短期趋势的主要的股市技术分析指标。

其中，DIF 是核心,是快速平滑移动平均线（EMA1）和慢速平滑移动平均线（EMA2）的差。其计算公式为：

DIF=EMA1(12) - EMA2(26)

其中，EMA1（快速平滑移动平均线）是12日的，计算公式为：

今日EMA1(12) =2/(12+1)× 今日收盘价 + 11/(12+1)× 昨日EMA(12)

EMA2（慢速平滑移动平均线）是26日的，计算公式为：

今日EMA (26)= 2/(26+1)× 今日收盘价 +25/(26+1)× 昨日EMA(26)

DEA是辅助。DEA是DIF的移动平均,也就是连续数日的DIF的算术平均。

BAR在股市技术软件上用红柱和绿柱的收缩来研判行情。具体计算公式如下：

BAR=2×(DIF−DEA)

MACD=（当日的DIF− 昨日的DIF）×0. 2+ 昨日的MACD

3. MACD的应用原则

（1）当DIF由下向上突破MACD，形成黄金交叉，即白色的DIF上穿黄色的MACD形成交叉，同时，BAR绿柱线缩短，为买入信号。具体如图2–2所示。图2–2为豫光金铅的K线图，2015年2月26日白色的DIF上穿黄色的MACD形成金叉，此后股价一路上涨。

（2）当DIF自上向下突破MACD，形成死亡交叉，即白色的DIF下穿黄色的MACD形成交叉的同时，BAR红柱线缩短，为卖出信号。

（3）顶背离：当股价指数逐波升高，DIF及MACD不是同步上升，而是逐波下降，与股价走势形成顶背离，这预示股价即将下跌。如果此时出现DIF两次由上向下穿过MACD，形成两次死亡交叉，则股价将大幅下跌（图2–3）。

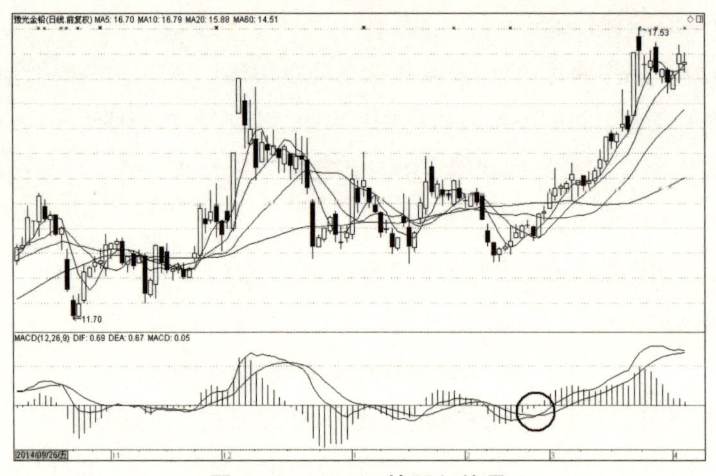

图 2-2　MACD 的买入信号

图 2-3　顶背离的形成

（4）底背离：当股价指数逐波下行，DIF 及 MACD 不是同步下降，而是逐波上升，与股价走势形成底背离，预示着股价即将上涨。如果此时出现 DIF 两次由下向上穿过 MACD，形成两次黄金交叉，则股价即将大幅度上涨。

短线点金

MACD 主要用于对大势中长期的上涨或下跌趋势进行判断，当股价处于盘局或指数波动不明显时，MACD 买卖信号不明显。当股价在短时间内上下波动较大时，因 MACD 的移动缓慢，所以不会立即对股价的变动产生买卖信号。

二、MACD的基本应用方法

（1）MACD金叉。当DIF由下向上突破DEA形成MACD金叉时，为买入信号。

（2）MACD死叉。当DIF由上向下突破DEA形成MACD死叉时，为卖出信号。

（3）MACD绿转红。当MACD由负变正时，股市由空头转为多头。

（4）MACD红转绿。当MACD由正变负时，股市由多头转为空头。

（5）当DIF与DEA均在零轴线以下，即都为负值时，大势属空头市场。当DIF向上突破DEA，这时可买入。

（6）当DIF与DEA均在零轴线以上，即都为正值时，大势属多头市场。当DIF向下突破DEA，这时可卖出。

（7）当DEA与K线趋势发生背离时为反转信号。

（8）DEA在盘整局面时失误率较高，但如果配合RSI及KD指标可适当补其缺点。

三、MACD的8种买入形态

1.形态之一——金叉后上行下调再反弹

如图2–4所示，DIF与DEA金叉后，随股价的上行而上行，而后，随股价的回调而下行。当主力洗盘时，股价回调，而DIF线回调到MACD线0值附近时，DIF线反转向上，形成了金叉后上行下调再反弹形态，此时是买入的机会。

图2–4　金叉后上行下调再反弹

2. 形态之二——零轴下金叉后越死叉再次金叉

DIF在零轴之以下金叉DEA线以后，并没有上穿零轴或上穿一点就回到零轴之下，然后向下死叉DEA，几天以后再次金叉DEA线（图2-5）。该形态为股价在下跌探底之后，抛盘穷尽之时呈现的底部形态，应该理解为见底反弹信号，可择机入市。

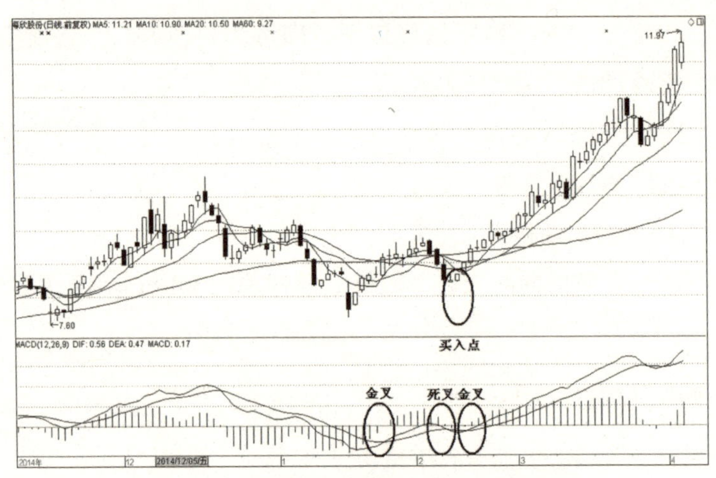

图 2-5　零轴下金叉后越死叉再次金叉

3. 形态之三——死叉穿零轴反弹变金叉

死叉穿零轴反弹变金叉指的是DIF线在零轴以上死叉DEA线，然后下穿零轴，然后在零轴或零轴以下金叉DEA线（图2-6）。该形态的形成是股价在探底回升途中做盘整，也有的是筑底形态，呈上攻之势，应理解为积极介入信号，应果断入市。

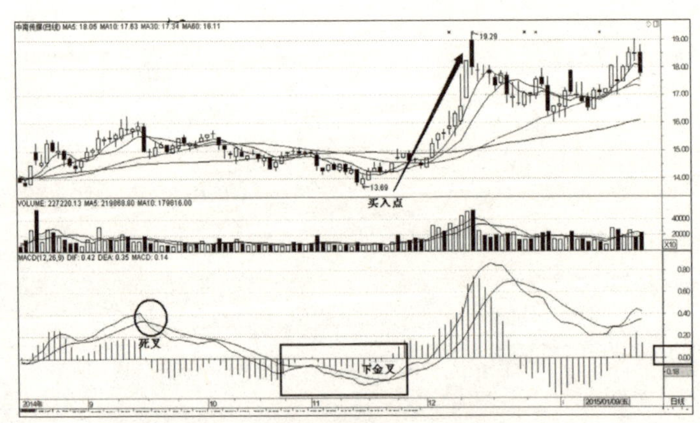

图 2-6　死叉穿零轴反弹变金叉

4. 形态之四——金叉零轴下无死叉回调反转

金叉零轴下无死叉回调反转指的是DIF在零轴以下金叉DEA线，随后没有上穿零轴就回调，向DEA靠拢，MACD红柱缩短，但没有死叉DEA就再次反转向上，同时配合MACD红柱加长（图2-7）。该形态的形成多为底部形态，是股价在下跌探底之后，抛盘穷尽之时呈现的底部形态，应理解为主力建仓区域，可择机介入。

图2-7 金叉零轴下无死叉回调反转

5. 形态之五——金叉越轴线回调后两线黏合后分离

金叉越轴线回调后两线黏合后分离指的是MACD指标中的DIF之前在零轴之下金叉DEA线，之后在零轴之上运行一段时间，然后随股价回调，DIF也开始向下回调。当DIF调到DEA线的时候，两条线黏合成一条线，当它们再次分离，多头发散的时候，形成买入时机，新的涨势开始（图2-8）。该形态的出现多为上档盘整和主力洗盘所为，股价在上升途中做短暂的盘整后，呈现强势上攻形态，应理解为积极介入信号，果断买入。

6. 形态之六——零轴上死叉后金叉

零轴上死叉后金叉主要指DIF线在零轴之上死叉DEA线，但不下穿零轴，过几天即再次在零轴以上金叉DEA（图2-9）。该形态的出现多为上档盘整，主力洗盘所为。股价做短暂调整后，呈现强劲上升动力，可理解为积极介入信号，可果断买入，如能连续放量更可坚决看多。

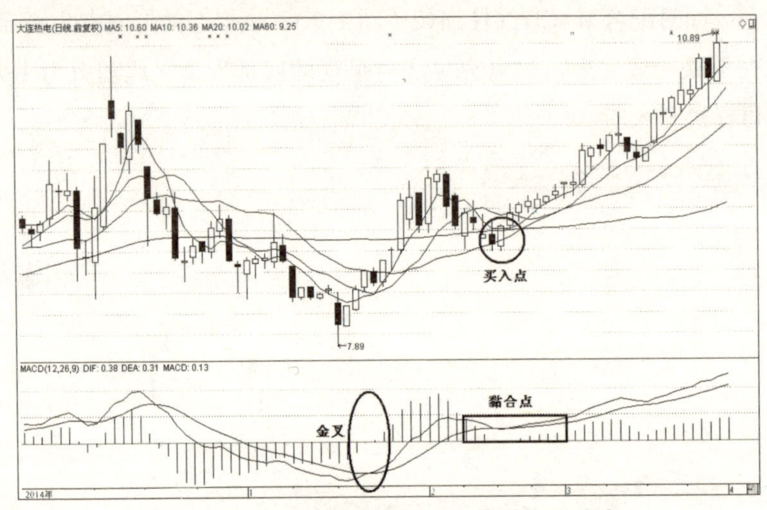

图2-8　金叉越轴线回调后两线黏合后分离

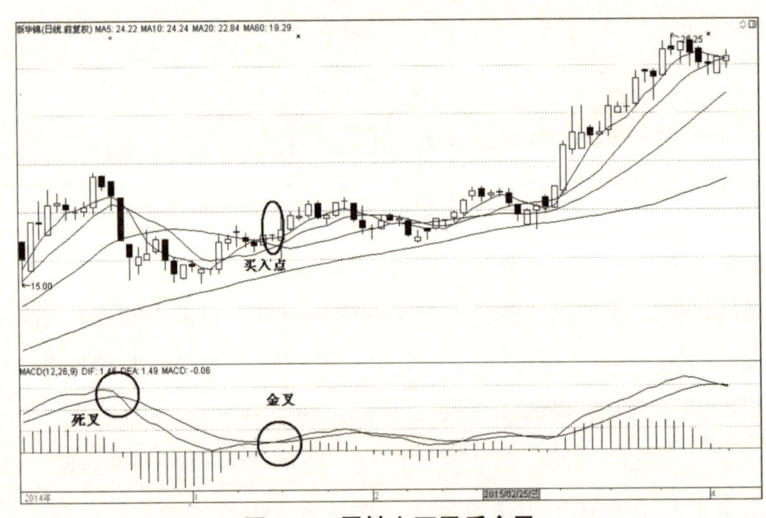

图2-9　零轴上死叉后金叉

7.形态之七——零轴下直线运行后金叉

零值下直线运行后金叉形态主要指DIF和DEA一直在零值以下呈直线运动（图2-10）。此时股价多处于持续下跌阶段，在持续一段时间后，DIF和

DEA形成黄金交叉，这时形成买入机会。

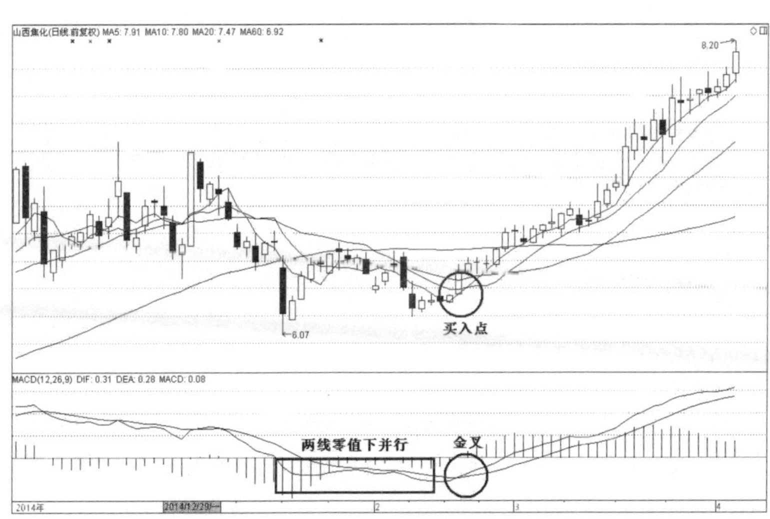

图 2-10　零轴下直线运行后金叉

8. 形态之八——零轴下二次金叉

零轴下二次金叉指DIF在零轴以下产生的二次金叉（图2-11），表明该股打底完成，开始走出底部，可以择机介入。从图2-11中我们可以看到，该股在零轴以下产生两次黄金交叉，并且在中间还有一次死亡交叉，所以在第一个黄金交叉后要观察是否为真正的反弹，在出现死亡交叉后要谨慎进入，当出现第二个黄金交叉后，涨势已经确认，要果断买入。

图 2-11　零轴下二次金叉

第二节 股市的风向标——KDJ

一、认识KDJ

1. KDJ的定义

KDJ指标又叫随机指标，是由乔治·蓝恩博士（George Lane）最早提出的，是一种新颖、实用的技术分析指标。它起初用于期货市场的分析，后被广泛用于股市的中短期趋势分析，是期货和股票市场上最常用的技术分析工具。

2. KDJ的计算方法

指标KDJ的计算比较复杂，首先要计算周期（n日、n周等）的RSV值，即未成熟随机指标值,然后再计算K值、D值、J值等。以日KDJ数值的计算为例，其计算公式为：

n日RSV值=（Cn−Ln）/（Hn−Ln）×100

式中：Cn为第n日收盘价；Ln为n日内的最低价；Hn为n日内的最高价。RSV值始终在1~100波动。

计算K值与D值：

当日K值=2/3×前一日K值+1/3×当日RSV值

当日D值=2/3×前一日D值+1/3×当日K值

若无前一日K值与D值，则可分别用50来代替。

以9日为周期的KD线为例，首先须计算出最近9日的RSV值，即未成熟随机值，计算公式为：

9日RSV值=（C−L9）/（H9−L9）×100

式中：C为第9日的收盘价；L9为9日内的最低价；H9为9日内的最高价。

K值=2/3×前一日K值+1/3×当日RSV值

D值=2/3×前一日K值+1/3×当日K值

若无前一日K值与D值，则可以分别用50代替。

J值=3×当日K值-2×当日D值

3. KDJ指标的原理

随机指标KDJ是根据统计学的原理，利用一个特定的周期（通常为9日、9周等）内出现过的最高价、最低价、最后一个计算周期的收盘价及这三者之间的比例关系，来计算最后一个计算周期的未成熟随机值RSV，然后根据平滑移动平均线的方法来计算K值、D值与J值，并绘成曲线图来研判股票走势。它以最高价、最低价及收盘价为基本数据进行计算，得出的K值、D值和J值分别在指标的坐标上形成的一个点，连接无数个这样的点位，就形成一个完整的、能反映价格波动趋势的KDJ指标。

二、KDJ指标选股方法

在股票市场中要赚钱，首先要做好选股工作。怎样才能选好股？归纳起来有六个方面，即形态、均线、技术指标、成交量、热点及主力成本。日线KDJ是一个敏感指标，变化快，随机性强，经常发出虚假买、卖信号，使投资者根据其发出的买卖信号进行买卖时无所适从。运用周线KDJ与日线KDJ共同金叉选股法，就可以过滤掉虚假的买入信号，找到高质量的成功买入信号。在这里，我们谈一下周线KDJ与日线KDJ共同金叉选股法。

周线KDJ与日线KDJ共同金叉选股法的买点选择可有如下几种：

1. 打提前量买入法

在实际操作时往往会碰到这样的问题：由于日线KDJ的变化速度比周线KDJ快，当周线KDJ金叉时，日线KDJ已提前金叉几天，股价也上升了一段，买入成本已抬高。激进型的投资者可打提前量买入，以求降低成本。采用打提前量买入法需要满足以下两个条件：

（1）收周阳线，周线K、J两线勾头上行将要金叉（未金叉）。

（2）日线KDJ在这一周内发生金叉，金叉日收放量阳线（若日线KDJ金叉当天，当天成交量大于5日均量更好）。

2. 周线KDJ刚金叉，日线KDJ已金叉买入法

3. 周线K、D两线“将死不死”买入法

采用此方法需要满足以下三个条件：

（1）周线K、D两线将要死叉，但没有真正发生死叉，K线重新张口上行。

（2）周KDJ金叉后，股价回档收周阴线，然后重新放量上行。

（3）日线KDJ金叉。用此方法买入股票，可捕捉到快速强劲上升的行情。KDJ指标在各类软件中的颜色：K线为白色，D线为黄色，J线为紫色。图2–12为KDJ指标图。

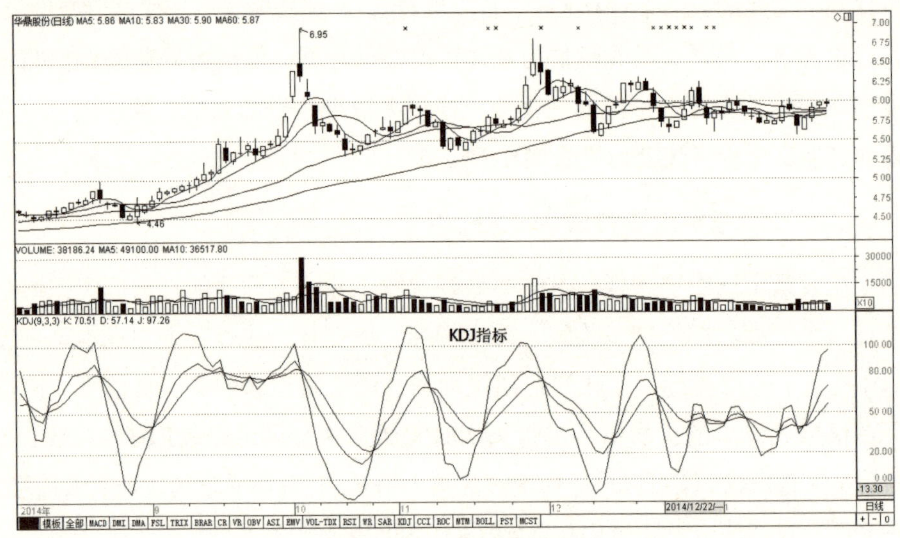

图 2–12　KDJ 指标图

短线点金

随机KDJ指标主要是利用价格波动的真实波幅来反映价格走势的强弱和超买超卖现象，在价格尚未上升或下降之前发出买卖信号的一种技术工具。它在设计过程中主要是研究最高价、最低价和收盘价之间的关系，同时也融合了动量、强弱指标和移动平均线的一些理念，因此，能够比较迅速、快捷、直观地研判行情。

第三节　股市的导航仪——EXPMA

一、认识EXPMA

1. EXPMA的定义

EXPMA指标（Exponential Moving Average）即指数平均数指标，是一种趋向类指标，是对股指或股价收盘价进行移动平均，并根据结果判断股价未来走势的变动趋势。与MACD指标相比，EXPMA指标由于其计算公式中着重考虑了价格当天（当期）行情的权重，因此指标自身的计算公式决定了作为一类趋势分析指标，它在使用中克服了MACD指标信号对于价格走势的滞后性，同时也在一定程度上消除了DMA指标在某些时候对于价格走势所产生的信号提前性，是一个非常有效的分析指标。

2. EXPMA的计算公式

EXPMA指标的计算公式如下：

EXPMA＝（当日或当期收盘价－上一日或上期EXPMA）/ N＋上一日或上期EXPMA

其中，首次上期EXPMA值为上一期收盘价，N为天数。

二、EXPMA指标的运用

EXPMA指标运用主要有以下四点：

（1）EXPMA指标由EXPMA1（白线）和EXPMA2（黄线）组成，当白线由下往上穿越黄线时，股价随后通常会不断上升，那么这两根线形成金叉之日便是买入的最佳时机。

（2）当一只个股的股价远离白线后，该股的股价随后很快便会回落，然后再沿着白线上移，可见白线是一大支撑点。

（3）若白线和黄线始终保持距离并上行，则说明该股后市将继续看好，每次股价回落至白线附近，只要不击穿黄线，则这种回落现象便是良好的买入时机。

（4）同理，当白线由上往下击穿黄线时，股价往往已经发生转势，日后将会以下跌为主，则这两根线的交叉之日便是卖出时机。EXPMA指标的运用参见图2–13。

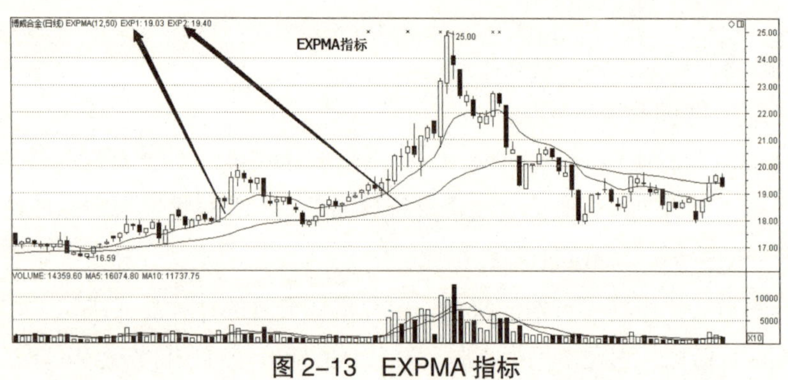

图2–13 EXPMA指标

在上升趋势中，价格K线、短期EXPMA线、长期EXPMA线按以上顺序从高到低排列，形成多头排列。在上升趋势中，股指或股价将在短期线和长期线上方运行。当股价出现回调时，首先在短期线获得支撑而反弹，若跌破短期线，股指或股价将在长期线附近获得强支撑。经过多次下试长期线后，一旦有效跌破长期线，上升趋势将被扭转，新的下降趋势将展开。在下降趋势中，长期EXPMA线、短期EXPMA线、价格K线按以上顺序从高到低排列，形成空头排列。在下跌趋势中，股指或股价将在短期线和长期线下方运行。当股指或股价开始反弹时，首先将遇到短期线的压力而回落；若上穿短期线，股指或股价将在长期线遇到强大压力，经过多次上试长期线后，一旦有效上穿长期线，下降趋势将被扭转，新的上升趋势将展开。长期线被股价突破之后，一般需要2个到3个交易日的时间来确认突破的有效性。

当短期线从下上穿长期线，形成金叉时，股指或股价短暂上冲后，可能会回抽到长期线附近，是买入机会。此时短期线对股价将起到支撑的作用，当短期线从上下穿长期线，形成死叉时，股指或股价短暂下跌后，可能会反弹到长期线附近，是卖出机会，此时长期线对股价将起到压制的作用。

当一只股票跌破指标线的时候，就应该引起股民们的重视，但这个时候没有必要马上卖出股票。因为连续下跌，在跌破重要支撑位后，必然有一个回抽确认这次跌破有效性的过程，股民们可以耐心等待它的反抽确认，当发现它在反抽确认该次跌破有效的时候，要赶快卖出，这是最好的卖出时机。

第四节　股市的方向盘——CCI

一、认识CCI

1. CCI指标的定义

CCI指标又叫商品路径指标，其英文全称为Commodity Channel Index，是由美国股市分析家唐纳德·蓝伯特（Donald Lambert）所创造的，是一种重点研判股价偏离度的股市分析工具。

2. CCI指标原理

CCI指标是一种比较新颖的技术指标，用来衡量股价是否超出常态分布范围，属于分析超买超卖类指标的一种。它最早适用于期货市场的判断，后运用于股票市场的研判，并被广泛使用。与大多数单一利用股票的收盘价、开盘价、最高价或最低价而发明出的各种技术分析指标不同，CCI指标是根据统计学原理，引进价格与固定期间的股价平均区间的偏离程度的概念，强调股价平均绝对偏差在股市技术分析中的重要性，是一种比较独特的技术分析指标。

超买超卖指标，顾名思义，“超买”就是已经超出买方的能力，买进股票的人数超过了一定比例，这时候应该反向卖出股票。“超卖”则代表卖方卖股票卖过了头。卖股票的人数超过一定比例时，反而应该买进股票。这是在一般常态行情下，像KDJ、WR等大多数超买超卖型指标都有“0~100”上、下界限，它们对一般常态行情的研判比较适用。但是，如果行情是超乎寻常的强势，则超买超卖指标会突然间失去方向，“行情不停地持续前进，群众似乎失去了控制”。而CCI指标却是波动于正无穷大到负无穷大之间，因此不会出现指标钝化现象，这样就有利于投资者更好地研判行情，特别是那些短期内暴涨暴跌的非常态行情。

3. CCI指标的计算方法

由于选用的计算周期不同，和其他技术分析指标一样，包括日CCI指标、周CCI指标、年CCI指标等多种类型。然而经常被用于股市研判的是日CCI指标和周CCI指标。虽然它们计算时取值有所不同，但基本方法一样。

以日CCI计算为例，其计算方法有以下两种：

第一种计算过程如下：

$$CCI（N日）=（TP-MA）/MD \times 0.015$$

式中：TP=（最高价+最低价+收盘价）/3；MA=最近N日收盘价的累计之和/N；MD=最近N日（MA-收盘价）的累计之和/N；0.015为计算系数；N为计算周期。

第二种计算方法表述为中价与中价的N日内移动平均的差除以N日内中价的平均绝对偏差。

其中，中价等于最高价、最低价和收盘价之和除以3；平均绝对偏差为统计函数。

二、CCI指标的实战运用

CCI指标的实战运用主要是集中在CCI指标区间的判断、CCI指标的背离、CCI曲线的走势和CCI曲线的形状等几个方面（图2-14）。

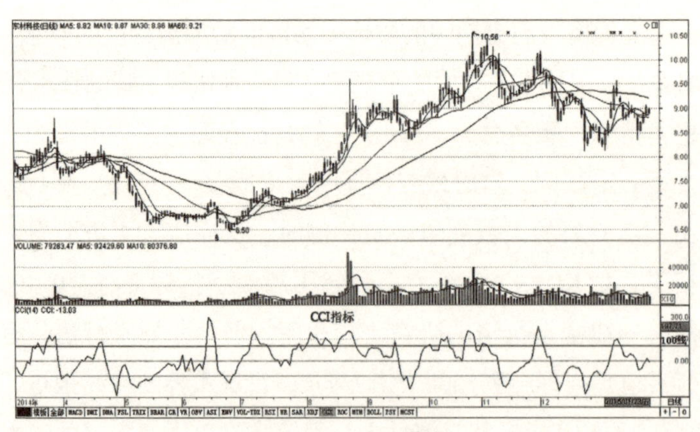

图 2-14 CCI 指标

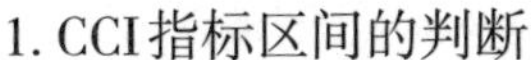

1. CCI指标区间的判断

（1）当CCI指标从下向上突破+100线而进入非常态区间时，说明股价脱离常态而进入异常波动阶段，中短线应及时买入，假如有比较大的成交量配合，买入信号则更为可靠。

（2）当CCI指标从上向下突破–100线而进入另一个非常态区间时，说明股价的盘整阶段已经结束，将进入一个比较长的寻底过程，购买者应以持币观望为主。

（3）当CCI指标从上向下突破+100线而重新进入常态区间时，说明股价的上涨阶段可能结束，将进入一个比较长时间的盘整阶段。股票持有者应及时逢高卖出股票。

（4）当CCI指标从下向上突破–100线而重新进入常态区间时，说明股价的探底阶段可能结束，又将进入一个盘整阶段。股票购买者可以逢低少量买入股票。

（5）当CCI指标在+100线~–100线的常态区间运行时，投资者则可以用KDJ、CCI等其他超买超卖指标进行研判。

2. CCI指标的背离

CCI指标的背离是指CCI指标曲线的走势和股价K线图的走势方向正好相反。CCI指标的背离分为顶背离和底背离两种。

（1）顶背离。所谓的顶背离是指当CCI曲线处于远离+100线的高位，但它在创出近期新高后，CCI曲线反而形成一峰比一峰低的走势，而此时K线图上的股价却再次创出新高，形成一峰比一峰高的走势。顶背离现象一般是股价在高位即将反转的信号，表明股价短期内即将下跌，是卖出信号。

在实际走势中，CCI指标出现顶背离是指股价在进入上升过程中，先创出一个高点，CCI指标也相应在+100线以上创出新的高点。之后，股价出现一定幅度的回落调整，CCI曲线也随着股价回落走势出现调整。但是，如果股价再度向上并超越前期高点创出新的高点时，而CCI曲线随着股价上扬也反身向上但没有冲过前期高点就开始回落，这就形成了所谓的CCI指标的顶背离。CCI指标出现顶背离后，股价见顶回落的可能性较大，是比较强烈的卖出信号。

（2）底背离。CCI的底背离一般出现在远离-100线以下的低位区。当K线图上的股价一路下跌，形成一波比一波低的走势，而CCI曲线在低位却率先止跌企稳，并形成一底比一底高的走势，这就是底背离。底背离现象一般预示着股价短期内可能反弹，是短期买入的信号（图2-15）。

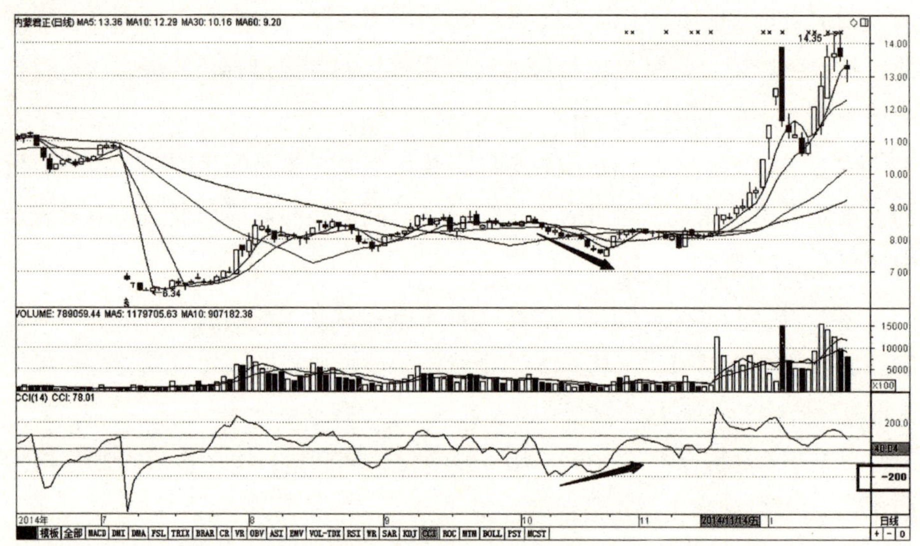

图 2-15　CCI 的底背离

与MACD、KDJ等指标的背离现象研判一样，CCI的背离中，顶背离的研判准确性要高于底背离。当股价在高位，CCI在远离+100线以上出现顶背离时，可以认为股价即将反转向下，投资者可以及时卖出股票；而股价在低位，CCI也在远离-100线以下低位区出现底背离时，一般要反复出现几次底背离才能确认，并且投资者只能做战略建仓或做短期投资。

3. CCI曲线的形状

（1）当CCI曲线出现在远离+100线上方的高位时，如果CCI曲线的走势形成M头或三重顶等顶部反转形态，这就预示着股价由强变弱，股价则可能大跌，这时应及时卖出股票。如果股价的曲线也出现同样形态则更加可以确认，其跌幅可以用M头或三重顶等形态理论来判断（图2-16）。

（2）当CCI曲线出现在远离-100线下方的低位时，如果CCI曲线的走势出现W底或三重底等底部反转形态，这就预示着股价由弱转强，因此，股价即将反弹向上，可以逢低少量吸纳股票。如果股价曲线也出现同样的形态更加可以确认，其涨幅可以用W底或三重底形态理论来研判（图2-17）。

图2-16 CCI指标在+100线以上形成M头

图2-17 CCI指标在-100线以下形成W底

（3）CCI曲线的形态中M头和三重顶的准确性要大于W底和三重底。

总之，CCI主要是在超买和超卖区域发生作用。但是在不同的市场走势中，这两种作用又是不同的。在熊市里，CCI最有价值的应用是判断短线反弹的顶点；在牛市里，CCI最有价值的应用是判断短线回调的底部拐点。这并不是熊市和牛市所固有的特点，而与CCI本身特点有关。CCI指标的缺陷就是对于突破性行情作用较大，对于温和性的行情作用就不明显。

第五节 股市的分水岭——BBI

一、认识BBI

多空指数BBI是一种将不同时间周期的移动平均线综合的产物，即将不同时间周期的移动平均值再平均。多空指标线代表多头与空头力量的分水岭，因此可以判断股市的强弱。多空指标是将3日、6日、12日和24日平均线再平均一次后得出的另一条移动平均线，其计算公式如下：

BBI＝（3日MA+6日MA+12日MA+24日MA）/4

式中：3日MA为3日移动平均线；6日MA为6日移动平均线；12日MA为12日移动平均线；24日MA为24日移动平均线。

从多空指数的计算公式可以看出，多空指数的数值分别包含了不同日数移动平均线的部分权值，这是将不同参数移动平均后再平均的数值，从而分别代表了各条平均线的“利益”。事实上，多空指数是移动平均原理的特殊产物，起到了多空分水岭的作用，投资者据此操作较为理想。

二、BBI的操作

多空指标实际上是一条平均线，根据移动平均线的原则，可以用多空指标线与K线图的交叉点来确定股票的买进和股票的卖出时机。

1. 买入信号的确定

（1）股价在低价区以收市价向上突破多空线为买入信号（图2–18）。

图 2–18　BBI 指标买入信号

（2）多空指标线向上，股价在多空指标线之上，属于多头势强，是买入信号。

2. 卖出信号的确定

（1）股价在高价区以收市价向下跌破多空线为卖出信号（图2–19）。

图 2–19　BBI 指标卖出信号

（2）多空指标线向下，股价在多空指标线之下，属于空头势强，是卖出信号（图2–19）。

（3）多空指数由下向上递增，股价在多空线上方，表明多头势强，可以继续持股。

（4）多空指数由上向下递减，股价在多空线下方，表明空头势强，一般不宜买入。

在本质上，BBI是对MA的一种改进，所以，也具有一些类似于MA的缺点。具体如下所示：

（1）指标信号的频发现象。特别在趋势不明显时，这种现象更为严重。

（2）指标信号的落后性。常常会发生股价已接近短期头部时，BBI才出现买入信号，股价已接近短期底部时，BBI才出现卖出信号。

（3）在移动平均线指标MA中，设置了多条平均线，分成长、中、短期，并且同时应用，相互比对，非常有效地弥补了单一平均线的缺陷。而BBI指标只设置了一条平均线，仅起到了短期多空分水岭的作用。

三、BBI的实践应用

在股市中，多空的判断有很多方法，股市中不少人喜欢用移动平均线来判断，通过设定不同周期的移动平均线来寻找多空转换的迹象，但是，这种方法并不能有效解决不同周期移动平均线互相协调的问题。

BBI指标只有一条参考线，因而使用方法也很简单：当股价上涨到BBI指标线的上方，就说明这只股票正处于多头趋势；股价如果跌到了BBI指标的下方，就说明这只股票进入了空头趋势。由于BBI指标判断多空的特性，对一些成长性较好的股票有特殊的指导意义，如果将该指标用在周线图中会收到意想不到的效果。

第六节 股市的压力表——RSI

一、认识RSI

1. RSI的定义

相对强弱指标RSI又叫力度指标，其英文全称为Relative Strength Index，由威尔斯·魏尔德（Welles Wilder）所创造的，是目前股市技术分析中比较常用的中短线指标。强弱指标最早被应用于期货买卖，后来人们发现在众多的图表技术分析中，强弱指标的理论和实践非常适合于股票市场的短线投资，于是被用于股票升跌的测量和分析中。RSI图形见图2-20。

2. RSI指标的计算方法

相对强弱指标RSI的计算公式有以下两种：

（1）假设A为N日内收盘价的正数之和，B为N日内收盘价的负数之和乘以（-1），这样A和B均为正，将A、B代入RSI计算公式，则：

$$RSI(N)=A/(A+B)\times 100$$

（2）RSI（相对强度）=N日内收盘价涨数和之均值/N日内收盘价跌数和之均值。

$$RSI(相对强弱指标)=100-100/(1+RS)$$

这两个公式虽然有些不同，但计算的结果一样。

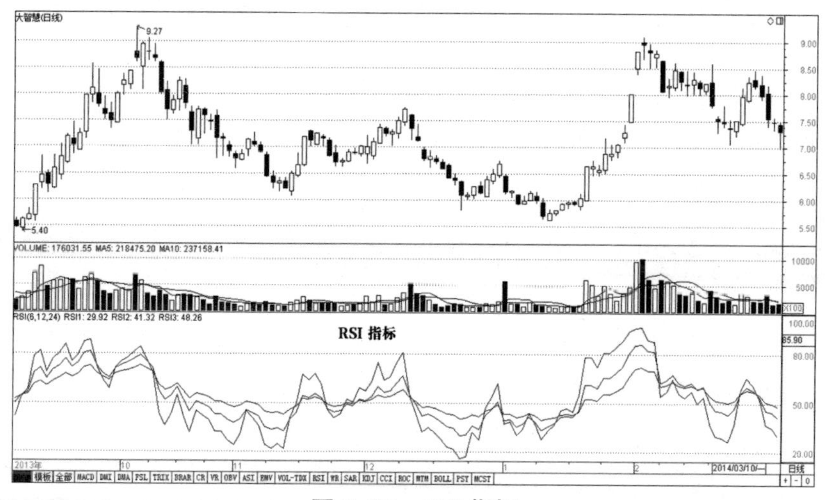

图2-20 RSI指标

短线点金

RSI的计算公式反映了某一阶段价格上涨所产生的波动占总的波动的百分比，百分比越大，强势越明显；百分比越小，弱势越明显。RSI的取值介于0~100之间。在计算出某一日的RSI值以后，可采用平滑运算法计算以后的

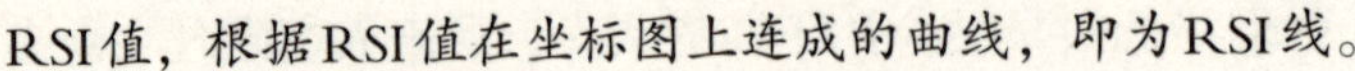

RSI值，根据RSI值在坐标图上连成的曲线，即为RSI线。

3. RSI指标的原理

相对强弱指标RSI是根据股票市场上供求关系平衡的原理，通过比较一段时期内单只股票价格的涨跌的幅度或整个市场的指数的涨跌的大小来分析判断市场上多空双方买卖力量的强弱程度，从而判断未来市场走势的一种技术指标。

从它构造的原理来看，与MACD、KDJ等趋向类指标相同的是，RSI指标是对单只股票或整个市场指数的基本变化趋势作出分析，而与MACD、KDJ等指标不同的是，RSI指标先求出单只股票若干时刻的收盘价或整个指数若干时刻收盘指数的强弱，而不是直接对股票的收盘价或股票市场指数进行平滑处理。

强弱指标理论认为，任何市价的大涨或大跌，均在0~100之间变动，根据常态分配，认为RSI值多在30~70之间变动，通常80时甚至90时被认为市场已到达超买状态（Over Bought），至此市场价格自然会回落调整。当价格下跌至30以下即被认为是超卖状态（Over Sold），市场价格将出现反弹回升。

二、RSI的一般研判标准

RSI的研判主要是围绕RSI的取值、长期RSI和短期RSI的交叉状况及RSI的曲线形状等展开的。一般分析方法主要包括RSI取值的范围大小、RSI数值的超买超卖情况、长、短期RSI线的位置及交叉等方面。

1. RSI取值的大小

RSI的变动范围在0~100之间，强弱指标值一般分布在20~80。如表2-1所示反映了与RSI取值范围相对应的相对强弱。

表2-1　RSI取值及市场特征

RSI值	市场特征	投资操作
80~100	极强	卖出
50~80	强	买入
20~50	弱	观望
0~20	极弱	买入

表2-1中“极强”“强”“弱”“极弱”只是一个相对的分析概念。

2. RSI数值的超买超卖

一般而言，RSI的数值80和20为超买、超卖的分界线。在牛市时，通常蓝筹股的强弱指数若是80，便属超买，若是30便属超卖。至于二线段、三线股，强弱指数若是85~90，便属超买，若是20~25，便属超卖。但我们不能硬性地以上述数值，拟定蓝筹股或二线段、三线股是否属于超买或超卖。

（1）当RSI值超过80时，多方力量远大于空方力量。双方力量对比悬殊，多方大胜，表示整个市场力度过强，市场处于超买状态，后续行情有可能出现回调或转势，此时，投资者可卖出股票。

（2）当RSI值低于20时，空方力量强于多方力量。空方大举进攻后，市场下跌的幅度过大，已处于超卖状态，则表示市场上卖盘多于买盘，股价可能出现反弹或转势，投资者可适量建仓、买入股票。

（3）当RSI值处于50左右时，说明市场处于整理状态，投资者可观望。

（4）超买及超卖范围的确定还取决于两个因素。第一是市场的特性，起伏不大的稳定的市场一般可以规定70以上为超买，30以下为超卖；变化比较剧烈的市场可以规定80以上为超买，20以下为超卖。第二是计算RSI时所取的时间参数，比如说，对于9日RSI，可以规定80以上为超买，20以下为超卖；对于24日RSI，可以规定70以上为超买，30以下为超卖。

3. 长、短期RSI线的交叉情况

短期RSI是指参数相对小的RSI，长期RSI是指参数相对较长的RSI。比如，在6日RSI和12日RSI中，6日RSI即为短期RSI，12日RSI即为长期RSI。长、短期RSI线的交叉情况可以作为我们研判行情的方法。

（1）当短期RSI大于长期RSI时，市场则属于多头市场。

（2）当短期RSI小于长期RSI时，市场则属于空头市场。

（3）当短期RSI线在低位向上突破长期RSI线时，一般为RIS指标的“黄金交叉”，为买入信号。

（4）当短期RSI线在高位向下突破长期RSI线时，一般为RSI指标的“死亡交叉”，为卖出信号。

三、RSI的特殊分析方法

1. RSI曲线的形态

可以利用RSI指标在高位盘整或低位横盘时所出现的各种形态来作为判断

行情，决定买卖行动的一种分析方法。

（1）当RSI曲线在高位（50以上）形成高位反转形态时（如M头或三重顶等），预示着股价的上升动能已经衰竭，股价有可能出现长期反转的情况，这时，股票持有者应及时地卖出股票，如果股价走势曲线也先后出现同样形态则更可确认（图2-21）。股价下跌的幅度和过程可参照M头或三重顶等顶部反转形态的研判。

（2）当RSI曲线在低位（50以下）形成低位反转形态时（如W底或三重底等），预示着股价的下跌动能已经减弱，股价有可能构筑中长期底部，股票持有者可逢低分批建仓，如果股价走势曲线也先后出现同样形态则更可确认。股价的上涨幅度及过程可参照W底或三重底等底部反转形态的研判。

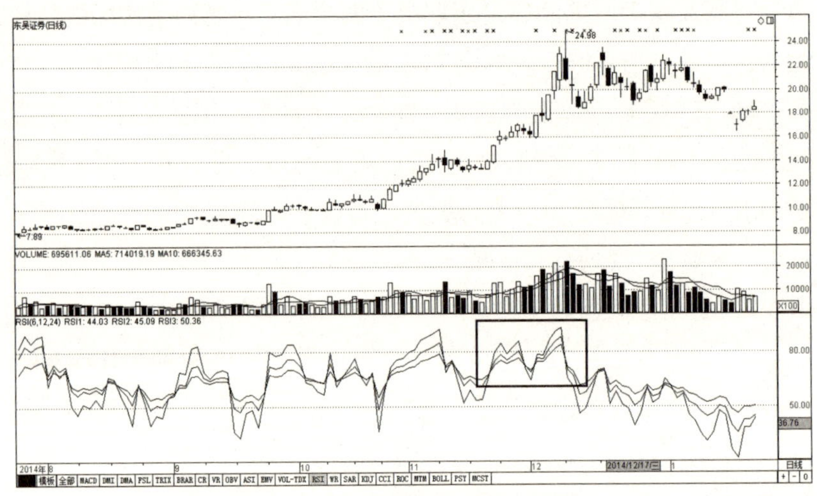

图2-21　RSI指标50以上M头

（3）RSI曲线底部形态对行情判断的准确性要低于顶部反转形态。

2. RSI曲线的背离

RSI指标的背离是指RSI指标的曲线的走势正好和股价K线图的走势方向相反。RSI指标的背离分为顶背离和底背离两种。

（1）顶背离。顶背离现象一般是股价在高位即将反转的信号，表明股价短期内即将下跌，是卖出信号。所谓的顶背离是指当RSI处于高位，但在创出RSI近期新高后，反而形成一峰比一峰低的走势，而此时K线图上的股价却再次创出新高，形成一峰比一峰高的走势。

在实际走势中，RSI指标出现顶背离是指股价在进入拉升过程中，先创出一个高点，RSI指标也相应在80以上创出新的高点，之后，股价出现一定幅度的回落调整，RSI也随着股价回落走势出现调整。

（2）底背离（图2–22）。底背离现象一般预示着股价短期内可能反弹，是短期买入的信号。所谓的底背离是指RSI的底背离一般是出现在20以下的低位区。K线图上的股价一路下跌，形成一波比一波低的走势，而RSI线在低位却率先止跌企稳，并形成一底比一底高的走势。

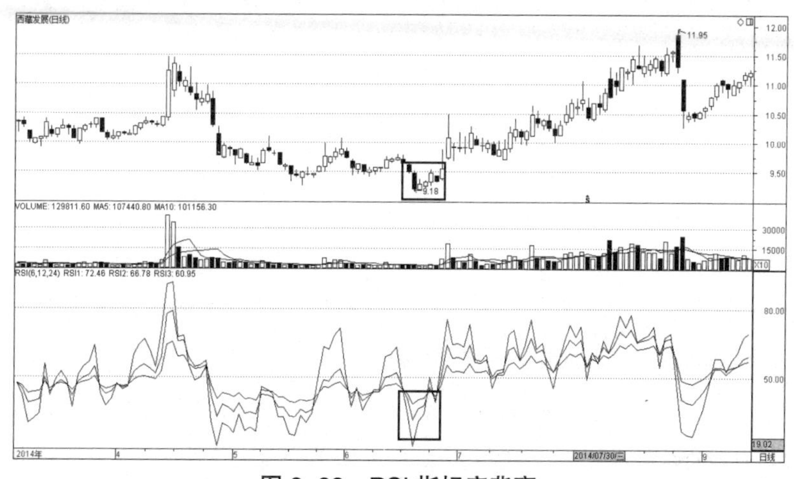

图 2–22　RSI 指标底背离

当股价在高位，RSI在80以上出现顶背离时，可以认为股价即将反转向下，投资者可以及时卖出股票；而股价在低位，RSI也在低位出现底背离时，一般要反复出现几次底背离才能确认，并且投资者只能做战略建仓或做短期投资。与MACD、KDJ等指标的背离现象研判一样，RSI的背离中，顶背离的研判准确性要高于底背离。

短线点金

（1）RSI值永远介于1与100之间。它考虑了价格变动的四个因素：上涨的天数、下跌的天数、上涨的幅度以及下跌的幅度。在价格趋势预测方面，其准确度相当高。

（2）整理期间，RSI一底比一底低，是多头气势转弱，下跌可能性大，是卖出时机。反之，RSI一底比一底高，是多头气势转强，后市再涨一段的可能性大，为买进时机。

（3）价格创新高点，继续上涨，3日内RSI无力突破先前高点，甚至有背离现象，视为多头拉升无力，为卖出时机。

第七节 股市的平衡木——BOLL

一、认识BOLL

1. BOLL的定义

BOLL指标又叫布林线指标，其英文全称是“Bolinger Bands”，是用该指标的创立人约翰·布林的姓来命名的，是根据统计学中的标准差原理设计出来的一种非常简单实用的技术分析指标。BOLL是研判市场运动趋势的一种技术分析工具，其上、下限范围不固定，随股价的变化而变化。布林指标和麦克指标一样同属路径指标，股价波动在上限和下限的区间之内，这条带状区的宽窄，随着股价波动幅度的大小而变化。股价涨跌幅度加大时，带状区变宽，涨跌幅度狭小盘整时，带状区则变窄（图2–23）。

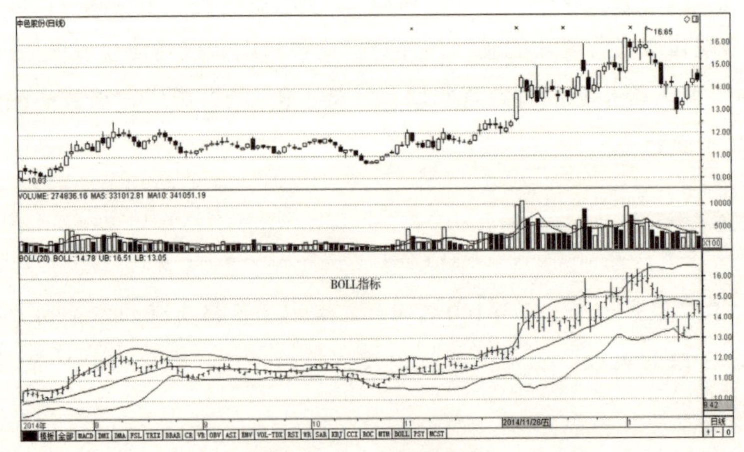

图2–23 布林线指标

2. BOLL指标的计算方法

和上面几种指标的计算相比，BOLL指标的计算方法是最复杂的，因为它引进了统计学中的标准差概念，并且还涉及中轨线（MB）、上轨线（UP）和下轨线（DN）的计算。另外，和其他指标的计算一样，由于选用的计算周期的不同，BOLL指标也包括日BOLL指标、周BOLL指标、月BOLL指标和年BOLL指标等各种类型。经常被用于股市研判的是日BOLL指标和周BOLL指标。虽然它们计算时的取值有所不同，但基本的计算方法一样。以日BOLL指标计算为例，其计算方法如下：

（1）计算MA。

MA=N日内的收盘价之和/N

（2）计算标准差MD。

MD=平方根［N日的（C-MA）的两次方之和/N］

（3）计算MB、UP、DN线。

MB=（N-1）日的MA

UP=MB+2×MD

DN=MB-2×MD

3. 布林线运用原则

一只股票在一段时间内股价波动很小，反映在布林线上表现为股价波幅带长期收窄。而在某个交易日，股价在较大交易量的配合下收盘价突破布林线的阻力线，布林线由收口明显转为开口，此时投资者应该果断买入。

短线点金

布林线利用波带可以显示其安全的高低价位。

当变易性变小，而波带变窄时，激烈的价格波动有可能随时产生。

高低点穿越波带边线时，立刻又回到波带内，会有回档产生。

波带开始移动后，以此方式进入另一波带，这对于找出目标值有相当大的帮助。

二、BOLL指标的一般研判标准

1. BOLL指标中的上、中、下轨线的意义

（1）BOLL指标中的上、中、下轨线所形成的价格通道的移动范围是不确定的，通道的上、下限随着股价的上下波动而变化。在正常情况下，股价应始终处于股价通道内运行。如果股价脱离股价通道运行，则意味着行情处于极端的状态下。

（2）BOLL指标股价通道的上、下轨是显示股价安全运行的最高价位和最低价位。虽然上轨线、中轨线和下轨线都可以对股价的运行起到支撑作用，然而，只有上轨线和中轨线会对股价的运行起到压力作用。

（3）一般情况下，当股价在中轨线上方运行时，说明股价处于强势状态；当股价在布林线的中轨线下方运行时，表明股价处于弱势趋势。

2. BOLL指标中的上、中、下轨线之间的关系

（1）当布林线的三条轨线同时向上运行时，说明股价强势特征非常明显，股价短期内将继续上涨，投资者应坚决持股待涨或逢低买入。

（2）当布林线的三条轨线同时向下运行时，说明股价的弱势特征非常明显，股价短期内将继续下跌，投资者应坚决持币观望或逢高卖出。

（3）当布林线的上轨线开始向下运行，中轨线和下轨线却还在向上运行时，说明股价处于整理状态之中。如果股价处于长期上升趋势时，则说明股价是上涨途中的强势整理，投资者可以持股观望或逢低短线买入；如果股价是处于长期下跌趋势时，则表明股价是下跌趋势。

（4）布林线的上轨线向上运行，而中轨线和下轨线同时向下运行的可能性非常小，这里就不再作研判。

（5）当布林线的上、中、下轨线几乎同时处于水平方向横向运行时，则要看市场目前的走势处于什么样的情况来判断。具体判断情况如表2–2所示。

表2–2　布林线运行判断

布林线运行情况	股价情况	投资策略
当市场前期一直处于长时间的下跌行情后，开始出现布林线的三条线横向移动	股价是处于构筑底部阶段	投资者可以开始分批少量建多仓。一旦三条线向上发散则可加大做多力度

续表

布林线运行情况	股价情况	投资策略
当市场前期是处于小幅的上涨行情后，开始出现布林线的三条线横向移动	市场是处于上升阶段的整理行情	投资者可以持多待涨或逢低做多，一旦三条线向上发散则可短线加码做多
当市场刚刚经历一轮大跌行情时，开始出现布林线的三条线横向移动	股价是处于下跌阶段的整理行情	投资者应以持空待跌和逢高做空为主，一旦三条线向下发散则坚决做空
布林线的三条线在顶部横向运动的可能性极小，这里也不再作研判		

3. K线和布林线上、中、下轨之间的关系

K线和布林线上、中、下轨之间的关系如表2–3所示。

表2–3 K线和布林线上、中、下轨之间的关系

K线和布林线上、中、下轨的运行	股市情况	投资策略
K线从布林线的中轨线以下、向上突破布林线中轨线	市场的强势特征开始出现，将上涨	投资者应以中长线做多为主
K线从布林线的中轨线以上、向上突破布林线上轨	市场的强势特征已经确立，可能短线大涨	投资者应以持多待涨或短线做多为主
K线向上突破布林线的上轨线以后，其运动方向继续向上时，如果布林线的上、中、下轨线的运动方向也同时向上	市场的强势特征依旧，短期内还将上涨	投资者应坚决持多待涨，直到K线的运动方向开始有掉头向下的迹象时才密切注意行情是否转势
K线在布林线上方向上运动了一段时间后，如果K线的运动方向开始掉头向下，一旦向下突破布林线上轨线时	预示着市场短期的强势行情可能结束，短期内将大跌	投资者应及时短线做空
K线从布林线的上方向下突破布林线上轨后，如果布林线的上、中、下轨线的运动方向也开始同时向下	预示着市场的短期强势行情即将结束，短期走势不容乐观	投资者应以逢高做空为主
K线从布林线中轨线上方、向下突破布林线的中轨线时	市场前期的强势行情已经结束，中期下跌趋势已经形成	投资者应中线及时做空。如果布林线的上、中、下线也同时向下则更能确认

续表

K线和布林线上、中、下轨的运行	股市情况	投资策略
K线向下跌破布林线的下轨线并继续向下时	预示着市场处于极度弱势行情	投资者应坚决以做空为主，尽量不做多
K线在布林线下轨线运行了一段时间后，如果K线的运动方向有掉头向上的迹象时	表明市场短期内将止跌企稳	投资者可以少量逢低建多仓
K线从布林线下轨线下方、向上突破布林线下轨线时	市场的短期行情可能回暖	投资者可以及时适量做多，做短线反弹行情
当K线一直处于中轨线上方，并和中轨线一起向上运动时	市场处于强势上涨过程中	投资者坚决一路持多
K线一直处于中轨线下方，并和中轨线一起向下运动	市场处于弱势下跌过程中	只要K线不向上反转突破中轨线，投资者都可一路持空

4. 布林线“喇叭口”的研判

所谓布林线“喇叭口”是指在股价运行的过程中，布林线的上轨线和下轨线分别从两个相反的方向从中轨线大幅扩张或向中轨线靠拢而形成的类似于喇叭口的特殊形状。布林线“喇叭口”的研判是BOLL指标所独有的研判手段。

根据布林线上轨线和下轨线运行方向和所处的位置的不同，我们又可以将“喇叭口”分为以下三种类型：

（1）开口型喇叭口。开口型喇叭口形态常出现在股票短期内暴涨行情的初期，开口型喇叭口形态的确立是以美国线（或K线）向上突破上轨线、股价带量向上突破中长期均线为准。对于开口型喇叭口形态的出现，投资者如能及时短线买进定会获利丰厚。所谓的开口型喇叭口是指当股价经过长时间的底部整理后，布林线的上轨线和下轨线逐渐收缩，上、下轨线之间的距离越来越小，随着成交量的逐渐放大，股价突然出现向上迅速上升的行情，此时布林线上轨线也同时急速向上扬升，而下轨线却加速向下运动，这样布林线上、下轨线之间的形状就形成了一个类似于大喇叭的形态。

开口型喇叭口形态的形成必须具备以下两个基本条件。

①股价要经过长时间的中低位横盘整理，整理时间越长、上下轨线之间的距离越小则未来涨升的幅度越大。

②布林线开始开口时要有明显的大的成交量出现。

开口型喇叭口是一种显示股价短线大幅向上突破的形态。它是形成于股价经过长时间的低位横盘筑底后，面临着向上变盘时所出现的一种走势。布林线的上、下轨线出现方向截然相反而力度却很大的走势，预示着多头力量逐渐强大而空头力量逐步衰竭，股价将处于短期大幅拉升行情之中。

（2）闭口型喇叭口。闭口型喇叭口形态常出现在股票暴跌行情的初期，闭口型喇叭口形态的确立是以股价的上轨线开始掉头向下、股价向下跌破短期均线为准。对于闭口型喇叭口形态的出现，投资者如能及时卖出则能保住收益、减少较大的下跌损失。所谓的闭口型喇叭口是指当股价经过短时间的大幅拉升后，布林线的上轨线和下轨线逐渐扩张，上、下轨线之间的距离越来越大，随着成交量的逐步减少，股价在高位出现了急速下跌的行情，此时布林线的上轨线开始急速掉头向下，而下轨线还在加速上升，这样布林线上、下轨线之间的形状就变成一个类似于倒的大喇叭的特殊形态。

闭口型喇叭口形态的形成虽然对成交量没有要求，但它也必须具备一个条件，即股价经过前期大幅的短线拉升，拉升的幅度越大、上下轨线之间的距离越大则未来下跌幅度越大。

闭口型喇叭口是一种显示股价短线大幅向下突破的形态。它是形成于股价经过短时期的大幅拉升后，面临着向下变盘时所出现的一种走势。布林线的上、下轨线出现方向截然相反而力度很大的走势，预示着空头力量逐渐强大而多头力量开始衰竭，股价将处于短期大幅下跌的行情之中。（图2–24）

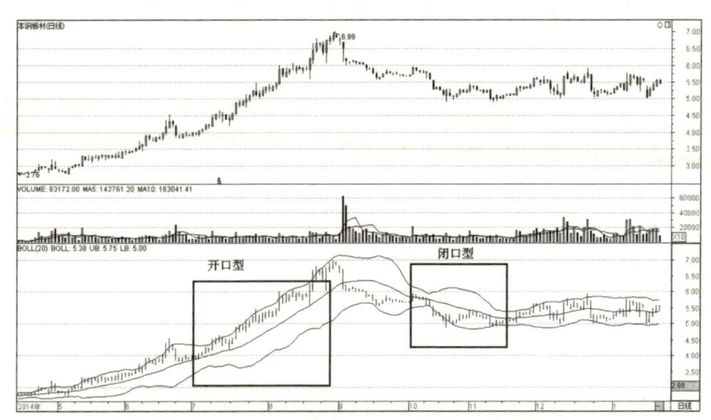

图2–24　开口型喇叭口与闭口型喇叭口

（3）紧口型喇叭口。紧口型喇叭口形态则常出现在股价大幅下跌的末期。所谓的紧口型喇叭口是指当股价经过长时间的下跌后，布林线的上、下轨线向中轨线逐渐靠拢，上、下轨线之间的距离越来越小，随着成交量越来越小，股价在低位的反复震荡，此时布林线的上轨线还在向下运动，而下轨线却在缓慢上升。这样布林线上、下轨线之间的形状就变成一个类似于倒的小喇叭的特殊形态。

紧口型喇叭口形态的形成条件和确认标准比较宽松，只要股价经过较长时间的大幅下跌后，成交极度萎缩，上、下轨线之间的距离越来越小的时候就可认定紧口型喇叭初步形成。当紧口型喇叭口出现后，投资者既可以观望等待，也可以少量建仓。

短线点金

紧口型喇叭口是一种显示股价将长期小幅盘整筑底的形态，形成于股价经过长期大幅下跌后，面临着长期调整的一种走势。布林线的上、下轨线的逐步小幅靠拢，预示着多空双方的力量逐步趋于平衡，股价将处于长期横盘整理的行情中。

本章启示

技术指标能帮助预测股票价格的未来趋势，提示买卖股票的适当时机。

平滑异同移动平均线——MACD，能指示股票价格趋势的技术分析手段，能帮助预判买入卖出时机。

随机指标——KDJ，最重要的超买超卖型指标之一，能指示股票价格波动区间，预示买卖信号。

相对强弱指标——RSI，最重要的超买超卖型指标之一，能通过股票价格涨跌速度警示价格形态和趋势。

趋势分析指标——EXPMA，它在使用中克服了MACD指标信号对于价格走势的滞后性，同时也在一定程度上消除了DMA指标在某些时候对于价格走势所产生的信号提前性，是一个非常有效的分析指标。

商品路径指标——CCI，与大多数单一利用股票的收盘价、开盘价、最高价或最低价而发明出的各种技术分析指标不同，CCI指标是根据统计学原理，引进价格与固定期间的股价平均区间的偏离程度的概念，强调股价平均绝对偏差在股市技术分析中的重要性，是一种比较独特的技术分析指标。

布林线指标——BOLL，在众多技术分析指标中，BOLL指标属于比较特殊的一类指标。绝大多数技术分析指标都是通过数量的方法构造出来的，它们本身不依赖趋势分析和形态分析，而BOLL指标却与股价的形态和趋势有着密不可分的联系。

第三章

研判技术图形

股票市场是有经验的人获得更多金钱，有金钱的人获得更多经验的地方！

——[美]朱尔

第一节 转势形态的技术图形

所谓的转势形态的技术图形是指出现这些图形之后，行情往往就要发生逆转，或由原来的升势转为跌势，或由原来的跌势转为升势。下面我们所列出的图形均为转势形态图形。

一、头肩顶

在各种各样的股票价格走势图形中，最常见的图形就是头肩形股价走势，几乎任何一幅长期走势图都有头肩走势，因此头肩走势是转势图形中最重要的一种。图 3–1 为头肩顶趋势图。

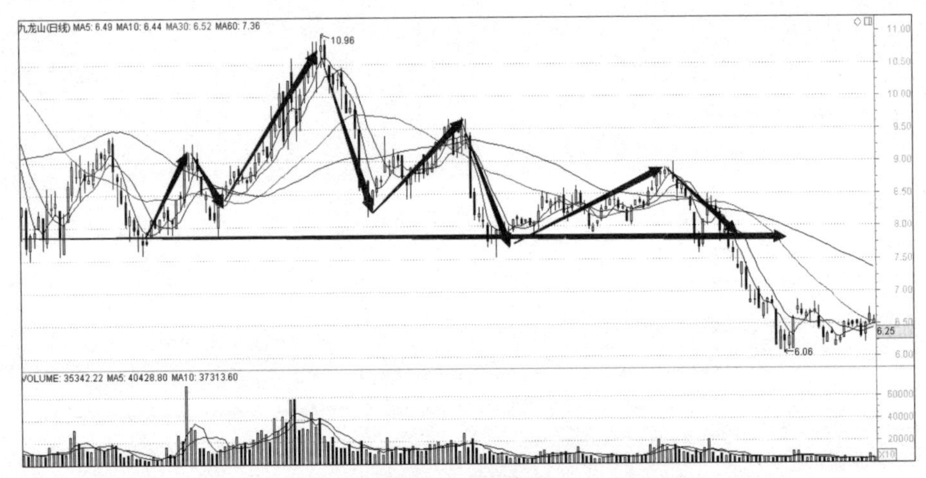

图 3–1 头肩顶

（1）左肩。当股票价格从低点开始上升，此时成交量显著增加，而回落时往往成交量萎缩并不十分明显，此阶段在整个股价形态中属于高成交区域。

（2）头。随后多方又掌握局面，股价经过短暂的回落后，又有一次强力的上升，成交亦随之增加。不过，成交量的最高点较之于左肩部分明显减少。股价突破上次的高点后再一次回落，成交量在回落期间亦同样减少。

（3）右肩。股票价格大幅上涨后，累积的空方力量开始占据上方，形成了股票价格走势的头部，但多方的力量并没有枯竭。股价下跌到接近上次的回落低点又再获得支持回升。可是，市场投资的情绪显著减弱，成交较左肩和头部明显减少，股价没法抵达头部的高点便告回落，于是形成右肩部分。

（4）在实践中的颈线可以是水平的，但大多数有一定的斜度。股票价格跌破颈线，就确认了头肩顶形被突破，股票价格随后往往有大幅下跌。

（5）后抽是投资者最后的卖出机会，随后股价大幅下跌的可能性极大，但在实践中股票价格向下跌破颈线位时，若成交量相对放大，则股票价格出现回升走势，后抽的机会则较小。

简单来说，头肩顶的形状呈现三个明显的高峰，其中，位于中间的一个高峰较其他两个高峰的高点略高。至于成交量方面，则出现梯级形的下降。

短线点金

投资者学习识别此形态图可防止在过热的市场气氛中在顶部买入股票。另外还需注意，头肩图形中的下跌突破颈线位往往并不需要较大的成交量的配合。所以往往头肩顶图形在形成过程中不易识别，投资者也不易提高警惕。一旦看清楚时，往往股票价格已有较大跌幅，所以投资者对此应提高认识。

（1）当最近的一个高点的成交量较前一个高点为低时，就暗示了头肩顶出现的可能性；当第三次回升股价没法升抵上次的高点，成交继续下降时，有经验的投资者就会把握机会沽出。

（2）当头肩顶颈线击破时，就是一个真正的沽出信号，虽然股价和最高点比较，已回落了相当的幅度，但跌势只是刚刚开始，未出货的投资者继续沽出。

（3）这是一个长期性趋势的转向形态，通常会在牛市的尽头出现。

（4）当颈线跌破后，我们可根据这种形态的最少跌幅量度方法预测股价

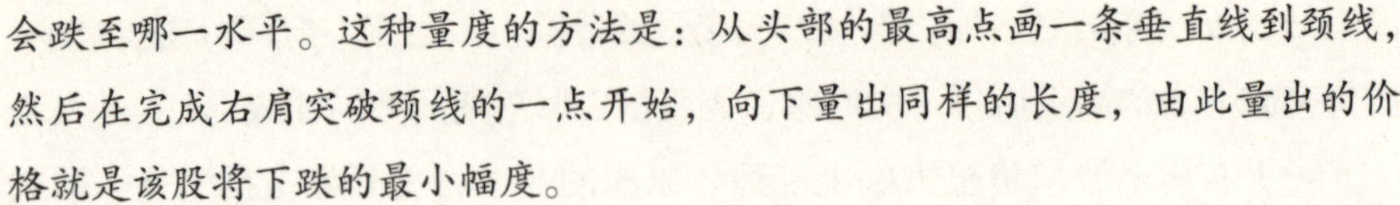
会跌至哪一水平。这种量度的方法是：从头部的最高点画一条垂直线到颈线，然后在完成右肩突破颈线的一点开始，向下量出同样的长度，由此量出的价格就是该股将下跌的最小幅度。

二、头肩底

头肩底正好是反过来看的头肩顶的形态，所以有许多与头肩顶类似的法则，只不过是相反的。具体图形如图3–2所示。

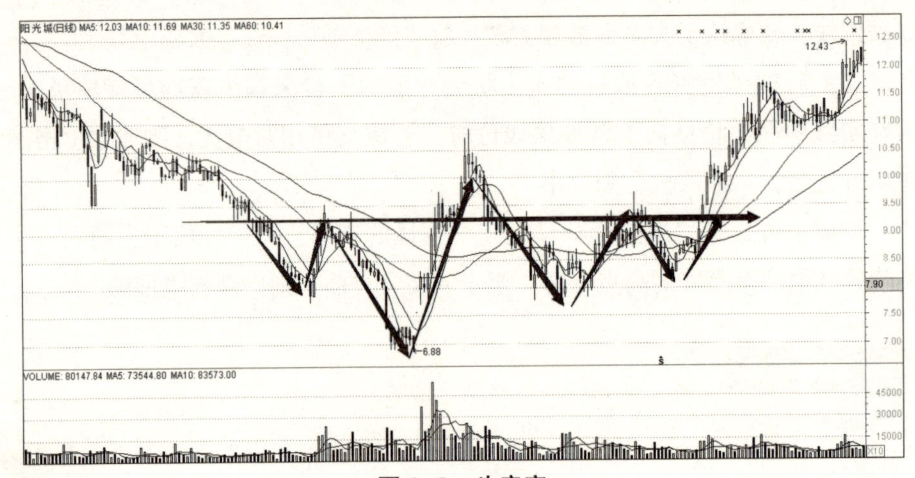

图 3–2　头肩底

（1）形成左肩时，股价下跌，成交量相对增加，接着为一次成交量较小的次级上升。

（2）股价下跌且跌破上次的最低点，成交量随着下跌而增加，较左肩反弹阶段时的交投为多——形成头部。

（3）从头部最低点回升时，成交量有可能增加。就整个头部的成交量来说，较左肩为多。当股价回升至多到上次的反弹高点时，出现第三次的回落，这时的成交量很明显小于左肩和头部。

（4）股价跌至左肩的水平，跌势便稳定下来，形成右肩。

（5）股价正式策动一次升势，伴随成交量大增。当其颈线阻力冲破时，成交量显著上升，整个形态便告成立。

头肩底的分析意义和头肩顶没有两样，它告诉我们过去的长期性趋势已扭转过来，股价一次再一次地下跌，第二次的低点（头部）显然较先前的一个低点为低，但很快掉头弹升。接下来的一次下跌，股价未跌到上次的低点水平已获得支持而回升，反映出看好的力量正逐步改变市场过去向淡的形势。当两次反弹的高点阻力线（颈线）打破后，显示看好的一方已完全把淡方击倒，买方代替卖方完全控制整个市场。

短线点金

一般来说，头肩底形态较为平坦，因此需要较长时间来完成。

当头肩底颈线突破时，就是一个真正的买入信号，虽然股价和最低点比较，已上升一段幅度，但升势只是刚刚开始。

头肩顶和头肩底的形状差不多，主要的区别在于成交量方面。

在突破颈线后可能会出现暂时性的回跌，但回跌不应低于颈线。如果回跌低于颈线，抑或股价在颈线水平回落，没法突破颈线阻力，而且还跌低于头部，这可能是一个失败的头肩底形态。

头肩底是极具预测威力的形态之一，一旦获得确认，升幅大多会多于其最少升幅。

三、双底（W底）

一只股票持续下跌到某一点后出现技术性反弹，但回升幅度不大，时间亦不长，股价再次下跌，当跌至上次低点时获得支持，再一次回升。这次回升时成交量要大于前次反弹时的成交量，股价在这段时间的移动轨迹就像字母W，这就是双重底，又称W走势。双底转势图如图3–3所示。

该图形具有如下特征：

（1）在跌势中出现。

（2）有两个低谷，最低点基本相同。

（3）第二个最低点形成时，成交量极度萎缩，但向上突破颈线时成交量迅速放大。

（4）在突破之后，常常有回抽，在颈线附近止跌回升，从而确认向上突破有效。

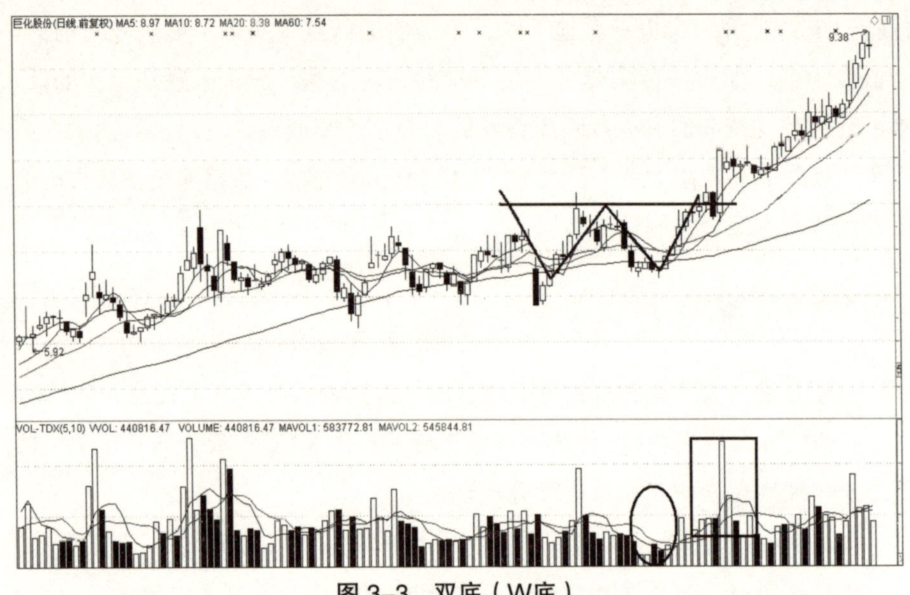

图 3–3　双底（W底）

短线点金

投资者可以试探性地跟进做多，买进方法同头肩底买进方法相同。

筑底时间小于1个月其信号较弱。

四、潜伏底

股价在一个极狭窄的范围内横向移动，每日股价的高低波幅极小，且成交量亦十分稀疏。经过一段长时间的潜伏静止后，价位和成交量同时摆脱了沉寂不动的闷局，股价大幅向上拉升，成交亦开始放大。图3–4为2018年1月8日至2月13日的潜伏底K线图。2月13日后连拉大阳线，股价大幅飙升，至4月3日，涨幅高达40%以上。

潜伏底的特征如下：

（1）在一轮大的跌势后出现，长期做狭窄的小幅波动，交易十分清淡。

（2）放量向上突破压力线后，股价一路上扬，很少出现回调现象。往往出现大阳线后再拉大阳线，大胆追涨是一个比较好的选择。

（3）“横过来多长，竖起来多高”，指的就是潜伏底。

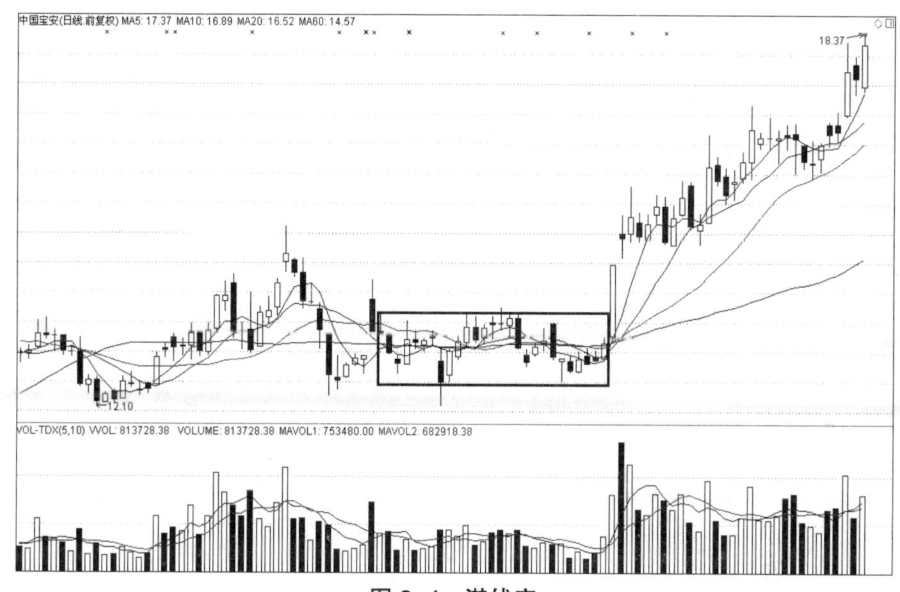

图 3-4　潜伏底

潜伏底大多出现在股票市场冷淡时期及一些股本少的冷门股上。由于这些股票流通量少，而且公司不注重宣传，前景不确定，往往会受到股民们的忽视，稀少的买卖使股票的供求十分平衡。持有股票的股民找不到出售的理由，有意买进的也找不到买入的原因。于是，股价就在一个狭窄的区域里一天天地移动，既没有上升的趋势，也没有下跌的信号。最后，该股突然出现不寻常的大量成交，原因可能是受到某些突如其来的消息，如公司盈利大增、分红前景好等的刺激，股价亦脱离潜伏底，大幅上扬。在潜伏底中，先知先觉的投资者在潜伏底形成期间不断在做收集性买入。当形态突破后，未来的上升趋势将会强而有力，而且股价的升幅甚大。所以，当潜伏底明显向上突破时，值得投资者马上跟进，跟进这些股票利润十分可观，但风险却很低。

短线点金

在放巨量向上突破压力线时，大胆跟进。

潜伏底形成时间一般都比较长，多数发生在被市场冷落的个股上。

潜伏底是股价上升潜力最大的一种底部形态。

五、V形底

图3–5为2018年2月5日至2月27日的K线图，股价经历V形底后迅速拉升，走出一波较大的行情。由图3–5我们可以看出，V形走势，可分为三个部分：

（1）下跌阶段。通常V形的左方跌势十分陡峭，而且持续时间较短。

（2）转折点。V形的底部十分尖锐，一般来说形成这种转势点的时间仅两三个交易日，而且成交在低点明显增多。有时候转势点就在恐慌交易日中出现。

（3）回升阶段。接着股价从低点回升，成交量亦随之而增加。

该图形具有如下特征：

（1）下跌呈加速状态。

（2）突然出现戏剧性变化，拉出了一根大阳线或一连串中阳线和小阳线。

（3）转势时成交量特别大。

（4）一旦形成，应快速追进，但要控制好止损位。

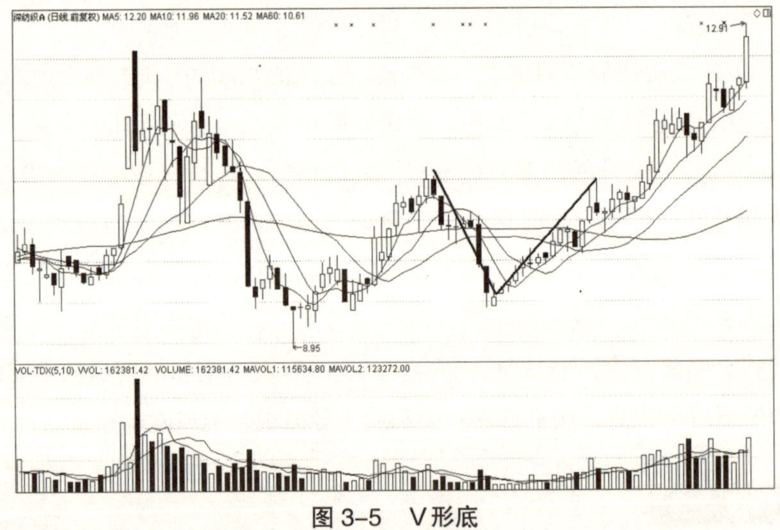

图3–5　V形底

短线点金

V形走势在转势点必须有明显成交量配合，在图形上形成倒V形。

股价在突破伸延V形的徘徊区顶部时，必须有成交量增加的配合，在跌破倒转伸延V形的徘徊底部时，则不必要成交量增加。

六、底部三角形

底部三角形的图形如图3–6所示。

图3–6　底部三角形

（1）三次探底几乎在相同价位上获得支撑，每次都从反弹的高点逐渐下降。

（2）形态形成过程中成交量逐步萎缩，到三角形尖端附近缩至最小。

（3）向上突破成交量放大，并且上升空间较大，给投资者一个“抄底”的良机。

（4）底部三角形形成时间较长。

短线点金

股价在经过连续几次大幅下跌后，反弹力度越来越弱，绝大多数投资者对该股的前景已失去信心，看空的能量得到了充分释放，市场上如果有新多力量加入，空方就无力打压，很容易引起价格的上扬。所以“底部三角形”的出现为投资者提供了一个“抄底”的良机，而这种技术图形经常发生在一些冷门股上，很多大黑马就是这样产生的。所以，底部三角形是投资者应重点关注的买入信号。

七、底部岛形反转

从图3–7中我们可以看出：

（1）股价下跌和上升时出现两个跳空缺口，其位置基本处于同一区域，底部就像一座远离海岸的孤岛。

（2）反转时，常会伴随很大的成交量。

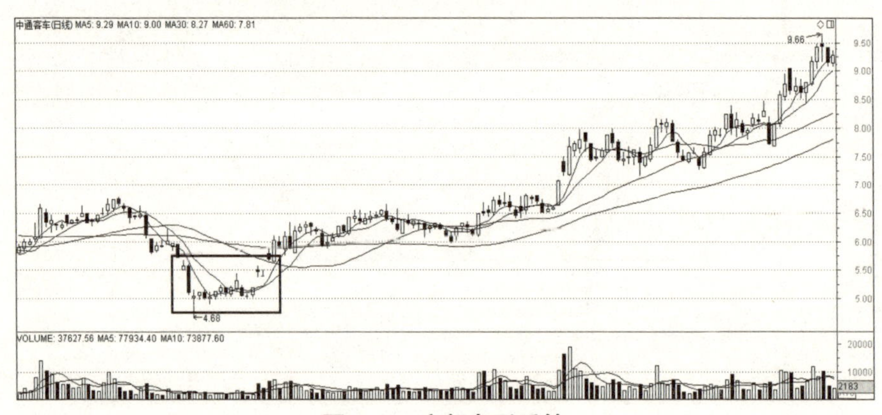

图 3–7　底部岛形反转

短线点金

（1）岛形的前后两个缺口左侧为下跌竭尽缺口，右侧为上涨突破缺口，形态看是以向上跳空缺口补向下跳空缺口，多方攻势强劲而猛烈；

（2）岛形的两个缺口间隔时间越短，反转的信号越强，短线爆发走V型反转的可能越大；

（3）向上岛形反转要求回升放量，量能越大上攻力度也大。

稳健型投资者，可在岛形反转形成后，，当股价缩量回踩缺口附近时介入；而激进型投资者，可在岛形反转向上跳空缺口出现当日盘中快速介入，短线大概率能收获一个涨停。

八、双顶（M头）

一只股票上升到某一价格水平时，出现大成交量，股价随之下跌，成交量减少。接着股价又升至与前一个价格几乎相等之顶点，成交量再随之增加却不能达到上一个高峰的成交量，随后第二次下跌，股价的移动轨迹就像字母M，这就是双重顶，又称M头走势。具体如图3–8所示。

双头是一个转向形态，当出现双头时，即表示股价的升势已经终结。通常这种形态出现在长期性趋势的顶部，所以当双头形成时，我们可以肯定双头的最高点就是该股的顶点。

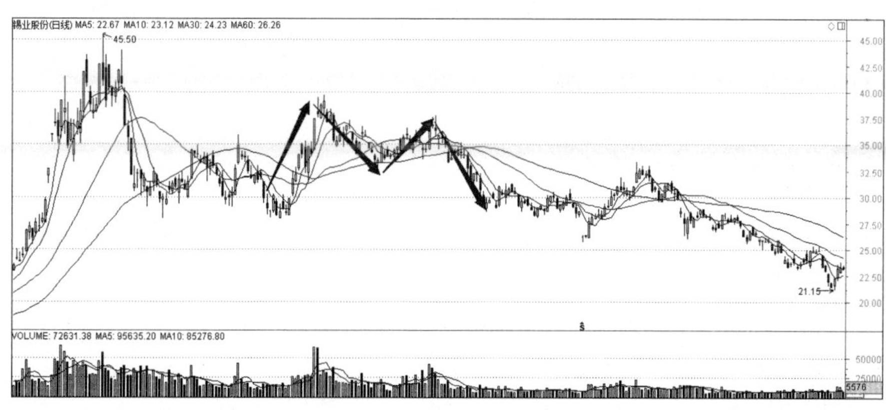

图3–8 双顶（M头）

短线点金

两个峰顶价位大致相同，但有时第二峰头略微比第一头高一些。

第二次反弹上冲时成交量比第一次上冲时要小。

破颈线常有反弹，但反弹成交量明显萎缩。

九、倒置V形

倒置V形的技术含义是：触顶暴跌，卖出信号。当倒置V形出现时，投资者应及时止损离场。

倒置V形走势一旦形成，股价回落速度很快，仅几天或1~2个星期股价跌去大半是常有的事，对此投资者一定要提高警觉。

从图3–9中我们可以看出倒置V形有以下三大特征：

（1）一般出现在行情高位。

（2）先是股价快速上扬随后快速下跌，成交量上的变化随着股价的上涨而减少，表现为多头力量减弱，获利抛压加大，随后形成头部为尖顶。

（3）在转势点有较大的成交量，并且换手率也很高，主力出逃迹象已经很明显，空头力量占据上风，随后形势急转直下。

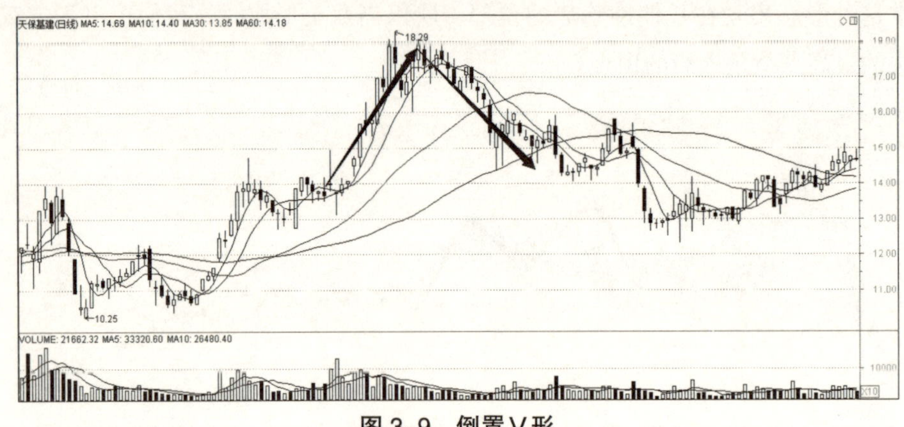

图 3-9　倒置V形

短线点金

倒置V形走势一旦形成，股价迅速回落让人措手不及，对此投资者一定要提高警觉，不要犹豫应及时止损离场。

十、顶部岛形反转

顶部岛形反转的图形如图3-10所示。

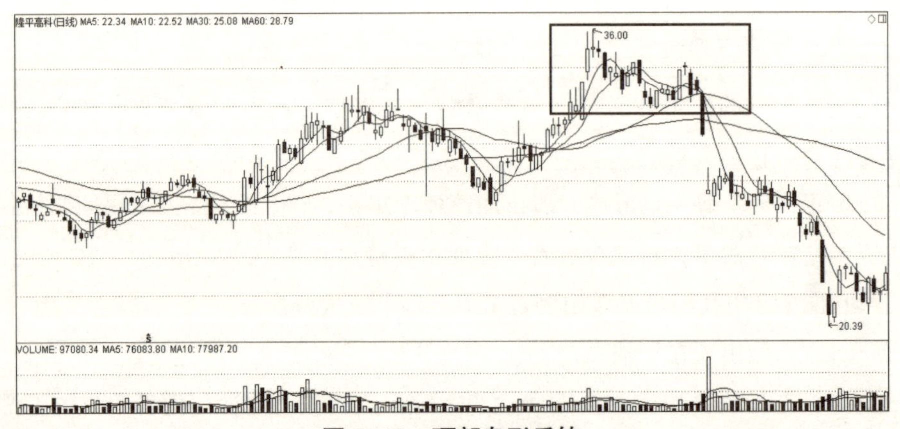

图 3-10　顶部岛形反转

短线点金

股价上升和下跌时出现两个跳空缺口，其位置基本处于同一区域，顶部就像一座孤岛。

其信号比底部岛形反转信号要可靠。

在顶部岛形反转之后，还有个后抽的机会，但是股价已经不能逾越顶部岛形的价位。

第二节　整理形态的技术图形

整理形态通常表示价格的盘整动作，是当前趋势的暂时停止，接下来价格还是会循着原来的走势进行。

整理形态和反转形态另一个不同之处在于形成的时间上，反转形态需要较长的形成时间，整理形态需要的时间则较短。形态虽分门别类，但也会有例外，比如三角形通常属于整理形态，有时也具有反转的作用。

一、旗形

1. 图形分析

顾名思义，旗形走势的形态就像一面挂在旗杆顶上的旗帜。这种形态通常在急速而又大幅波动的市场中出现。股价经过一连串紧密的短期波动后，形成一个稍微与原来趋势呈相反方向倾斜的长方形，这就是旗形走势。旗形走势又可分为上升旗形和下降旗形。

股价经过陡峭的飙升后，接着形成一个紧密、狭窄和稍向下倾斜的价格密集区域，把这个密集区域的高点和低点分别连接起来，就可以画出两条平行而又下倾的直线，这就是上升旗形（图3-11）。

下降旗形则相反，当股价出现急速或垂直的下跌后，接着形成一个波动狭窄而又紧密，稍微上倾的价格密集区域，像是一条上升通道，这就是下降旗形。

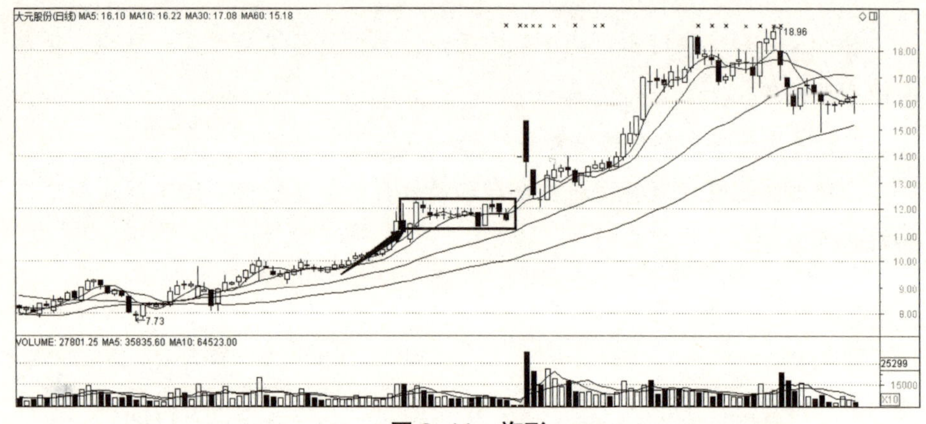

图 3-11　旗形

2. 市场含义

旗形是个整理形态，即形态完成后股价将继续沿原来的趋势方向移动。上升旗形将会向上突破，而下降旗形则是往下跌破。上升旗形大部分在牛市第三阶段出现，因此暗示升市可能进入尾声阶段。

下降旗形大多在熊市第一阶段出现，这种形态显示大势可能做垂直式的下跌。因此，这个阶段中形成的旗形十分细小，可能在三四个交易日内完成，如果在熊市第三阶段中出现，旗形形成的时间较长，而且跌破后只是有限的下跌。

旗形形态可测量出其最少升（跌）幅，测量的方法是突破旗形（上升旗形和下降旗形相同）后最少升（跌）幅度等于整根旗杆的长度。旗杆的长度是形成旗杆的突破点开始，直到旗形的顶点为止。

短线点金

（1）这种形态必须在急速上升或下跌之后出现，成交量则必须在形成形态期间不断地显著减少。

（2）当上升旗形向上突破时，必须有成交量激增的配合；当下降旗形向下跌破时，成交量也是大量增加的。

（3）成交量在旗形形成过程中，是显著地渐次递减的。

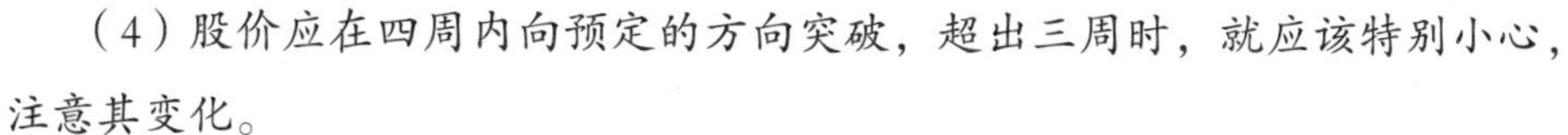
（4）股价应在四周内向预定的方向突破，超出三周时，就应该特别小心，注意其变化。

二、对称三角形

1. 形态分析

对称三角形由一系列的价格变动所组成，其变动幅度逐渐缩小，也就是说每次变动的最高价低于前次的最高价，而最低价比前次最低价高，呈一压缩图形。如从横的方向看股价变动区域，其上限为向下斜线，下限为向上倾线，把短期高点和低点分别以直线连接起来，就可以形成一个对称三角形。对称三角形成交量，随着股价变动幅度的减小而递减。当股价突然跳出三角形时，成交量随之放大。当股价运行到对称三角形的尾端或接近顶点时，多空双方处于一种暂时的平衡状态，双方都无力打破僵局。这时，如有一种力量加入多方或者空方，“天平”马上发生倾斜。经常是一种外力，如明显的利多或利空消息引发三角形向上或向下突破，突破方向产生后，宣告对称三角形态结束。

图3-12为整理形态中的对称三角形。

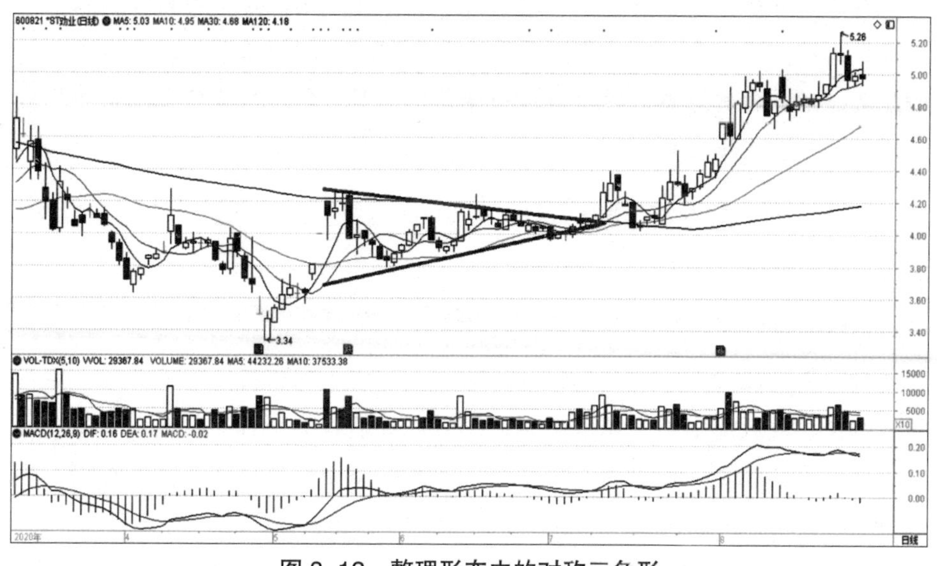

图3-12　整理形态中的对称三角形

2. 市场含义

一般情形之下，对称三角形属于整理形态，即股价会继续原来的趋势移动。只有在股价向其中一方明显突破后，才可以采取相应的买卖行动。如果股价往上冲破阻力（必须得到大成交量的配合），就是一个短期买入信号；反之若是向下跌破（在低成交量之下跌破），便是一个短期沽出信号。判断对称三角形是否有效突破，要注意三点：

（1）价位发生明显的变化，有明确的突破方向。

（2）向上突破时，必须有较大成交量的支持，成交量增加幅度越大，突破的可信性就越高。向下突破时，可以有较大成交量增量，也可以没有成交量增量。没有成交量增量的突破可以成立，如有大成交量的配合，向下突破就更为有力。

（3）突破后3日内，股价如果没有重新走回对称三角形之内，就可以确信股价已走出对称三角形，形成了向上或是向下的突破。

短线点金

对称三角形大部分属于整理形态，不过亦有可能在升市的顶部或跌市的底部中出现。根据统计，对称三角形中大约四分之三属整理形态，而余下的四分之一则属转势形态，所以应遵循等待、观望、休息的策略，直至产生突破方向时，才可进入市场。

三、上升三角形和下降三角形

1. 形态分析

股价在某水平位置，呈现出强大的卖压，价格从低点回升到水平位置便告回落。但市场的购买力十分强大，股价未回落至上次低点即告弹升。这种情形的持续使股价随着一条水平阻力线波动日渐收窄。我们若把每一个短期波动高点连接起来，可画出一条水平阻力线；而每一个短期波动低点则可相连出另一条向上倾斜的线，这就是上升三角形（图3–13）。

图 3-13　上升三角形

下降三角形（图3-14）的形状与上升三角形恰好相反，股价在某特定的水平出现稳定的购买力，因此股价每回落至该水平便告回升，形成一条水平的需求线。可是市场的沽售力量却不断加强，股价每一次波动的高点都较前次低，于是形成一条下倾斜的供给线。成交量在完成整个形态的过程中，一直十分低沉。

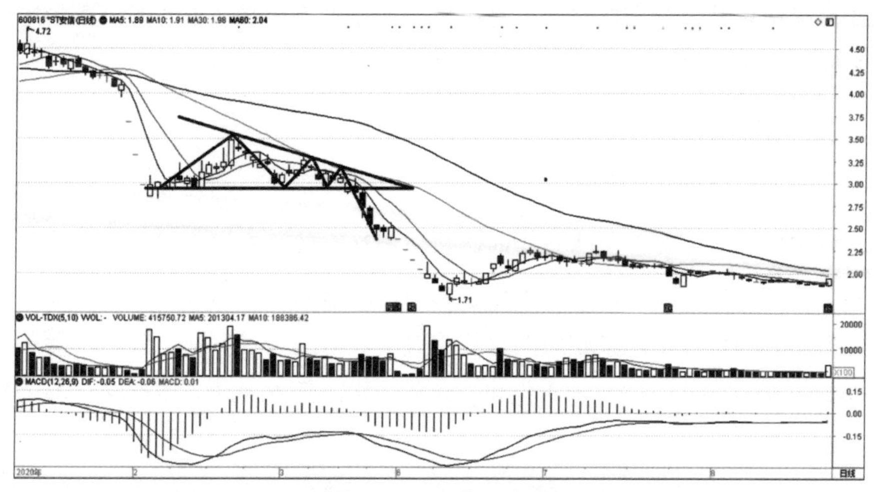

图 3-14　下降三角形

2. 市场含义

上升三角形显示买卖双方在该范围内的较量，但买方的力量在争持中已稍占上风。卖方在其特定的股价水平不断沽售，虽不急于出货，但却不看好后市，于是股价每升到理想的沽售水平便即刻沽出，这样在同一价格的沽售形成了一条水平的供给线。不过，市场的购买力量很强，他们不待股价回落到上次的低点，便急不可耐地购进，因此形成一条向右上方倾斜的需求线。另外，也可能是有计划的市场行为，部分人士有意把股价暂时压低，以达到逢低大量吸纳之目的。

短线点金

上升三角形和下降三角形都属于整理形态。上升三角形在上升过程中出现，暗示有向上突破的可能，下降三角形正好相反。上升三角形在突破顶部水平的阻力线时，有一个短期买入信号，下降三角形在突破底部水平阻力线时有一个短期沽出信号。此两种形态虽属于整理形态，但亦有可能朝相反方向发展。上升三角形可能下跌，投资者在向下跌破3%（收市价计）时，宜暂时沽出，以待形势明朗。而在向上突破时，没有大成交量配合，也不宜贸然投入。相反下降三角形也有可能向上突破，这里若有大成交量则可证实。另外在向下跌破时，若出现回升，则观察其是否阻于底线水平之下，在底线之下是假性回升，若突破底线3%，则图形失败。

四、楔形

1. 形态分析

所谓楔形，一般是由两条同向倾斜、相互收敛的直线组成，分别构成股价变动的上限和下限。其中，上限与下限的交点称为端点。

楔形系股价介于两条收敛的直线中变动。与三角线不同之处在于两条界线同时上倾或下斜。成交量变化和三角形一样向顶端递减。楔形又分为上升楔形和下降楔形。

上升楔形指股价经过一段时间大幅下跌之后，出现强烈的技术性反弹，当股价弹升到某个高点时，就掉头回落。不过这种回落较轻微而缓和，因而股价在未跌到上次低点之前已得到支撑而上升，并且越过上次高点，形成一浪高于一浪的趋势。第二次的上升止于另一高点之后，股价再度回落。我们把两个高点和两个低点分别用直线连起来，就形成了一个上倾的楔形。如图3–15所示。

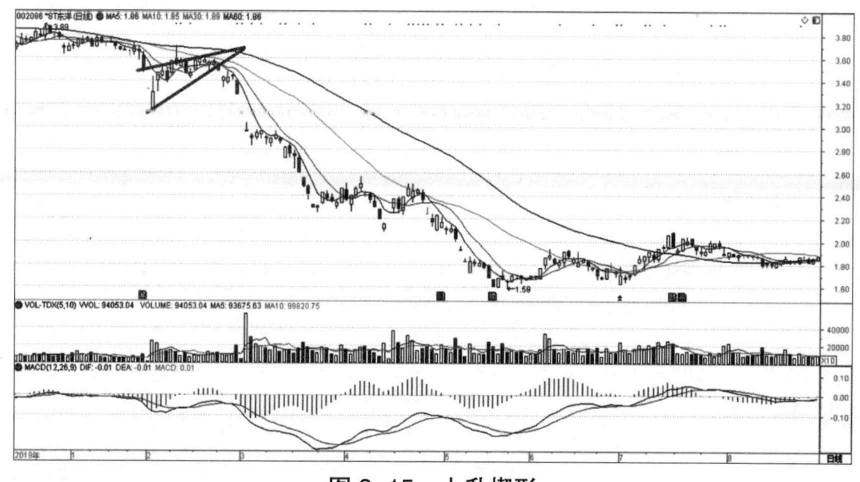

图 3–15　上升楔形

楔形的与众不同之处是它明显倾斜，楔形向上或向下明显倾斜。通常，楔形如同旗形一样与当前趋势反向倾斜。因此，下降楔形看涨，而上升楔形看跌。图3–16为下降楔形示意图。

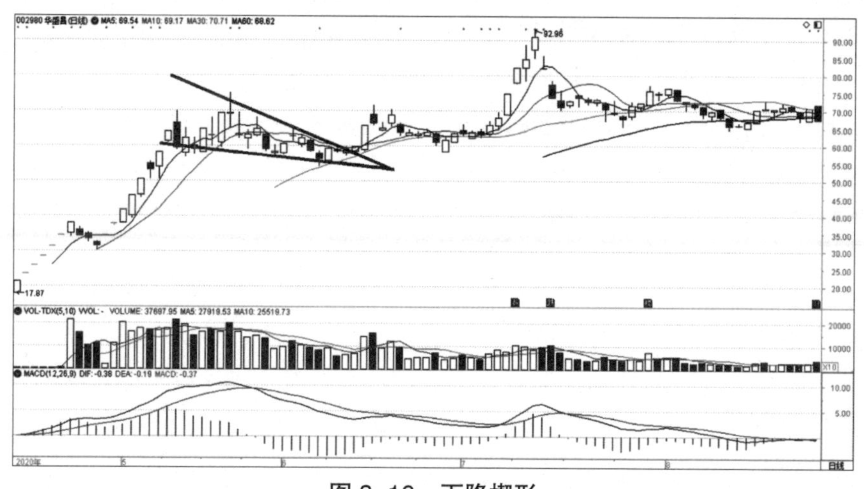

图 3–16　下降楔形

下降楔形则相反，高点一个比一个低，低点亦一个比一个低，形成两条同时下倾的斜线。

2. 市场含义

表面上你也许会以为，既然有一条水平线和一条上倾线的上升三角形为上升图形，那么有两条上倾线的上升楔形将更加牛性。但实际上并非如此。上升三角形的顶线代表股价在一定价格才卖出，当供给被吸收后（上升界线代表吸收），上档压力解除，股价便会向上跳。而上升楔形中没有明显的将被吞吃的抛卖障碍，而是投资兴趣的渐渐衰竭。价格上升，但每个新的上升波动比上一个要弱。最后，需求彻底失败，趋势反转。因此，上升楔形表示一个渐次减弱的技术性意义。上升楔形是一个整理形态,常在跌市回升阶段出现。上升楔形显示尚未跌见底，只是一次下跌后的技术性反弹而已。当其下限跌破后，就是沽出信号。上升楔形的下跌幅度，至少将新上升的价格跌掉，而且要跌得更多,因为尚未见底。上升楔形是熊市反弹相当典型的形态。事实上，它是如此典型，以至于有时，在大规模下跌之后，楔形的频繁出现使人怀疑新的牛市是否在生成，这些还可作为主要趋势仍在下降的证据。

下降楔形（与上升楔形的含义相反），股价经过一段时间上升后，出现了获利回吐，虽然下降楔形的底线往下倾斜，似乎说明市场的承接力量不强，但新的回落浪较上一个回落浪波幅为小，说明沽售力量正在减弱中，加上成交量在这个阶段中的减少可证明市场卖压的减弱。下降楔形也是整理形态，通常在中长期升市的回落调整阶段中出现。下降楔形的出现告诉我们升市尚未见顶，这仅是升后的正常调整现象。一般来说，形态大多是向上突破，当其上限阻力突破时，就是一个买入信号。

在具体分析中，需要密切关注成交量、时间等诸多因素。通常楔形形态内的成交量是由左向右递减的，且萎缩较快。同样，楔形整理的时间不宜太长，一般在8~15日内。时间太久的话，形态力道将消失，也可能造成股价反转的格局。究其具体操作而言，上升楔形在跌破下限支撑后，经常会出现急跌，因此当其下限跌破后，就会发出沽出信号。而下降楔形向上突破阻力后，可能会演变成横向发展，形成徘徊状态，成交依然非常低沉，然后再慢慢爬升，成交亦随之增加。这种情形的出现，我们则可等股价打破徘徊局面后适当跟进。

短线点金

楔形（无论是上升楔形抑或下降楔形）上、下两条线必须明显地收敛于一点，如果形态太过宽松，形成的可能性就该怀疑。一般来说楔形需要两个星期以上的时间完成。

虽然跌市中出现的上升楔形大部分都是向下跌破，但相反地若是向上突破，而且成交亦有明显的增加，形态可能出现变异，发展成一个上升通道，这时我们应该改变原来偏激的看法，认为市道（或股价）可能会沿着新的上升通道开始一次新的升势了。同样，倘若下降楔形不升反跌，跌破下限支持，形态可能改变为一个下降通道，这时候后市的看法就应该随着市场的变化而做出修正了。

上升楔形上下两条线收敛于一点，股价在形态内移动只可以做有限底的上升，最终会跌破。而股价理想的跌破点是由第一个低点开始，直到上升楔形尖端之间距离的2/3处。

下降楔形和上升楔形有一点明显不同之处，上升楔形在跌破下限支持后经常会出现急跌，但下降楔形往上突破阻力后，可能会向横发展，形成徘徊状态，成交仍然十分低迷，然后才慢慢开始上升，成交亦随之而增加。这种情形的出现，我们可待股价打破徘徊闷局后才考虑跟进。

从实战的经验统计，下降楔形向上突破与向下突破的比例为7∶3左右；从时间上看如果下降楔形超过三四个星期，那么向下突破的可能性就会增大一些。

第三节　重要的稳赚技术图形

一、上升三角形

股价的上升有涨有落，但总的趋势是向上的。但是，它就像长途赛跑一样需要休息，股价整理的意义就在于休整。如果不整理，股价就不可能有能力再往上冲。对于短线炒手来讲，股价休整的时候可以暂时退出观望，或者抽出资金来买入那些休整结束的股票。如今市场的一个很大的特点就是，每天都有很多股票在盘整，也有些股票已经完成盘整开始新的上升，这样就给了股票持有者以很大的选择余地。

在各种盘整走势中，上升三角形是最常见的走势，也是标准的整理形态。抓住刚刚突破上升三角形的股票，足以令你大赚特赚。

从图3–17中我们可以看出，上升三角形具有以下特征：

（1）两次冲顶连线呈一水平线，两次探底连线呈上升趋势线。

（2）成交量逐渐萎缩，在整理的尾端又逐渐放大并以巨量冲破顶与顶的连线。

（3）突破要干净利落。

（4）整理至尾端时，股价波动幅度越来越小。

识别上升三角形的形成过程是很困难的，然而通过盘面第二次回档时的情况来观察，可以有助于判断股市形势发展的方向，特别是对于个股走势判断。因为现在的公开信息中包括三个买卖盘口的情况和即时成交的情况，只要仔细跟踪每笔成交，便可以了解该股回档时的抛压及下方支撑的力度，并分析是否属于自然止跌，如果属于主力刻意制造图形，则支撑显得生硬勉强，抛压无法减轻。

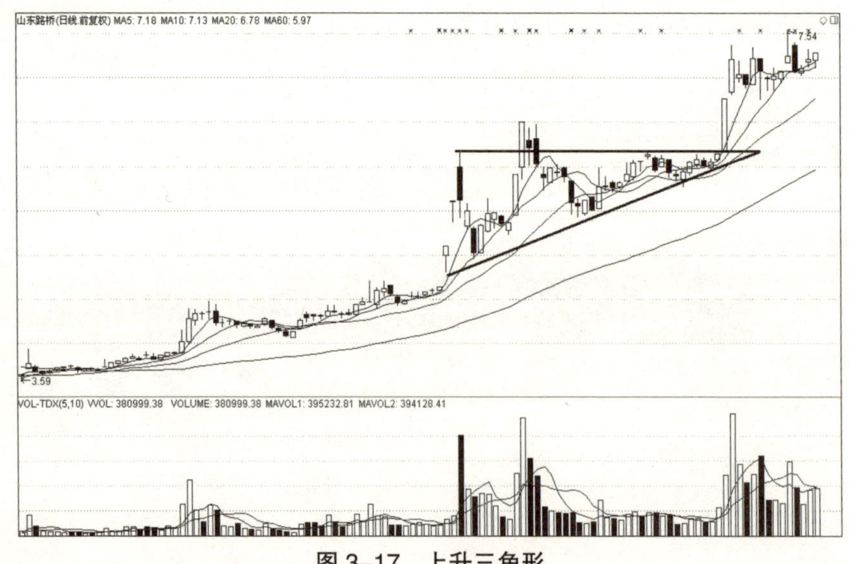

图3–17 上升三角形

短线点金

上升三角形的上边线表示一种压力，在这个水平上存在某种抛压，而这一抛压并不是固定不变的。一般来说，某一水平的抛压经过第一次冲击之后应该有所减弱，第二次冲击时进一步减弱；到第三次冲击时，实质性抛盘已经很少了，剩下的只是心理上的压力而已。这种现象的出现，说明市场上看淡后市的人并没有增加，倒是看好后市的人越来越多。由此可以预见，股价向上突破上升三角形的时候，其实不应该拖泥带水，不应该有多大的阻力，这是判断一个真实突破的关键。

二、矩形

矩形整理的分析意义和上升三角形完全相同，只是股价每次探底时都在同一水平获得支撑，而不是像三角形那样在低点逐步上移。矩形形态如图3–18所示。

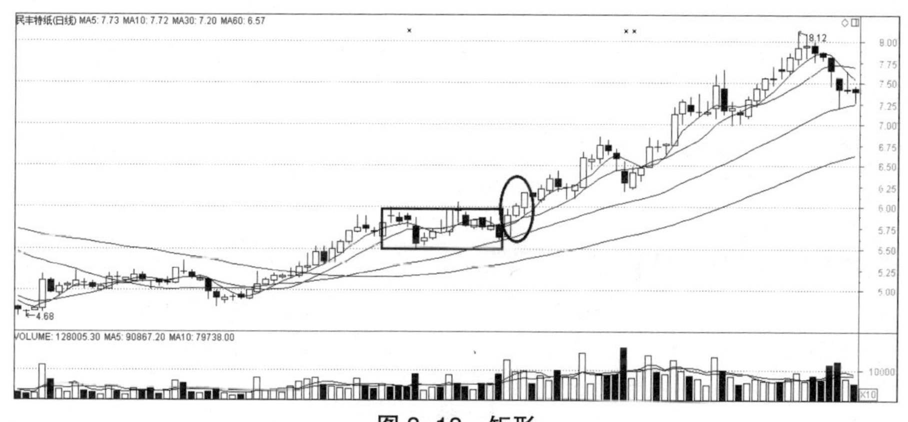

图 3–18 矩形

股票箱是人们对矩形的比喻，意思是股价好像被关在一个箱子里，上面有盖，下面有底，而股价在两层夹板之间来回运动。如果这种来回运动具有一定的规律性，即上升时成交量放大，下降时成交量缩小，并且随着时间推移，成交量整体呈现缩小的趋势，那么这个矩形是比较可靠的。矩形的特征如下：

（1）矩形上升的压力线平行于支撑线。

（2）矩形盘整的时间比较长。

（3）突破阻力线时必须伴随着大的成交量。

(4) 盘整期越久，将来突破之后的行情越大。

短线点金

矩形常常是在主力机构强行洗盘下形成的，上方水平的阻力线是主力预定的洗盘位置，下方的水平支撑线是护盘底线。在盘面上我们有时可以看到股价偶尔会跌破支撑线，但迅速回到支撑线之上，这可能是主力试探市场形态的方法。如果一个重要的支撑位跌破之后，市场并未进一步下挫，这充分说明市场的抛压已经穷尽，没有能力进一步下跌。

三、圆底

圆底是指股价在经历了漫长的下跌之后，跌势逐渐趋缓，并最终停止下跌，在底部横盘一段时间后，又开始再次缓慢回升，终于向上发展的过程。应该说，圆底的形态是最容易被发现的，因为它给了充分的时间让大家看出它的存在。但是，正是由于它的形成所需时间较长，往往反而被投资者忽略了。具体图形如图3–19所示。

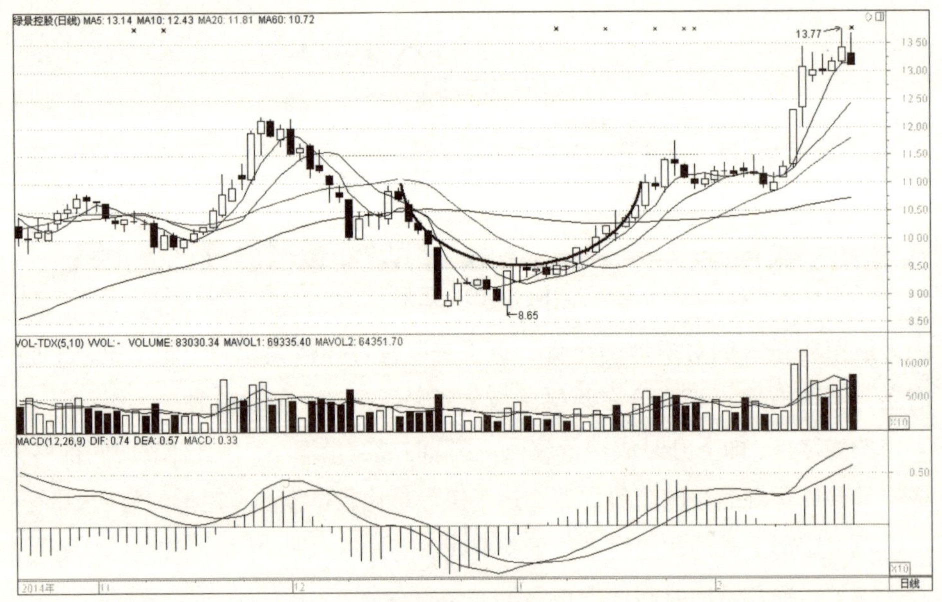

图 3–19 圆底

圆底的主要特征如下所示：

（1）圆底打底的时间较长。

（2）股价日K线与平均线叠合得很近。

（3）圆底底部的波动幅度很小，成交量极度萎缩。

（4）盘至尾端时，成交量缓慢递增，之后就是巨量向上突破阻力线。

（5）在经历了大幅下跌之后形成。

短线点金

当股价从高位开始回落之初，人们对股价的反弹充满信心，市场气氛依然热烈，因此股价的波动幅度在人们的踊跃参与之下依然较大。事实上，股价在震荡中正在逐渐走低，用不了多久，人们就会发现，这时的市场很难挣钱，甚至还常常亏钱，因此参与市场的兴趣在逐渐降低，参与的人也越来越少。

四、双底或多重底

双底或多重底也是可靠的底部形态。在选股实战中运用最多的也就是这种图形。双底形成的时间比圆底短一些，但它常常具有相当强的攻击性（图3–20）。

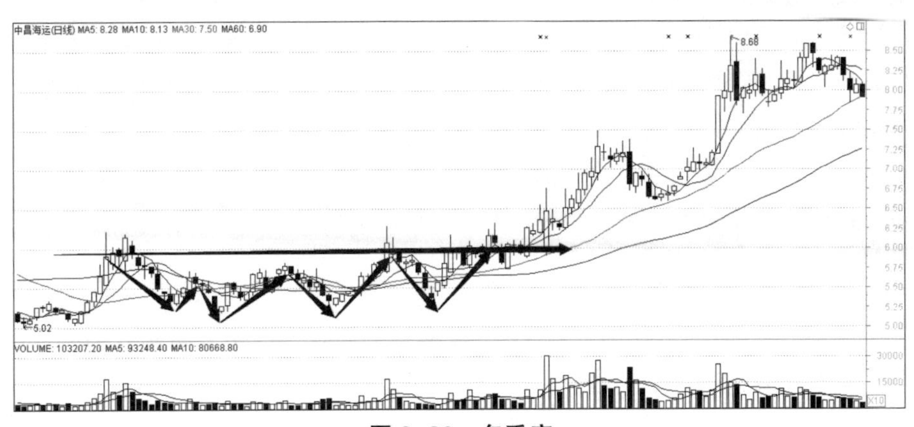

图3–20　多重底

双底的重要特征如下所示：

（1）股价两次探底，第二次低位不低于第一次低位，常常是第二次低位要稍高些。

（2）第一次探底的成交量已经大幅萎缩，反弹自然发生。

（3）第二次下跌时成交量更小。

（4）第二次上升时有不少主动性买盘的。

（5）以大阳线突破。

一个完整的双底包括两次探底的全过程，反映出买卖双方力量的变化。在市场实际走势中，形成圆底的情况较少，而形成双底的情况较多。因为市场参与者往往难以忍受股价多次探底，当股价第二次回落而无法再创新低的时候，投资者大多开始补仓介入了。每次股价从高水平回落，到某个位置自然而然地发生反弹之后，这个低点就成为一个有用的参考点。

多重底的特征与双底的特征类似，这里不再赘述。

本章启示

在本章中，我们结合股市具体实例重点介绍了一些技术图形，在这些技术图形从形态上主要分三种，即上升图形、下跌图形和整理图形。如双底、W底、潜伏底、V形底等都为上升图形，而双顶（M头）、头肩顶等为下降图形。

通过本章的介绍，股民朋友们可能会发现，各个技术图形有的时候是很相似的，但是所提示的行情却是完全相反的。因此，特别要提醒股民朋友的是，在熟练掌握各种技术图形的定义之后，我们一定要从实际出发，分析每一只股票，因为没有哪只股票会严格按照技术图形的定义来形成价格，所以我们在分析一只股票的时候，要注意达到“形似”即可。

分析一只股票走势的时候，我们也要注意主力利用技术图形进行骗线的情况，在一只股票的整个形态没有走出来的时候，切勿妄下结论。例如，一个下跌图形倒V很有可能会走出一个反转行情（图3-21）。

图 3-21　倒 V 走出一个反转行情

第四章

揭开市场底牌
——短线看盘技巧

股市赢家法则是不买落后股，不买平庸股，全心全意锁定领导股！

——[美]威廉·欧奈尔

第一节 短线看盘的要点

短线炒作绝大多数是在几天内完成的，有的时候在当日尾盘买入，次日开盘就抛出，这种操作必须跟着每天的盘面变化走。对每一个短线投资者来讲，如何看盘是至关重要的，因为看盘水平决定了其对短线炒作的熟练程度，也是其是否盈利的关键。

看盘俗称盯盘，是股票投资者主要的日常工作。但股票新手往往把看盘仅仅理解为及时跟踪指数的涨跌，这必然制约投资者把握稍纵即逝的逐利避险的机会。短线看盘的要点有以下几个基本方面。

一、观察股指的走向

在进行短线操作时，不少投资者常会看错了方向。在应该买进的时候却抛出，而在应该抛出时却不卖出，这使不少短线投资者在牛市中照样亏损。通常，短线投资者在大盘趋势向上时应当买进股票，而当大盘有下跌趋势时则应该卖空股票，这一判断极为重要。成功判断股指走向可以让短线投资者处处逢凶化吉，从而少受套牢之苦。图4–1为2020年3月20日至2020年8月8日的上证综合指数图。股指涨了25.69%，如果投资者能正确判断上证综合指数的走势，在合适的价位提前建仓，必会获得不菲的收益。

二、查找某一只股票忽变的市场因素

有些默默无闻的股票会突然爆发，在盘中被拉到涨停板，有些股票则莫名其妙地打到跌停板，这种涨跌的背景因素通常都会在盘中提前表现出来。股市上经常会流传某只个股的消息，以致不少主力在将股价拉高以后故意制造一些该股的利多传言，一旦广大投资者跟进，主力便乘机出货。某只股票在连拉几日后，上市公司会发布该股的利好消息。而在公布消息当日，股价却高开低走，跟进者全部被套。因此，股票走强或走弱后，通过盘面情况感

受该股消息面的情况，是可以通过看盘来实现的。

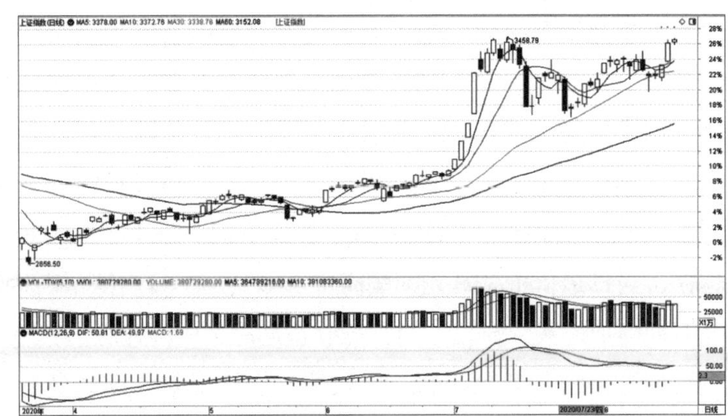

图 4–1　2020 年 3 月 20 日至 2020 年 8 月 8 日的上证综合指数

三、观察利空或利多消息的出现

消息对股市起着十分重要的作用。作为聪明的短线高手，即使没有消息渠道，仍可以通过盘中细微的变化得到有关政策面与个股方面的消息。俗话说“世上没有不透风的墙”，股市给人带来太多的利润诱惑，不少投资者会从各种途径获得一些机密的信息。在这种情况下，这类先知先觉者就会通过抛出股票或者买进股票反映这一信息。2020年8月18日，国药集团发布信息《新冠灭活疫苗预计年底上市，两针保护率100%》，消息发布后，国药集团股票国药股份涨停。此前关于国药集团新冠疫苗的消息已经传出，如果投资者结合盘面特征，作出判断。就能捕捉到这轮行情。图4–2为国药股份2020年8月18日的K线图。

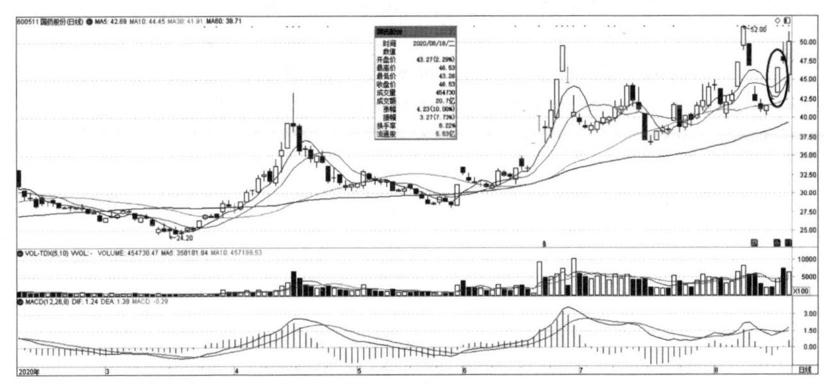

图 4–2　国药股份 2020 年 8 月 18 日的 K 线图

四、寻找短线做差价的机会

有时候盘面会呈高开高走之态，而有的时候盘面会表现出高开低走，每天盘面的变化会有所不同，作为持股者常会遇到何时抛出股票的选择。盘面操作的得失有时会导致当天出现上下10%的差别，如果短线投资者能选择正确的卖点的话，当天就会有较大的利润可获得。不少短线投资者常常是因为没有及时把握每天盘面所产生的较大的差价而后悔。图4–3为2020年7月15日的八一钢铁，当日最低价3.94元，最高价4.48元，一日内涨幅高达13.71%。如果投资者能准确把握买入时机，当日的收益远超买中涨停板。

通过上述四种方法的长期实践，股民朋友们一定要仔细观察自己熟悉的几只股票，长久下来，我们就会对这几只股票的“股性”十分了解，更能准确地判断股票的涨跌。因此要学会积累，不断地总结经验。

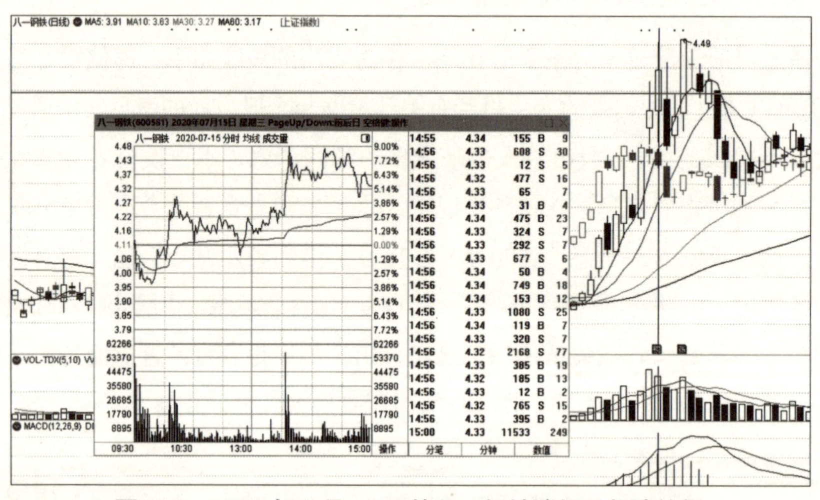

图4–3　2020年7月15日的八一钢铁涨幅远超涨停板

短线点金

就一般情况而言，看盘高手在股市中应该是常胜将军，对他们而言大盘的走势如同一盘棋。他们与庸手之间的差别在于，他不仅能看出几步，而且能看出几十步的走势。股市的走势体现出众多的信息，有些是很细微的信息，但通过这些信息却能够把握大盘和个股的方向。

第二节　价量关系之看盘技巧

在形势不好的长期空头市场，买进卖出的人较少，因此成交量逐渐萎缩，这时的投资者往往采取保守的进出态度。而在大势坚挺向上的长期多头市场中，由于买进卖出的人很多，其成交量也得以逐步递增，投资者做多热情较高。下面将平均量的变化情形列出数条应用原则，作为买卖股票的参考。

（1）如果大盘总平均成交量忽然增加，关注个股股票也有大笔成交时，则说明目前股市行情的买卖已经呈现热络，此时，若是当天的指数也能配合涨升，则意味着行情将继续往上看涨，跟进做多比较适宜。但假如总平均量忽然增加，个别股没有大笔的成交，当天的行情也未能配合涨升时，则可能表示有大户暗中大笔卖出，行情将可能进入调理或是下跌的局面，此时就考虑卖出观望较佳。

（2）成交量柱状线由短逐步趋长，指数也同步走高，则表明推高功能不断加强，是正匹配，可跟进；反之，指数上涨，成交量柱状线却在萎缩，是负匹配，可沽出或持有。通过观察成交量柱状线的变化与对应指数变化，判断量价是正匹配还是负匹配，并进行相应的操作。图4–4为量增价涨的情况，是适合买入的时机。

图 4–4　量价正匹配确定买入时机

当成交量柱状线由短逐步趋长，指数不断下滑，表明有大户、机构在沽压，是危险信号，通常大盘短期很难再坚挺；成交量柱状线不断萎缩，指数也飞速下滑，是买盘虚脱的恐慌性下跌，此时果断介入，短线获利丰厚。

（3）总平均量忽然减少时，若没有突发的利空因素影响，而其股价也在下跌时，只要跌幅不是很深，则说明持股者已惜售，股价即使再跌也非常有限，在这个时候应该逢低买进。

（4）若总平均量忽然减少而没有利空影响，其股价却上升，则表示持股者虽然惜售，股价可望继续，但因无较大的主力参与，行情的涨幅恐怕已经太大，这种情况还需要进一步观察。

（5）只要个股的近期平均成交量超过正常平均量，且量价配合理想，不论是否有利多或利空消息的影响，往往预示该股的走势，近期中产生积极的变化，即地量见地价之后的反弹；至于影响平均量变动的因素，若为大盘成交量持续低迷，股市严重超跌，则可以将其视为股价异动征兆。

（6）个别股的平均成交量有时候会受到除息或除权的影响，多数股票会因为除权除息的消息影响价格上涨，成交量也随之变大，但此时也是主力拉高出货的时候，待除权除息之后股价会迅速下跌，成交量减少，是随后主力又有补仓迹象，导致成交量增大。

短线点金

通过量价关系看盘的学问很大。由上述几种情况又可以衍生出：当成交量柱状线急剧放大，某一只股票既未上攻又未下滑，则可能是主力在倒仓，此时投资者可观望；当某只股票股价处在高位，成交量柱状线放大，股价逐步下滑，说明主力在减磅；反之，当某只股票成交量柱状线放大后成交量持续萎缩，股价却不断下滑，此时有可能是主力在震仓，投资者应“咬定股票不放松”。

第三节　短线盘口分析之看盘技巧

有主力的股在盘口的任何动作都是有目的的，总结起来，无非三种：拉抬、洗盘、出货。读懂盘口中具体动作的含义，是实战中不可缺少的基本功。

当主力在初期建仓区域内完成吸筹动作后，在大势的配合下，将展开拉升，使股价迅速脱离其成本区，以免更多低价筹码落入他人手中。在盘面上表现为基本脱离指数的干扰，走出较为独立的短线向上突破行情。实战中可以从以下几个方面识别主力的拉抬动作。

一、开盘形态和看盘重点

对于强庄股来说，开盘初20分钟的走势，是其起跳的瞬间关键时段。如果开市后指数呈惯例的上下震荡走势时，该股股价受其干扰不大，在大盘指数走低时稳固运行于前一日收盘价上方横盘，均价与股价基本保持平行，量比超过（1）0，即使有抛单打低股价，也能被迅速拉回盘整区。在此期间，如有向上大笔提拉的动作出现，要根据股价与均价的位置决定买入时机，如果股价脱离均价2%以上，均价却无力上冲时，这时一定不要追高买货，因为短期内股价必将有一个向均价回归的过程，可以在均价附近吸纳。该股当日能否走强取决于开盘形态的强度，从中可以洞悉主力当日做盘的决心。图4-5为中房股份2020年8月18日的走势图，开盘20分钟内，主力上攻，30分钟内股价被拉至全天的高点。

二、盘中形态和看盘重点

盘中形态不是一个孤立的趋势形态，而是当日整个趋势形态的组成部分。根据趋势波动的类型，中盘形态可分为：趋势形态和整理形态。

1. 趋势形态

趋势形态就是有趋势的行情波动形态，主要有两种盘面波动的表现：

（1）渐进式波动。它是指盘中的上涨或下跌按照调整波与推进波的循环完成趋势运动。渐进式波动通常与开盘波动形成相同节奏的盘中趋势的波动，是开盘波动的延续。

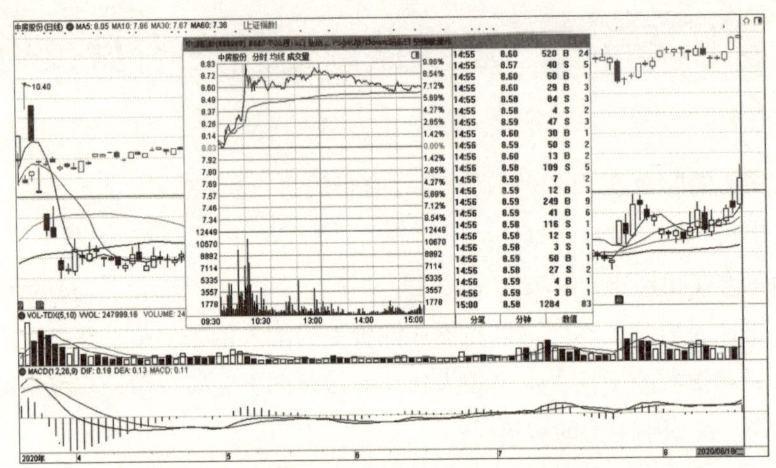

图 4–5　中房股份 2020 年 8 月 18 日开盘上攻

（2）突发式波动。它是指盘中震荡整理行情中突然表现出上涨或下跌的趋势运动。突发式波动对开盘的波动节奏的打破，以一种新的节奏展开盘中的趋势运动，通常是个股新的短线趋势的启动点。图 4–6 为 2020 年 8 月 18 日的华扬联众，上演盘中突发，股价经过低位震荡盘整后，于盘中打破僵局，突然拉高。

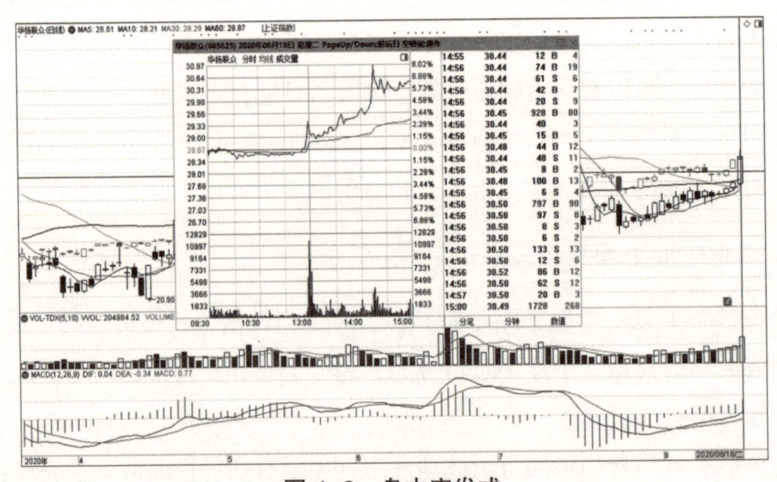

图 4–6　盘中突发式

2. 整理形态

整理形态就是无趋势的行情波动形态，主要表现为中盘的震荡整理。主要有弱势整理和强势震荡两种形式。

（1）弱势整理。它是指盘中价格波动幅度较小，并且成交量萎缩。该形态是对开盘强势波动后弱势调整或者开盘弱势波动的延续。

（2）强势震荡。它是指盘中股价出现较大幅度的波动，成交时而缩量、时而放量。该盘中往往出现在上升或下跌中途，通常是主力的洗盘行为。

短线点金

盘中急涨急跌往往在波动的初期，表现为盘中强势震荡和盘中突发式波动。前者表现为冲高回落，而后者则直接启动了盘中强势趋势行情。两者的主要区别有以下几点：

（1）短线波段结构的不同。盘中突发式波动的急涨急跌往往是在趋势结构的时间价格平衡点处所爆发的市场行为。而盘中强势震荡的急涨急跌往往是在调整结构区间内的市场行为，其震荡性质一般不会发生变化。

（2）技术关口的突破状态。盘中突发式波动的急涨急跌经常会突破短线重要的技术关，而盘中强势震荡的急涨急跌通常在短线趋势的阻力位和重要支撑位之间上下进行震荡波动。

（3）开盘波动的状态。盘中突发式波动的急涨急跌的开盘波动通常在开盘强势波动后发起，在中盘进入弱势调整，弱势调整结束后再度走强。或者开盘延续昨天的弱势波动，在中盘突发式强势，启动短线强势行情。

盘中强势震荡的急涨急跌通常是开盘强势震荡波动的延续，决定了整个当日是盘中趋势波动的基本节奏，通常不会改变。

三、尾盘形态和看盘重点

如当日盘口强劲，会在尾市半小时左右引发跟风盘的涌入，使股价脱离当日大盘走势单边上行，此时主力会借机大笔提拉，以封死下一交易日的下跌空间。由于此时跟进的买盘都有强烈的短线斩获利润的兑现心理，所以尾盘若在抢盘时出现5%以上的升幅，要小心次日获利盘兑现对股价造成的抛压以及主力次日开盘借势打压震荡所带来的波动，因此不要在尾市过分追高抢货，以免陷入主力次日短期震荡给仓位带来的被动局面。图4–7为尾盘拉停。

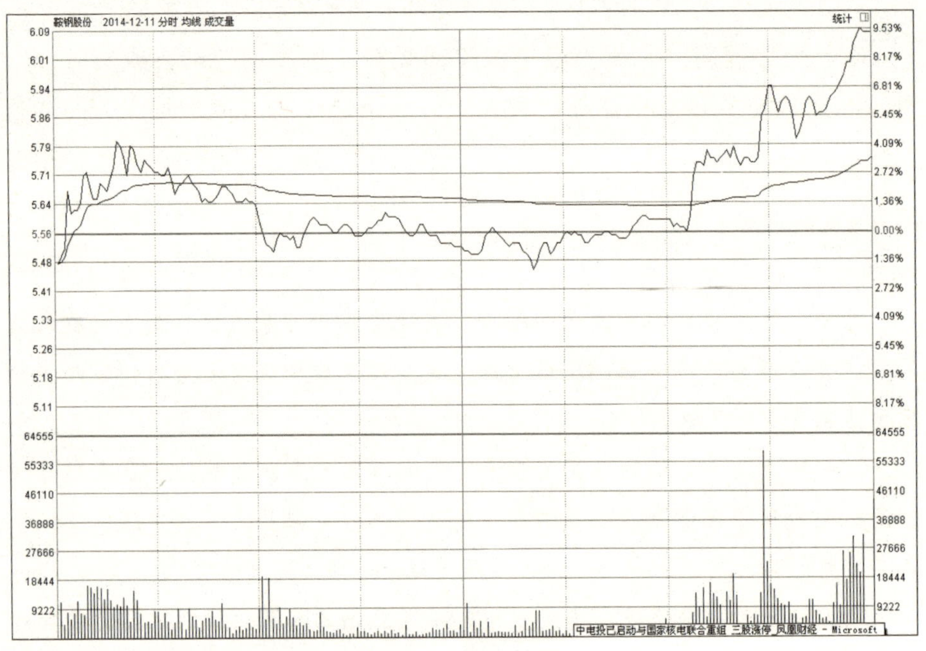

图 4–7　尾盘拉停

对于超级短线交易者而言，尾盘形态是其判断最重要的交易时机之一。尾盘的交易应遵循以下原则：

（1）不要机械地选择尾盘交易时机。尾盘的时区波动的确有其特点，但个股的趋势波动和尾盘走势千变万化。尾盘时区波动仅可作为尾盘交易的参考点，不可作为尾盘交易的主要依据。机械地采用尾盘时间法进行短线买卖是一种盲目的交易行为。

（2）科学地选择交易时机。要想科学地选择交易时机，应对尾盘波动进行整体的趋势结构分析。尾盘波动不是一个孤立的市场现象，是其整体趋势波动的组成部分，是其历史趋势的延续。必须对尾盘波动进行历史的、整体的分析，有效地确定尾盘的价格波动是趋势运动的必然性。在此基础上，选

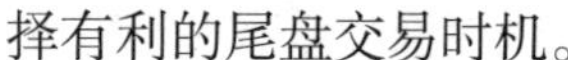

择有利的尾盘交易时机。

（3）理性地选择交易时机。要想理性地选择交易时机，就要有效地区分不同的尾盘波动现象。尾盘波动所表现出来的异动现象主要有以下两种类型：

①新一轮行情的启动。

②主力尾盘的骗线行为。

短线交易者必须对尾盘波动现象进行科学的分析和过滤，而不是一见到尾盘的异动，便不分青红皂白地追涨杀跌，这种非理性的交易方式将给短线交易造成损害。

第四节 确认顶部之看盘技巧

股市的获利是表现在低买高卖上面，在低位买进的投资者要能抓住高卖的大好时机，才能使账面利润实际化，因此卖点的把握就显得尤为重要，卖得早了就会踏空一段行情，卖得晚了就会遭受套牢之苦。只有在股价到达顶部之前或在顶部位置时及时果断地卖出，才是真正的赢家，才有资金在手，才能够争取下一步操作的主动性。股市上有“底部百日，顶部三天”的说法，来说明逃顶的难度之高。股市的高手往往也是逃顶的高手。投资者如想在投机性非常强的股票市场上生存和获利，必须学会一些逃顶的技巧和方法。

一、根据换手率找顶

一只股票从吸货到拉升再到出货，进出都会伴有大的换手率（图4-8）。当股价一路拉升到一定的高度，市场会有利好频传，然而，倘若某只个股的日换手率超过其流通盘的20%时，就要提高警惕，当日换手率连续三天超过20%，股价又在某一区间滞涨，那么就可以基本断定是顶部了。

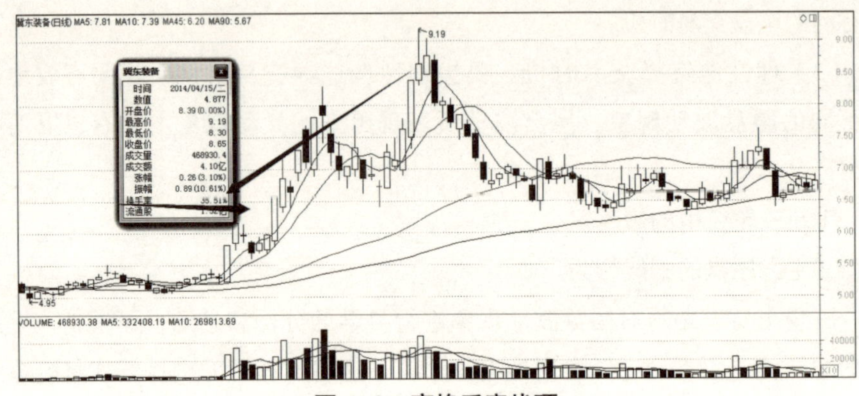

图 4-8　高换手率找顶

二、根据技术特征找顶

当一个顶部出现时，技术分析方法可以给出明确的头部信号或卖点信号。如果我们学好技术分析，可以在图形上提前发现顶部。

（1）形态法。当K线图在高位出现M头形态、头肩顶形态、圆弧顶形态和倒V字形态时，都是非常明显的顶部形态。

（2）在K线图上，如在高位日K线出现穿头破脚、乌云盖顶、高位垂死十字星都是股价见顶的信号。

（3）当股价已经过数浪上升，涨幅已大时，如5日移动平均线下穿10日移动平均线，形成死亡交叉，显示头部已经形成。

（4）周KDJ指标在80以上，形成死亡交叉时，通常是见中期顶部和大顶的信号。

（5）周RSI指标如运行到80以上，预示着股指和股价进入极度超买状态，头部即将出现。

（6）宝塔线经过数浪上涨，在高位两平头、三平头或四平头翻绿时，是见顶信号。

（7）MACD指标在高位形成死亡交叉或M头，红色柱状不能继续放大，并逐渐缩短时，头部已经形成。

三、根据上升趋势线找顶

股市上的每一次行情，虽然其上升斜率不同，却都有一条上升趋势线在支持股价向上运行。然而，即使再牛的股，总有物极必反的时候，一旦这条上升趋势线被跌破，且在跌破之前伴有大量涌出，说明这极有可能是个头部（图4–9）。

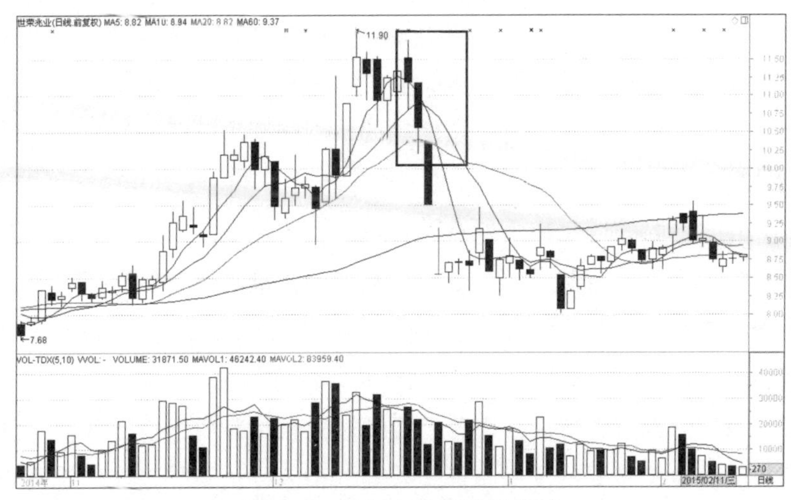

图 4–9　根据上升趋势线找顶

四、根据均线系统找顶

某只个股处于上升后期时，短线投资者应时刻注意5日平均线的变化。如果5日平均线连续下穿10日线、20日线和30日线，那么这时就可以逃顶了（图4–10）。

图 4–10　高位死叉图

五、顶部的成交量特征

当大盘或者个股出现顶部时，成交量将呈现如下一些特征：

（1）巨量出现是即将到顶的信号。成交量是推动股价上涨的原动力，这是股市中的铁律。当个股或大盘放出异乎寻常的巨大成交量时，是即将见顶的重要特征。其中小盘股的换手率如果达到30%以上，大盘股的换手率如果达到15%以上，同时股价已有一定涨幅的，则在放出巨量的当天，就要当机立断地迅速卖出该股，无论其股价是涨还是跌。

（2）有时个股的成交换手虽然没有达到上述标准，但是，成交量仍是最近一轮行情以来最大成交量的，也要将其视为天量水平。比如有的个股在一轮行情中，换手率从未超5%，如果当股价涨升到一定高度后，突然连续多次地出现超过5%的换手率时，投资者也要提高警惕。

（3）量比急剧放大特征。部分个股经过大幅拉升后，会出现量比急剧放大的情况，这也是重要的顶部特征。与前两种放巨量不同，这种放量的换手率并不大，但是，量比却大得惊人，有时能达到数十倍之多。恰恰是因为换手率不大，所以容易使投资者产生放松心理，从而错失逃顶的机会。

（4）量价失衡的顶部特征（图4-11）。在上涨的行情中，如果某一天股票突然出现空前大的成交量，但与前几天相比，股价反而小幅上扬，甚至迟滞不动，或当日最高价与最低价差距过大，但当日的收盘价未必会高于前一日的收盘价时，这些都有可能是主力在出货的征兆，此时可认为顶部已现。这些征兆一旦表现出来，就有极大可能是头部之征兆。因为，主力趁着人气旺盛时已在大量抛售股票，通常短则两三天，长则五六天、六七天，他们就可以脱手卖出80%以上的筹码。股价之所以振幅加大，是因为主力卖出股票后，出现真空状态，因此第二天股价下跌，成交量立即萎缩，这时不明真相的股民还认为回档，随即买入，持股待涨。如果股价持续下跌，从头部下跌三五天后会出现反弹，则可确认头部，这是最后逃命的机会。如出现以下迹象，则可辨明头部已经形成：

①反弹幅度不到高峰时的一半。

②成交量在反弹中不能增加，甚至低于前几天。

③股价涨势不强，涨时无量，跌时放量。

图 4-11　量价失衡的顶部特征

此时可判明反弹力度不够，必不能持久，头部已经形成了。而后再过数天，当大家都已认清头部形成时，成交量又会放出而形成大跌，此时多数人的行动为时已晚，损失已不可避免。

（5）不放量的顶部特征。股价涨幅惊人、主力获利极为丰厚的时候，这种情况就会出现。如果主力将某只个股从5元拉升到25元，且在5元附近建25%的仓位，那么，主力只需要在25元的高位换手5%，就可以收回全部成本，其余的筹码主力在任何价位抛出都是获利的。这就是说主力在高位徘徊的一段时间内，每天只要保持和平时一样的成交量，当累计清空5%的流通股，就已经完成出货了，这对主力来说实在是轻而易举的。

当然，这仅仅是我们一种简单的算法，实际上主力的成本结构是异常复杂的。不过，由此我们可以看出，个股涨幅过于巨大其中所隐藏的风险也很大，令人难以预测主力的意图。这类个股主力即使不放量，也能在投资者不知不觉中顺利出货。

除此之外，还有一种主力不放量的出货模式。因为主力在高位放量出货时，容易引起一些有经验投资者的警觉，而散户船小好掉头，往往能跑得比主力快。主力为了避免出现这种被动局面，有时会采用边拉边出的隐蔽出货手法，在股价拉升过程中就完成了大部分的出货任务。这样，在股价形成顶部时就不会有放量迹象。

“只要个股不放量，主力就一定没出货”的思路是错误的，当主力有较大的获利空间，或在某种特定条件及需要的情况下，即使个股不放量，主力也一样可以出货，股价也一样会形成顶部。

短线点金

股价的顶峰和谷底是股价升降的“转折点”。如果在上涨的行情中，股票某一天突然出现空前大的成交量，但与前几天相比，股价反而迟滞不动，或只有小幅上扬，或当日最高价与最低价差距过大，但当日的收盘价未必会高于前一日的收盘价时，这些迹象表明主力有可能在出货。此时可认为顶部已现，接下来需要做的就是如何逃顶了。

主力在股价攀高阶段做第一次的大量卖出之后，随即出现真空凝固状态，因此成交量极可能萎缩，之后股价会连续下跌。而再次也是最后一次辨识顶部的时机，则应该是在第一次反弹的时候，它通常在顶部过后几天内出现。

第五节 确认底部之看盘技巧

买股票的都希望能够准确地判断出个股的阶段性底部，以便选择到一个比较好的参与机会。但在实际操作中又存在着较大的困难，往往由于判断失误导致被套。在弱市中，不同的阶段有不同的底部，而且我国股市经常会因政策因素而构成底部，所以投资者不能简单地从盘面去研究底部，而应该通过综合分析并分阶段去寻找底部。对于进行短线操作的中小散户而言，应以判断股票的投机价值的底部，即阶段性底部为主。

一、短期底部的形成

阶段性底部也就是股市短期底部、中期底部。这些底部又是如何形成的呢?

短期底部是指股价经过短时间的连续下跌之后，因短期技术指标超卖，从而出现股价反弹的转折点。股指每次加速下跌都会探及一个短期底部，反弹的时间跨度多则几周，少则几天。反弹的高度在多数情况下，很难超过加速下跌开始时的起点。中期底部是由于股价经过长期下跌之后，借助于利好题材所产生的升幅可观的弹升行情的转折点，这一反弹的时间跨度多则几个月，少则几周。

短期底部以V形居多，V形底俗称“尖底”，形态走势像“V”形。其形成时间最短，是研判最困难、参与风险最大的一种形态。但是这种形态的暴发力最强，把握得好，可以在短期内获得可观利润。它的形成原因是由于市场受利空打击或其他意外情况影响造成的恐慌性抛售，引起股价超跌，从而产生报复性反弹行情。

在短期底部出现前几日的急速下跌中，大多数个股都会有一定的跌幅。短期见底之后，将有一个时间很短的反弹，反弹的时间多则三天，少则一天，反弹的高度一般情况下不会超过急速下跌时的起点。在反弹行情中，一般低价位的三线股表现较好，而一线绩优股的反弹幅度不大。

相对于短期底部来说，中期底部一般在跌势中持续时间较长，跌幅在20%以上，之后才会出现中级反弹。中期底部的出现，一般不需要宏观上基本面因素的改变，但却往往需要消息面的配合。最典型的情况是先有重大利空消息促成见底之前的加速下跌，然后再有利好消息的出现，配合市场形成触底回升走势。

二、底部的K线特征

股民在股市中操作时，往往只看股票的日K线，这样在逻辑上是一种反向操作。股市中的日K线相当于我们通常所说的秒钟，周K线相当于我们通常所说的分钟，月K线相当于我们通常所说的小时，看股票和看时间一样，看时间应该从小时到分钟再到秒钟，而股民在股市中把这个顺序给颠倒了，只看日K线，也就是说只知道秒钟，不知道小时和分钟。其实股民们要想正确地寻找股票的底部，应该先看小时，把握好股票的大趋势，也就是月K线，再从周K线和日K线找底，这样才能准确把握股票和大盘的底部。

先看月K线，反映到月K线上，就是都留着长长的上影线，发出抛压很大的信息，形式很不乐观；反映到周K线上，就是一大组K线放在一个平台上站成一排；反映到日K线上，大的技术特征，就是横盘整理，多空胶着在一起；反映到盘面上，就是短期均线系统粘连在一起，平行移动；反映到股指上，就是处于横盘整理选择方向状态。图4-12为2020年4月的广济药业月线图，长上影线反映抛压很重。

盘子在低位出现这种状况，指数在一个狭小的区间波动，这个特征的出现，说明大盘已经接近底部区域。但是底部特征的出现，不能说明大盘已经见底，只能说明大盘处于构造底部过程中。大盘底部分左底部和右底部，人盘构造底部需要一个过程。

这样，我们看月、周、日的均量的特征，从而找出底部。

（1）月K线在本月最后一个交易日收盘后五月均量小于十月均量。

（2）周K线在本周最后一个交易日收盘后五周均量小于十周均量。

（3）K线在日收盘后五日均量小于十日均量。

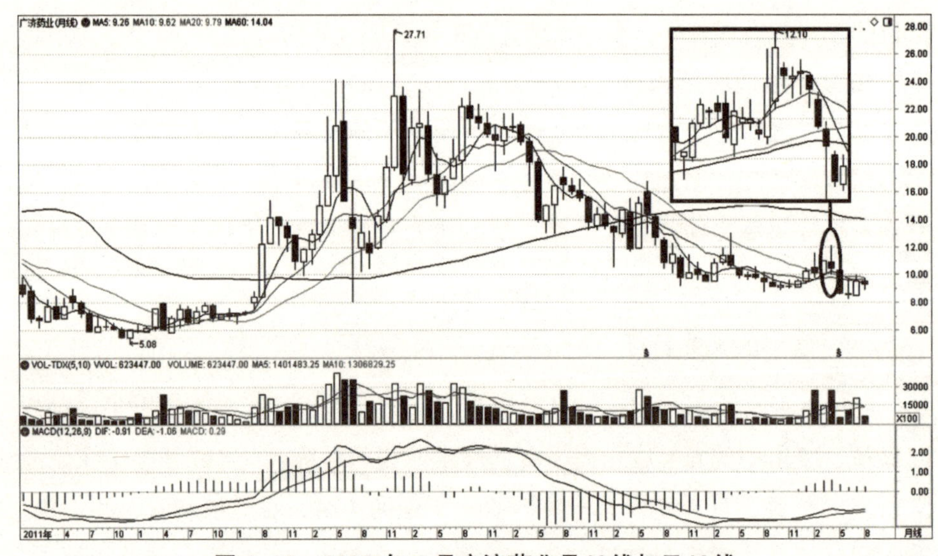

图4-12　2020年4月广济药业月K线与日K线

以上三个条件必须同时符合要求，底部条件才成立。

三、底部的现象特征

当股市处于底部时，在此之前市场会处于极度的弱势，因此会发生很多现象，有经验的投资者就可以借助这些现象辨明底部是否来临，至少可以知道底部已经不远了。这些现象总结如下：

（1）你身边的投资者绝大多数出现巨大亏损。

（2）大部分投资者对行情感到无望，甚至绝望（股市里有一句话，行情在绝望中产生）。

（3）很长时间没有涨停的股票，又开始出现有数只涨停股票时，说明又有先知先觉者发现了市场机会。

（4）证券交易所的工作人员服务态度极好。

（5）交易大厅非常冷清，看大盘行情的投资者大幅减少。

（6）投资者屡次上当，发誓再不相信股评家的评论。

（7）卖证券类报纸杂志的人向你诉说，证券类报纸杂志已经卖不出去。

（8）交易所门前的自行车已经非常稀少。

（9）一些人终于忍受不住，开始割肉。

四、底部的政策面特征

自2008年11月之后，由于中国股市下跌幅度太大，中国政府连续降息并及时推出4万亿元经济刺激计划，并准备适时推出创业板，这些重大政策利好使上证综合指数从1664点一路飙升到2700点，个股涨幅都在50%以上。可见，政策的利多和利空对股市的影响非常大。投资者必须发现政策出台前期的特征和管理层动向，从而找到底部。

如经过一轮较长时间和较大幅度的下跌，此时，管理层如认为下跌空间过大，便会采取一些微调措施：如发行新股的速度减慢，原准备发行的股票推后发行，采取一种新的发行方式，管理层有关领导发表树立信心的讲话等。一旦这种微调措施效果不明显，管理层可能就会推出一项更有力度的措施。

五、如何找底

股票的大幅上扬都是从底部开始的。所谓底部当有一个筑底过程，筑底的目的是调整均线或者称为清洗筹码。只有当市场上对该股的抛盘达到了极微的程度，或者因为消息导致市场部分投资者对股市绝望逃命，而又有新生力量介入的时候底部才有可能形成。因此从图形上看，一种形态为窄幅缩量，另一种形态则是巨量下跌。底部形成方可产生强大的上升行情，形成底部时，可遵循以下几个特征寻底。

1. 利用成交量找底

根据“量先于价行”的原则，股价从低档反弹后又回到低档，若成交量少于前次低档时，表明股价已跌到底部，后市多会出现一波上升行情。第二次低点后的涨势，一般比第一次低点形成后的涨势要强劲得多。升幅也会高得多，所以第二低点出现时，特别是第二低点的成交量低于第一低点的成交量时，可以放心购买，股价上升也较稳健和可靠。图4-13为深康佳A2014年12月的走势图，12月25日成交量较上一次底部更低，确认买入底部。

当大盘已处于底部区域，而某日出现成交量突然放大，股价上涨或股价缓涨，则表明已有机构大户在抄底，可适量跟进；当股价已突破颈线而上涨，成交量大增时，表明反转上升行情已成定局，可全线进仓。

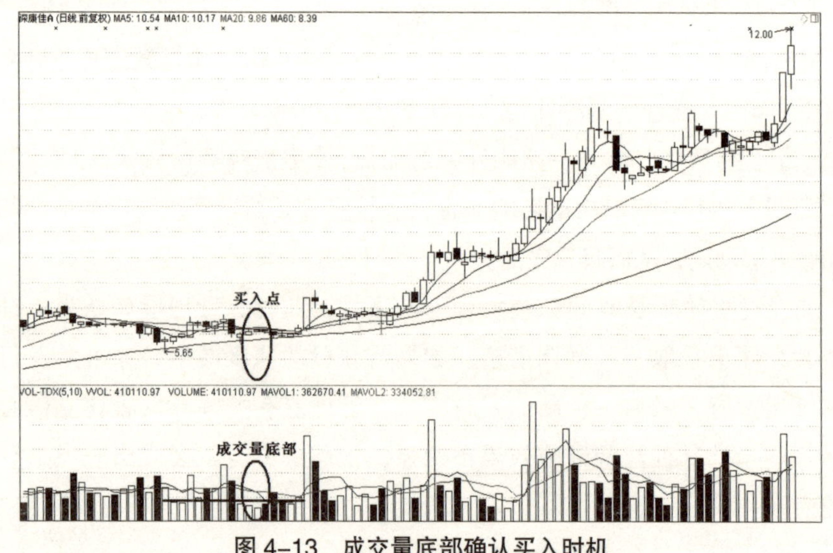

图 4-13　成交量底部确认买入时机

2. 利用技术指标确认底部

当股价处于底部时，技术指标也会出现底部特征。首先，各种技术指标必须向上突破下降趋势线的压力，因为下降趋势线各不相同，所以以30日平均线为衡量的标准。其次，从K线形态上看，以前的低位底部都可作为参考点位。如果在一年内有几次都是在触及这一低位时反弹回升的，那么该点位可认为是一中期底部，最后，当各项技术指标如KDJ、RSI的周线形成多头排列，6日平均线连续三日放大时，表明大盘已探底回升。

股价日常的波动往往使人一叶障目、不见森林，特别是现在一些主力不断制造多头陷阱诱多。主力发现在盘局中既建不到仓又攻不上去，有时会利用大盘跳水和市场的悲观情绪，利用某些突发性因素制造一个假破底的空头陷阱、震出恐慌性杀跌的割肉筹码，在大盘反弹时再重新拉回到原先的底部。而一旦杀跌的恐慌筹码被主力接走股价下跌幅度并不太大时，原先杀跌的多数投资者又会成为积极的买方，当股价重回上次底部时，多数人仅仅是“不赚不赔”，而主力却借假破底完成了足够的筹码收集和摊低成本的过程。周线图有“照妖镜”的功效，假底在周线图上往往无所遁形。对从高位回落的个股，只要周线图上均线系统仍未修复，即股价未企稳于中短期均线之上，5日、10日、20周均线没有明显形成多头排列，则可认为只是短期反弹，并未真正见底。

3. 利用市场特征找底

股市经过较长时间的跌落后，也经常会出现频繁的利好消息，但股市不涨反跌。多次的反复，使市场处于一种麻木状态，但此时往往已经离较大级别的底部不远了。实践和历史证明，在市场底部即将形成时，也往往伴随着较多的利空消息，当重大的利空消息出现，市场不跌反涨，表明股市已经见底。

不同的股票投资者对于抄底应选择不同的时机。短线投资者主要是在股价或股指走出底部，或冲出下降通道确认以后买进，这种方式需要投资者有准确的判断力和果敢的决心，此时买进见效最快。

经过长期的股市实践证明，以上三种方法对发现和寻找底部非常有效。如果能将三种方法互相配合使用，效果将会更好。但是，我们要记住的是没有只涨不跌的股市，也没有只跌不涨的股市。在这种涨涨跌跌之间，市场便存在着无限的可能，短线投资者需要学习的是如何抓住机会，如何抓住底部。

俗话说“好的开始就是成功的一半”，如果能在股市中选择一个好的买点，特别是在底部买到股票，将为日后的盈利打下非常好的基础。因此，选择买点非常重要。但是在股市中底部也并不是想找到就能找到的，股民在炒作股票过程中，往往因为很难找到大盘和股票的底部区域而被套牢。

股市自有股市的运作规律，当它在形成底部时，也有其形成的特征。股票投资者可以利用这些特征来作为寻找底部的操盘技巧。

短线点金

底部一般有这样的明确特征：股市已调整2~3个月，大体回到前期的某一个平台位置；杀跌动力枯竭，这从成交量历史查询中可看到；多数绩优股已走出下降通道，形成较明确的底部；日走势图经常出现全日横盘、尾盘放量的走势；一些有强庄介入的股票开始活跃，表现为反复震荡，目的是震出散户的浮码，并借机高抛低吸做短线；市场对利空传闻已经表现得麻木，对利好消息开始敏感；周线在低位开始发出买入信号。如果这些条件全都具备，就可以基本确定买入时机。

本章启示

要在股票市场上赚钱除“消息准”外，还要加上“会看盘”。目前的行情固然受消息面所主导，但盘面最真实，如果会看盘，就会买到低价，卖到高价；如果不会看，只能追高杀低，一买就跌，一卖就涨。

其实，除了我们上面介绍的这些看盘技巧之外，还有很多看盘技巧，当然在这里我们不可能一一为大家介绍了。关于股市看盘技巧，还是主要靠大家在长期的股市实战中来进行总结。

第五章

慧眼识金
——短线选股技巧

每个笨蛋都会从自己的教训中吸取经验，聪明人则从别人的经验中获益！

——[德]俾斯麦

第一节 短线选股的一般技巧

短线选股是股场高手的游戏，短线选股不仅要求股民们股市知识功底深厚，熟悉主力操盘手法，同时还要心理素质上佳，更重要的一点是，要有时间时刻关注主力的一举一动。短线选股关键在热点，股民们对热点的形成一定要有敏锐的洞察力。短线选股应注意以下几个方面的技巧：

一、通过成交量选股技巧

短线操作一定要选择带量的股票，对底部放量的股票尤其应加以关注。股市有“量为价先导”之语，量是价的先行者，股价的上涨，一定要有量的配合。成交量的放大，意味着换手率的提高，平均持仓成本的上升，上档抛压因此减轻，股价才会持续上涨。有时，在筹码锁定良好的情况下，股价也可能缩量上攻，但缩量上攻的局面不会持续太久，否则平均持仓成本无法提高，抛压大增，股票缺乏持续上升动能。

二、通过图形选股技巧

短线选股，除应高度重视成交量外，还应留意图形的变化。有几种图形值得高度关注：W底、头肩底、圆弧底、平台、上升通道等。

W底、头肩底、圆弧底放量突破颈线位时，应是买入时机，但是以下两点必须高度注意：一是必须放量突破方为有效突破。没有成交量配合的突破是假突破，股价往往会迅速回归启动位；二是在低价位的突破可靠性更高，高位放量突破很可能是主力营造的“多头陷阱”，引诱散户跟风，从而达到出货目的。许多时候，突破颈线位时，往往有个回抽确认，这时也可作为建仓良机。

股价平台整理，波幅越来越小，特别是低位连收几根十字星或几根小阳线时，股价往往会选择向上突破。处在上升通道的股票，可在股价触及下轨线时买入，特别下轨是10日、30日平均线时，在股价触及上轨线时卖出。此外，还有旗形整理、箱形整理两大重要图形，其操作诀窍与W底差不多，这里不再赘述（图5-1）。

图5-1　W底成交量配合突破确认建仓时机

三、通过技术指标选股技巧

股票市场的各种技术指标很多，但是它们各有侧重，股民们不可能面面俱到，只需熟悉其中几种常用的便可。常用的技术指标有KDJ、RSI等。

需要指出的是，技术指标最大的不足是滞后性，用它做唯一的参照标准往往会带来较大误差。许多强势股，指标高位钝化，但股价仍继续飙升；许多弱势股，指标已处低位，但股价仍阴跌不止。而且主力利用技术指标，往往进货时指标做得一塌糊涂，出货时指标近乎完美，利用指标进行骗线几乎是主力通用的做市手法，因此，在应用技术指标时，一定要综合各方面情况进行深入分析。

四、通过均线选股技巧

短线选股一般要参照5日、10日、30日三条平均线。5日平均线上穿日、30日平均线，10日平均线上穿30日平均线，称作金叉，是买进时机；反之则称作死叉，是卖出时机。三条平均线都向上排列称为多头排列，是强势股的表现，股价缩量回抽5日、10日、30日平均线是买入时机（注意，一定要是缩量回抽）。究竟应在回抽哪一条平均线时买入，应视个股和大盘走势而定。三条平均线都向下排列称为空头排列，是弱势的表现，不宜介入。

第二节 不同市道下的短线操盘选股思路

一、空头市场选股思路

空头是指当股票已开始下跌时，认为还会继续下跌，趁高价时卖出的投资者。空头市场亦称熊市，是指股价呈长期下降趋势的市场，空头市场中主要是以下跌—反弹—下跌的趋势发展，股价的变动情况是大跌小涨。投资者在空头市场买卖股票一定要大胆心细，要想把握空头市场的炒股技巧，先要识别空头市场的特征。

1. 空头市场的特征

当股票在某一阶段持续下跌，即使偶有反弹但很快又下跌，呈现出下跌容易上涨难的趋势；在下跌过程中有巨量放出，但上涨过程中成交量萎缩；投资者对利好消息毫无感觉，但对利空消息异常敏感，在下跌过程中股票市场一有利空消息传播，就会触发投资者的“恐慌性抛售”，加剧了股价的下跌；价值投资被彻底舍弃而题材炒作成为主流。此外空头市场经历的时间要比多头市场短，只占多头市场的1/3~1/2。不过每个空头市场的具体时间都不尽相同，因……差异会有较大的区别。

……股思路

……与多头市场截然不同，投资者可以着重考虑下列个股类……

……材股：题材股是那些缺乏现实业绩支撑而行业前景非

常美好的，它是大多数人选股时追求的目标。可供庄家、主力机构借题发挥去炒作的股票。尤其在缺乏热点的空头市场，题材股会更加吸引市场目光，当它们随大盘大幅下跌，尤其在暴跌时，为投资者提供了一次绝佳的买入机会。

（2）受利空消息打击较重的股票：此类股票因为受到利空消息的影响，而被大量抛售，股价受空方打压往往跌的很深。不过只要利空消息一旦被消化，这些被利空消息打压的股票必定会迅速恢复到合理价位。

（3）庄股：此类股票通常受到主力关注，虽然随着大势下行而回落，但是跌幅不大，只要大势回暖，庄家一定会全力拉抬，反弹力度自然也就大得多。

（4）有利好消息但是受大势拖累的股票：有的股票有利好消息本应上涨，不过因受大势拖累而该涨未涨。只要大势回暖，一定会有像样的补涨行情出现。

（5）弹性好的股票：空头市场选股时尽量考虑弹性好的，少碰那些处于横盘趋势的“死”股。弹性好的股指某些股票涨跌幅度大，变化时间快。弹性好的股票一有机会便作出远超于大盘的反应，它们是短线炒作的首选。在股价低位买进，即使后市被套，也套得不深，即便深，也不会套得太久。

短线点金

投资者在空头市场选股不比在多头市场那样容易，但也不是说空头市场就是一潭死水，只要用心去发现还是能找到一些绝招的。

（1）巧买巧卖：当投资者发现一些个股处于上涨趋势，并且配合有成交量（没有成交量的股票是很难上涨的）时，当个股股价到低位，投资者可以逢低买进，当个股股价到了高位，投资者逢高卖出。这样就可以从中获利。

（2）巧止损：在空头市场中要及时止损，但不要盲目杀跌。止损应该选择目前浅套而且后市反弹上升空间不大的个股进行，对于目前下跌过急的个股，不妨等待其出现反弹行情后再选择时机卖出，但不要盲目杀跌。

（3）巧换筹：在空头市场中还应注意低位换筹，即将手中股性差、涨升空间小的股票换成潜力股，这样做虽然暂时会有损失，但股市一旦反转，潜力股获利的空间将更大。

（4）巧做短：在空头市场中更适合快进快出的短线炒作。

二、多头市场选股思路

多头是指对股票后市看好，先行买进股票，等股价涨至某个价位，卖出股票赚取差价的投资者。多头市场也称牛市，就是股票价格普遍持续上涨的市场。投资者在多头市场比在空头市场更容易操作，只要把握多头市场的不同发展阶段，就能获利。

多头市场启动阶段往往是在市场最悲观的情况下出现的，许多股票已从盲目抛售者手中流转到理性投资者手中。这些恐慌性的抛售往往是后市好转的征兆。

随着理性投资者的收购，股价逐渐呈现非升非跌的僵局，但市况已有明显好转，股价有上升的征兆。这是多头市场的过渡阶段。当公司利好的新闻不断传出，如盈利倍增、收购合并等，市场情绪高涨，充满乐观气氛，这时正式形成多头市场，投资者个个信心百倍，摩拳擦掌，跃跃欲试。多头市场选股思路主要如下所示：

1. 根据不同的阶段来买进股票

在多头市场启动阶段，大多数股票都处于底部，日后反弹上涨的机会非常大，几乎什么股票都会上涨。所以多头市场启动阶段是最好的买进时机，此时买进获利空间最大。

多头市场第二段，股价开始回升，市场行情相当有利，股价指数的升幅超出整个多头行情的25%，但是股票选择变得更为困难了。通常，在这一段行情内，最好选择龙头领涨股，龙头领涨股是股市的灵魂和核心，在多头市场中能起到带领大盘冲锋陷阵的作用。龙头领涨股在整个牛市中一直向上不回头，一旦龙头股涨势乏力，也许牛市就快到尽头了。投资者只要紧跟龙头领涨股，一般均可收获不菲，而且风险较小。

多头市场第三段，股票不仅选择极其困难，而且盈利较小。此阶段股价的涨幅较小，一般少于整个多头行情的25%，而且只有极少数的股票继续上升。这段行情的选股策略是，慢慢卖出次等成长股，转移部分资金用于具有多头市场里维持价位能力的绩优成长股，以及购进那些能在未来经济困境中特别获益的顺应大势的股票。总之，此段行情内必须开始对空头市场做准备。图5–2

为本轮牛市的三个阶段。

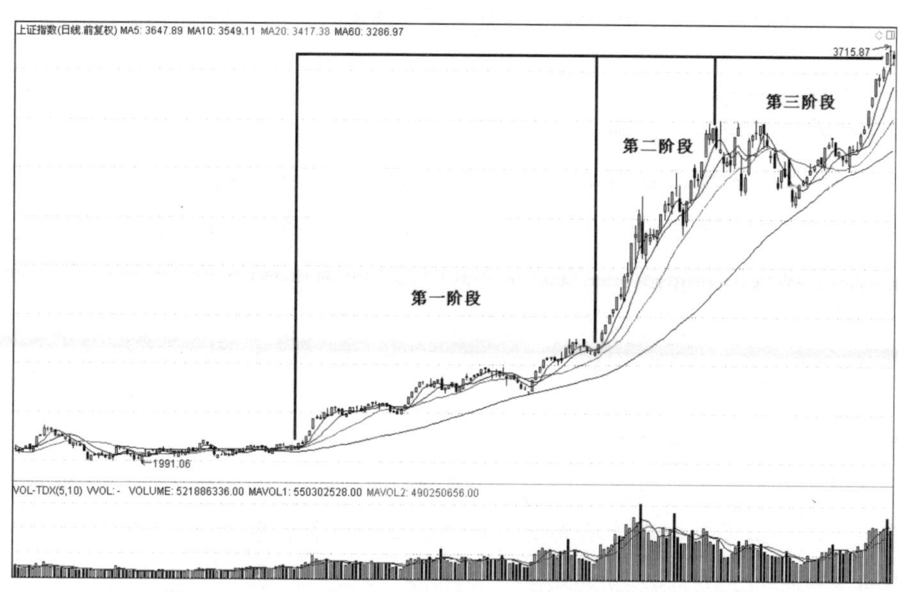

图 5-2　2014 年 7 月至 2015 年 3 月牛市的三个阶段

2. 多头市场踏空选股

在空头市场中，如果投资者在高位买入股票后，股价不断下跌，叫作股票套牢。反之，在多头市场启动或好转阶段，投资者错失买进机会或在低价错抛股票，叫作资金套牢或踏空。在多头市场踏空的投资者可选如下这样的股票：

（1）选择涨幅滞后的股票。在多头市场中，股票往往有轮涨效应，踏空后选择涨幅明显滞后的股票，可以等待补涨来获得收益或者说弥补损失。

（2）选择同板块或同概念股中低价的股票。在股票市场中，同板块或概念股中通常有比价效应，踏空后选择比价相对偏低的股票逢低买入。若该板块股价启动上涨，价位高的上扬，价位低的必然紧随其后。

（3）选择个股利空致使股价回落整理的股票。投资者若判断后市为强势，个股因利空因素影响股价暂时回落，并出现整理，成交量明显萎缩，出现小阴或小阳走势，则可考虑进货建仓。当别的人还在犹豫观望时，率先进入者，必能以低价获得股票，待利空因素消化完毕，股价必上涨。

（4）选择平开或低开的新股。对于新股，其平开或低开并不意味着股价会一味走低，相反当大势反转上升时庄家所拉升的正是这些新股。因此，踏空选取此类股也是获得收益或补回损失的一种方式。

短线点金

（1）多头市场一旦爆发，大资金蜂拥而入时，必须敢于重仓跟进，仍采用三分之一仓位或半仓操作者，收获肯定有限;一旦重仓介入，就要坚定持股，不要稍有震荡或稍有获利，即抛股走人。切记贵在坚持。

（2）在多头市场股价小幅下跌时主动买进。股价下跌买进虽然有被套住的风险，但这都是暂时的，随着股价的上升可以顺利解套。另外还为将来股价的上涨赢得了较大的空间。

（3）投资者在多头市场中可以选择换股策略，即不断地抛出涨幅较大的股票，以腾出资金购进价格尚低、即将上涨的股票，就能在股市的轮番上涨期间不断获利。

（4）选择移动平均线呈多头排列，且角度较陡的股票。角度越陡，其势越强；角度太平缓的股票，一般升势缓慢。

总之，多头市场出现，指数屡创新高，投机炒作之风盛行，投资者只要介入买进，大多都会获利。

三、逼空行情选股思路

“逼空”从字面上理解就是逼迫空头，由于中国股市目前还不能做空，因此“逼空”的意思就没有那么复杂，即反复的单边上涨，不把机会留给没买入股票而在等待回调再买的人，这种行情的特点就是一旦你抛出股票就很难再次买进，因为你总想等回调有个低点，不过这种回调往往是点到即止。

在逼空行情中，成交量越是温和放大，就越具有持续上涨的力量。反之，若在短期内出现巨量，则往往代表行情即将见顶。图5–3为2014年2月10日至4月3日的逼空行情示意图，在近两个月的时间内，股价一路狂飙，仅有几次微调型回调，形成逼空行情。

此外，越是出现“井喷”式上涨就越要谨慎对待。在熊市中，井喷行情换来的往往是更深幅度的下跌。目前，大盘保持一定速率，一步一个脚印的上涨，它的后劲会更大。因为只有在稳健走高的行情中，主力资金才能充分建仓，对行情向纵深发展才更有利。逼空行情的选股思路主要如图5-3所示。

图5-3　逼空行情

1. 选股应以热门股和涨停股为主

如果哪个板块多数个股出现涨停，就表明主力资金主要集中在该板块，所以在该板块中挑选个股，通常能取得超过大盘的涨幅而获取丰厚利润。对从低位首先收出涨停的个股宜重点关注，这时一般是该股启动、甚至加速上扬的信号，应及时跟进，投资者也可在该股涨停的第二天追涨买入。

2. 把握时机、介入宜早

在弱市中，应该把风险防范放在第一位，而在强市中，则应把抓住机会放在第一位。弱市中，庄家为了把拉抬难度减小，往往在尾市拉升，所以应把买股的时间尽量往后延迟，一般在下午2：30之后再选股买入，最后一分钟买入的风险只有一分钟；而在强势市场中，庄家为了不把买入机会给跟风盘，往往很早就把股价拉至涨停，机会稍纵即逝，稍一犹豫便会失去，早买一分钟比迟买一分钟往往能买到更低的价格。图5-4为深中华4月3日的尾盘拉升。

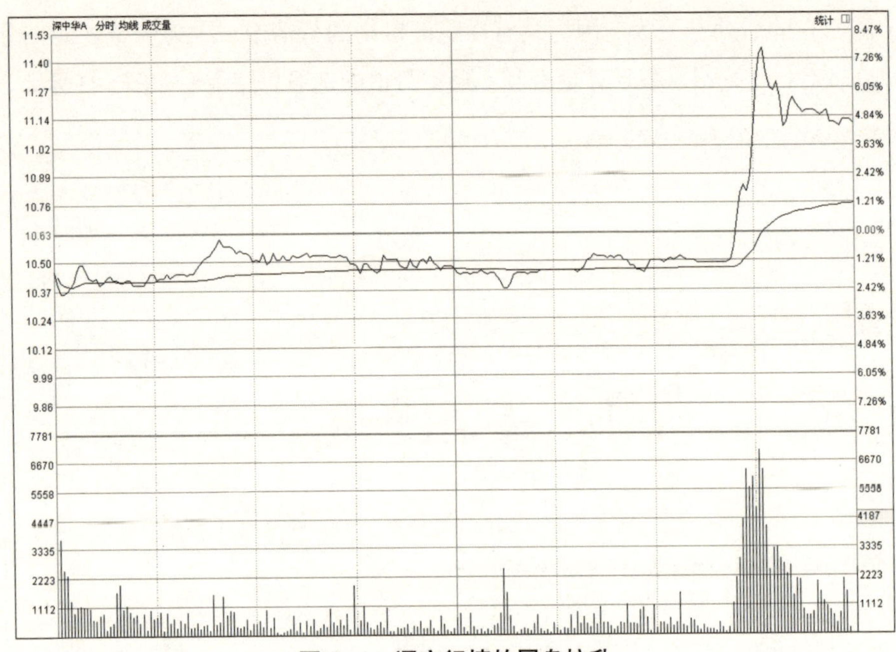

图 5-4 逼空行情的尾盘拉升

3. 回档宜买不宜卖

在逼空行情中，大多投资者都担心热门股涨幅已大，希望以后再介入。事实上，如果某只个股能保持较高的换手率，说明市场成本提升较快，众人拾柴火焰高，就算是回调，也往往采取强势调整的形式消化获利盘，也就是说只在盘中完成调整，没有太大机会进行大幅调整，太过谨慎只会眼睁睁地让机会溜走。在逼空行情中，盘中的回档并不表明该股已经调头向下，通常是上升过程中的短暂整理，此时回档宜加码买入而不是卖出。图 5-5 为 2015 年 2 月 10 日至 4 月 3 日的飞亚达，虽然是逼空行情，但其间各种小回调很多，都是买入时机。

4. 选股要重势

在逼空行情中，最重要的因素不再是个股的基本面，板块效应、资金效应、题材效应才是关键，要选择上涨趋势明显的强势股和龙头股。在初期的逼空行情中，绝大部分股票都会轮番上涨，不过伴随行情的进一步发展，强势股会渐渐脱颖而出。

图 5-5　逼空行情回调中的买入时机

短线点金

在逼空行情不断走强的趋势中，率先大胆跟进的投资者快速获取了丰厚的利润。这种赚钱效应会很大程度地摧毁其他看空者的信心，使那些习惯于看空的投资者不敢看空、做空。所以纷纷“空翻多”。同时，也使得一些谨慎的市场人士逐渐加入多方的阵营中，这使得市场中的投资观点逐渐趋于统一。不过，在绝大多数看空者纷纷“空翻多”时，行情却最容易形成阶段性头部，也就是最佳的卖出时机。

第三节　趋势线选股技巧

做股票的投资者一定要“顺势而为”，而不能“逆势而动”。这里所谓的“势”，就是大的方向和趋势，即市场股票价格运动的方向。

上升趋势、下降趋势和水平趋势是常见的三种趋势方向。在我国，考虑到目前没有做空机制，股票投资者只有通过低买高卖才能赚钱，所以选取具有上升趋势的个股尤为重要。也就是说，在选股的时候，得选取K线图形中每个后面的峰和谷都高于前面的峰和谷（即一底比一底高）的股票。

将具有上升趋势的股票的两个低点相连，就得出上升趋势线。通常，上升趋势线对股价起一定的支撑作用。上升趋势线一旦形成，股价将在趋势线上方运行一段时间。根据这一原理，我们可选取在上升趋势线中的个股。

一、利用上升趋势线确定买入时机

1. 在上升趋势线附近买入

在上升趋势线附近买入时，上升趋势线要满足以下条件：

（1）存在两个依次上升的低点，有上升趋势存在。

（2）画出直线后，最好有第三个以上的点落在这条直线上，落在此线上的点越多，趋势线越有效、越可靠。

（3）该条直线延续的时间越长，越有效。

上升趋势线形成后，股价将沿这条上升趋势线运行。但在沿这条线向上运行的过程中，股价可能会有短时间的回调，股价会回落至趋势线附近。投资者在选股时，如果能确认趋势线有效，可待股价回至上升趋势线附近，短、中线介入。

2. 选取股价跌破上升趋势线之后，迅速中阳或长阳回至趋势线上方的个股

越来越多的主力觉察到许多中小投资者利用上升趋势线选股，因此，他们在操作时，经常刻意地将股价砸穿上升趋势线。这样做能起到洗出部分不坚定的跟风盘的作用。

3. 股价回调不破上升趋势线，又止跌回升时是买入时机

在中期上升趋势中，股价的低点和高点都不断上移，将其不断上移的两个明显低点连成一条向右上方倾斜的直线，便是主升趋势线，它将成为股价回档时的支撑。当股价每次回调至该线不破该线又止跌回升时，便是上升趋势中的短线买入时机。

短线点金

利用此种方法操作时应注意：

（1）股价回调至上升趋势线时，成交量应呈现缩量，否则上升趋势线难以支撑股价。

（2）实际操作时应根据情况变化适时修正上升趋势线。

二、利用下降趋势线确定买入时机

当股价在某一天放量向上突破下降趋势线时，视为买进信号。利用此种方法操作时应注意：

（1）在股价突破下降趋势线时，成交量并没有随着增大，这可视为短期的反弹，股价可能又回到下降趋势线以下，原有下降趋势并没有改变。

（2）当股价向上突破点之后，有的时候股价又会反转下降，但是股价下降，并没有下降到下降趋势线以下，随之股价又反身上涨，这时可视为第二次买入的机会。

三、利用水平趋势线确定买入时机

股价长时间运行，每次上冲到某一个价位，都受阻回调，把这若干个高点连接起来，便形成一条水平的趋势线。

当股价在某一天放量向上突破这条水平的趋势线时，视为买进信号。利用此种方法操作时应注意：

（1）股价向上突破水平趋势线时，如果成交量未配合放大，意味着换手不够积极，有可能突破后不久即再跌回这条趋势线之下。但若股价并没有回落到水平趋势线以下，而是回落后，股价又反弹上涨，视为第二次买入机会。

（2）股价长时间在该水平线上运行，由于主力对倒或护盘等原因，持仓成本也不断提升，当主力再向上拉升时，明显是为这批筹码以后的出局再拉出空间。此种主力高度控盘的股票如果是在高位运行，投资者只能适量参与。

短线点金

在运用趋势线选股准则时，得先明确股价下穿上升趋势线是真突破还是假突破。如果股价在小幅跌穿上升趋势线之后，在趋势线附近盘整，并能在跌破后的一星期以内(时间越短越好)以中阳或长阳重新站稳上升趋势线之上，且有成交量配合，则为假突破。类似的假突破的股票，在股价重新回到趋势线之上时，可能会展开短期的报复性上涨行情。

第四节 轨道线选股技巧

轨道线又称通道线，它是由趋势线引申出来的。当上升趋势线出现后，通过第一个峰可做出这条趋势线的平行线，即上升轨道线。当上升轨道形成以后，股价将会在这条轨道内运行，一般情况下，不会轻易突破轨道的上轨和下轨。对上轨的突破则意味着股价已脱离以前轨道的限制，股价的上扬将会加速，即原来的趋势线将被更为陡峭的趋势线所代替。

根据综上所述的轨道线的这些特点，我们可利用轨道线来选股：选择突破上升轨道上轨的个股。此处的突破可采用通常运用的突破原则：时间（3天以上）、突破时的成交量、突破的百分比（5%以上）等。

一、向上突破下降通道上轨是买入时机

下降趋势线是由下降趋势的两个峰顶连成的直线，当下降趋势线确定以后，再选择居于组成下降趋势线的两个峰顶之间的谷作一条平行于下降趋势线的直线，该平行直线与下降趋势线之间的范围就称为下降通道。下降趋势线称为下降通道的上轨线，与下降趋势线平行的直线称为下降通道的下轨线。

一般来说，当股价在下跌过程中，跌至下降通道的下轨便会产生支撑而反弹，反弹至下降通道上轨时又会遇阻回落。当最终股价放量向上突破下降

通道上轨时，便宣告下降趋势的结束和上升趋势的开始，而成为重要的买入时机。

短线点金

下降通道实际上是下降趋势线分析的延续和补充，但其在实际操作中比下降趋势线具有更强的可靠性和实用性。

成交量是衡量突破是否有效的重要指标。股价向上突破下降通道时，成交量应该放大，否则突破的可靠性降低，或股价出了下降通道后也难以上涨而横向运行。短线操作者也应把股价在下降通道中下跌，碰到下轨线获得支撑时当作买入时机。区分大通道与小通道。大的下降通道被突破后要比小的下降通道被突破后走势强得多。下降通道有效向上突破后的量度升幅至少是下降通道的垂直高度或其倍数。

二、向上突破上升通道上轨是买入时机

在上升趋势中，有时候股价前期的上涨沿着一定的上升通道有节奏地运行，即在上升通道的下轨形成明显的支撑，在上升通道的上轨股价又遇阻回落。但是，到了上升趋势的末期，主力大幅拉抬，股价放量向上突破上升通道上轨的压力，出现加速上涨，短时间内升幅常常可观，把握得当，短期内可获丰厚利润。因此，在上升趋势中，当股价放量突破上升通道上轨时是短线买入时机。

股价突破轨道线后并不是趋势的反转，而是趋势的加速，即原来的趋势线斜率将会增大，变得更加陡峭。通道线还可以发出趋势转向的警报。如果股价的一次波动尚未触及通道线，离得很远就掉头了，这往往说明趋势将会改变，因为市场已经没有足够的力量维持原有的上升或下降轨道了。

短线点金

股价向上突破上升通道上轨线时，注意成交量的变化。如果在股价突破

上升通道上轨线时成交量配合放大，可视为有效突破，应大胆买入，后市会有较大涨幅。否则假突破的可能性大或者难以达到量度升幅。

股价向上突破上升通道上轨线是股价加速上涨和上升趋势末期的信号，持续时间一般不会太长，迟早还会跌回通道之内甚至更低。

股价向上突破上升通道上轨线时买入，如很快又跌回上轨线之内应止损出局，虽然突破后偶有回抽，也不应收盘在上轨线之下。

股价向上突破上升通道上轨线后的量度升幅是上升通道内的垂直高度或其数倍。

在上升通道中，股价每次回落在下轨线获得支撑时也是短线买入时机。

第五节 单一均线选股技巧

当一只股票上涨时，股价总是会沿着某条均线（MA）向右上方运动；当股价在冲高回落时，下调至某条均线附近就止跌企稳，发起另一轮行情。股价突破某些重要的移动平均线之后，如果没有太大的外力改变，将在该均线上方运行一段时间。由于均线对股价具有助涨助跌、追踪趋势等作用，所以在实际操作中，可以根据均线的特点来进行选股。

一、5日平均线买卖技巧

5日平均线反映了股票近5天以来的基本走势。股价向上突破5日均线是重要的买入时机，这个时候，可考虑在下一个交易日的低位买入。否则就要等到在下一个低点出现时再买入。因为多年的股市经验表明，当股价刚在底部启动的时候，升幅往往不会太大，其开盘价、收盘价都会在5日均线附近运行。如果股价在5日均线上方稳定运行，一旦与5日均线距离太远时，必然会出现回档整理，以便与5日均线重新会合，稍作整理后再上攻。所以当股价处于高位时，不要心急，投资者应耐心等待其回落后再买入。图5-6为5日均线的买入时机。

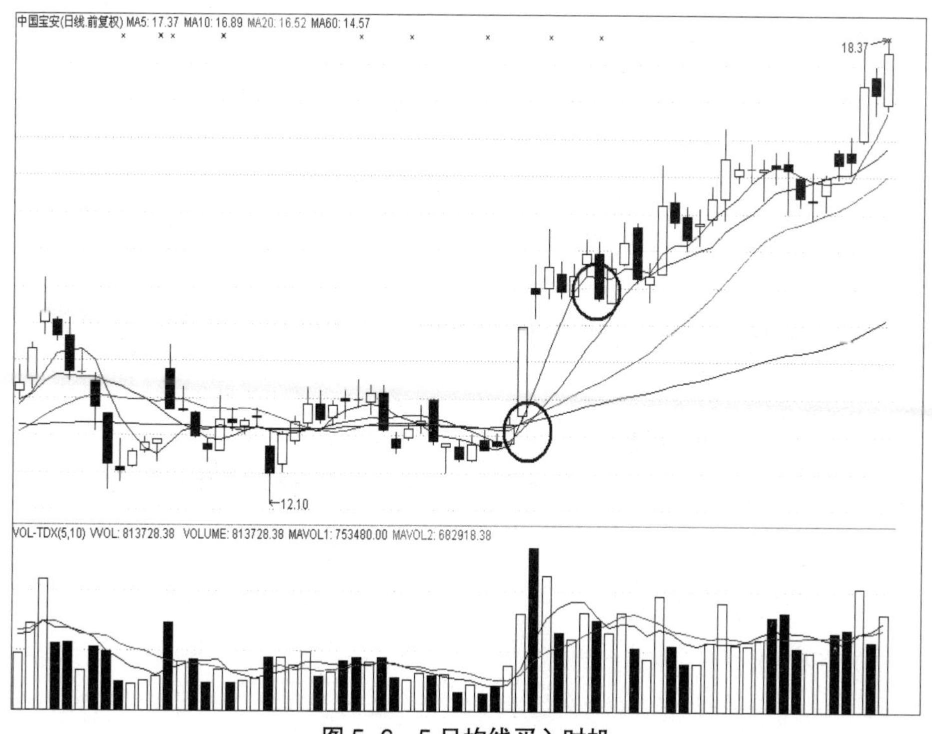

图 5-6　5 日均线买入时机

二、10日均线选股

10日均线反映了股票近10天以来的基本走势。在实际的股市操作中，当股价在10日均线的上方运行时，股价的趋势向上，这表示股价还会继续上涨。而当股价在10均线的下方运行时，股价的趋势向下，这表示股价还会继续下跌。在下跌行情的后期，股价从下向上突破并站上10日均线时，则说明下降趋势结束，上涨行情开始，是投资者非常重要的选股买入时机。图5-7为10日均线的买入时机。

10日均线是多空双方力量强弱的分界线。当多方力量强于空方力量时，股市就属于强势，股价就在10日均线之上运行，而且将有更多的买入者愿意以高于最近10日平均成本的价格买入股票，股价自然会上涨。当股价位于10日均线时买入，虽然离底部或与最低价有一定的差距，但这时上升趋势已明确，股价涨势刚刚开始，这个时候也是买入的良机。

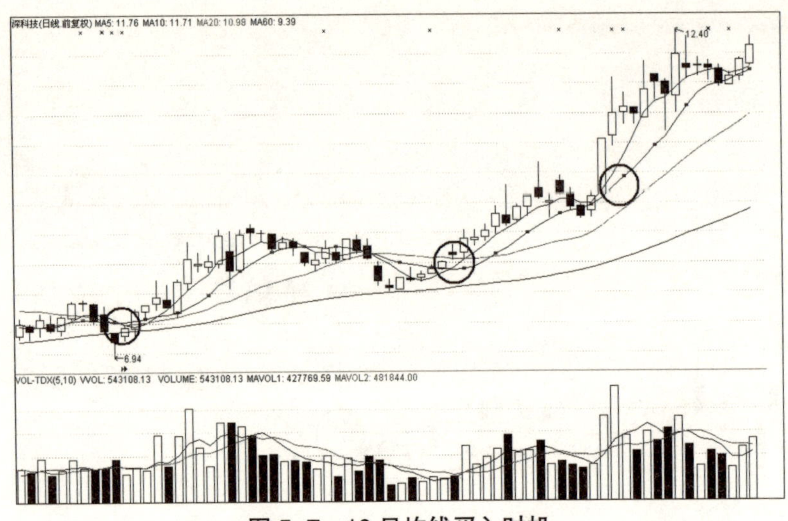

图 5-7 10 日均线买入时机

三、20日均线选股

20日均线反映了股票价格近20天以来的基本走势，如果某一天股票价格K线图从20日平均线的下方移动到20日平均线的上方时，表明市场买方力量强于近20天以来的平均市场买方力量，此时投资者就可以买入股票。即当20日平均线从上向下穿过股票价格K线图时，股票投资者可考虑买入股票。图5-8为20日均线的买入时机。

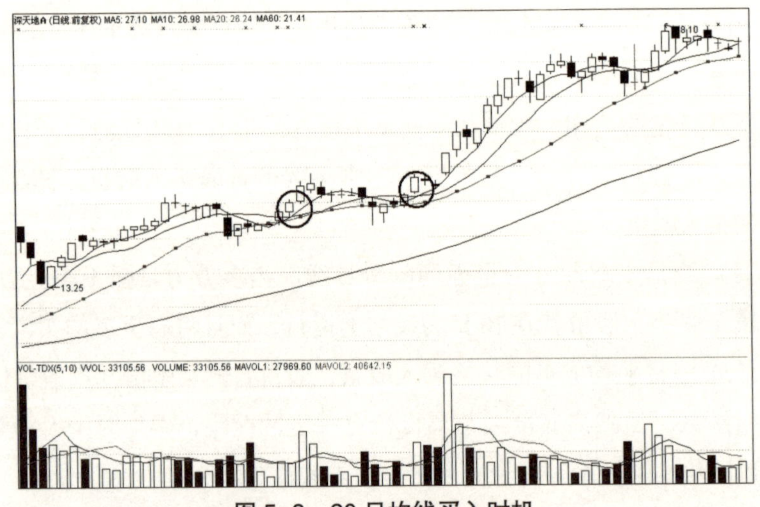

图 5-8 20 日均线买入时机

四、30日均线选股

30日均线同样反映了股票价格近30天以来的基本走势。在下跌行情中，均线往往都呈空头排列。当股价反弹站上10日均线时，30日均线又成为多方上涨的障碍。如果股价再向上有效突破30日均线且30日均线下行速度减缓，有走平甚至上翘的迹象时，往往是中期下跌趋势结束、新一轮中期上升行情开始的标志，这个时候就是中长线选股的最好的买入时机。

短线点金

单一均线选股的优点在于较为简单、直观和实用性强，适用于单一的短线、中线或长线操作，缺点是不能兼顾短期与中期趋势。多条均线的组合（一般为三条均线）正相反，其优点是短期、中期或长期兼顾，但有时由于三条均线来回交叉不能给出明确的信号，甚至有时是互相矛盾的买卖信号，使投资者无所适从。因此，它们两者各有优缺点，股民朋友们可根据自己的使用习惯和要求，选择不同的均线和均线组合。

第六节 均线组合选股技巧

一、5日和10日均线组合选股

5日和10日均线组合选股技巧有以下几个方面：

（1）如果股价在空头市场中向上突破5日、10日移动平均线后并企稳，则预示着短线市场空翻多，买方力量增强，后市上升的可能性大，这时就是买入时机。

（2）在空头市场中的反弹也是买入时机，特别是当股价从高位暴跌而下，股价在5日、10日移动平均线之下运行，距离10日移动平均线很远，10日线乖离率达到15%~20%甚至更大时，表明人气散淡，恐慌性抛盘纷纷杀出，此时正是黎明前的黑暗，一波强力反弹即将来临，正是绝佳的买入时机。

（3）在盘整时期，如果5日、10日移动平均线向右上方突破上升，则后市必然震荡走高；如果5日、10日移动平均线向右下方继续下行，则后市必然震荡走低。最后如果10日移动平均线与5日移动平均线黏合在一起，即使有利好消息也不可轻易跟进，应等10日移动平均线与5日移动平均线分离并上行时，才可视为买入时机，因为这时多方力量才真正增强，后市上升可能性较大。而当10日移动平均线脱离缠绕区向下突破时，则后市还有相当跌幅，是短线卖出时机（图5-9）。

（4）从均线的角度看，如果5日和10日均线都向上，且5日在10日均线上时应考虑买进。股价一般只要不击穿10日均线就可以继续持股，如果10日均线被有效击穿且5日均线掉头向下则应卖出。因为10日均线对于主力来说非常重要，往往是其持仓成本所在，因此主力一般不会让股价轻易跌破10日均线。

（5）如5日平均线从下向上突破股票价格K线图而达K线图上方，但10日平均线仍居于股票K线图的下方并仍向上方运动时，则表示是多头市场的回档，股票回调幅度不会太深，投资者可以持股观望。

（6）如10日平均线在5日平均线之后也从上向下交叉突破股价K线图并向右下方移动，表明股价日后跌幅会较大，投资者应立即卖出股票。

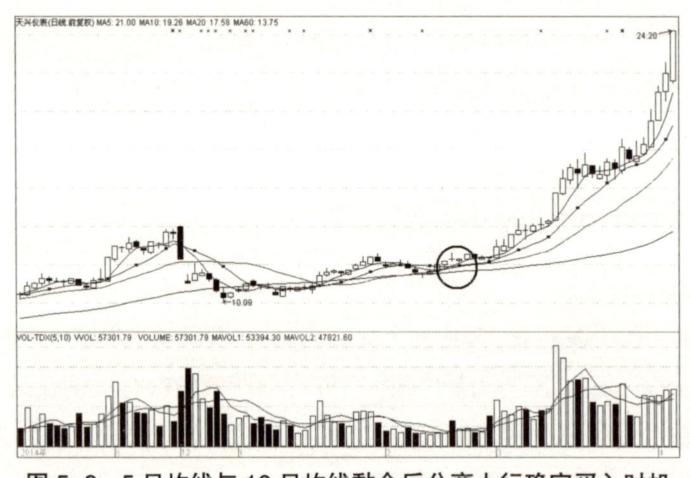

图5-9　5日均线与10日均线黏合后分离上行确定买入时机

二、10日和20日均线组合选股

10日和20日均线组合选股技巧如下所示：

（1）当10日均线由下向上穿过20日均线时，表明市场近10天的平均买方力量强于前20天买方的力量，日后个股上涨机会较大，投资者可短线介入（图5-10）。

（2）在空头市场中，如20日均线也随10日均线从上向下穿过K线，则后市上涨空间会更为强劲，如果还有利多的基本面配合，投资者可脱离空头思路，反手做多。

短线投资者如何确定10日均线与20日均线组合发出的卖点呢？当个股向下穿越的10日均线与20日均线形成死叉，发出卖出信号，短线投资者可按均线组合指引的卖点卖出股票。在空头市场中，如10日均线单独从上向下穿过K线，则股价有所反弹，因为这时只是10日均线单独向下穿过K线，表明反弹力度较弱，反弹时间也无法持久，短线高手可以赚取差价。但如果是10日均线和20日均线相继从上向下穿过K线，则反弹的力度加强，买方力量大大强于卖方力量，股价也会有较大的上涨空间，一般投资者也可短线介入股票。

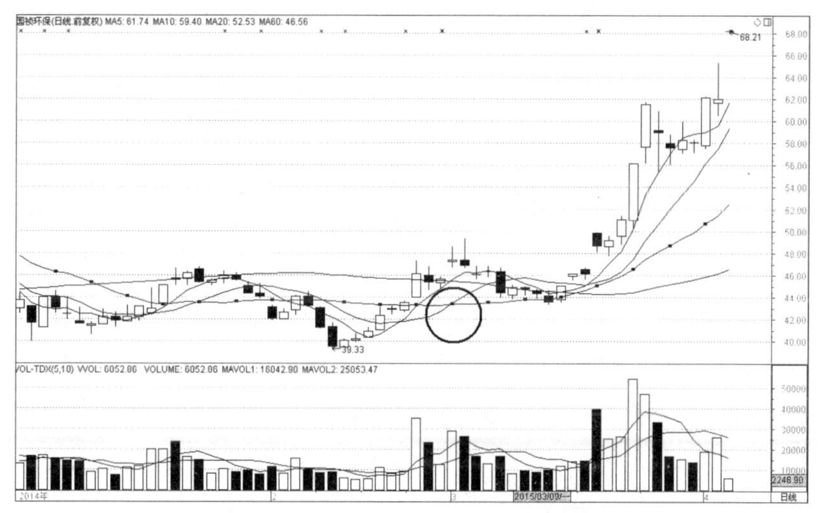

图5-10　10日均线上穿20日均线确定近期买入时机

三、5日、10日、30日三条均线组合选股

5日、10日、30日三条均线组合也是股民选股分析判断最常用的均线组合，具有极强的实用性和可靠性。

1. 5日、10日和30日三条均线呈多头排列是选股买入时机

在MA组合中，当参数小（时间短）的MA排在上面，参数较大的MA依小到大排在下面时，称为多头排列。多头排列的MA，会对股价的上涨起助涨作用，而且能稳定一段时间。因此，选股时选取MA呈多头排列的股票，通常会有一定的获利。

这类组合中，如果股价能够连续3天以上以小阳报收于5日均线之上，加上成交量能够温和放大，后市一般都会有加速上扬的行情。选股买入的话，收益将较高。

2. 股价向上突破5日、10日和30日三条均线是最佳买入时机

在中期下跌趋势中，5日、10日和30日均线一般呈空头排列。但是，在中期下跌趋势的末期，空方抛压减轻，股价下跌速度明显减缓，甚至开始横盘或稍有反弹，5日、10日均线先是走平，然后5日均线上穿10日均线形成黄金交叉并呈多头排列。三条均线成为股价回调时的强有力支撑线，从而确认中期下跌行情结束，上涨行情正式启动。

因此，当股价向上突破5日、10日和30日三条均线，特别是三条均线呈多头排列时是最佳买入时机。

股价在5日、10日和30日三条均线先后形成黄金交叉之后的上涨便是典型的多头排列。

3. 横向盘整时，5日、10日和30日均线由黏合状发散并上行是最佳买入时机

在横向盘整时，由于移动平均线多呈黏合状互相缠绕，难以判断它以后的突破方向。而且，横向盘整既可出现在下跌趋势中途和底部，也可出现在上升趋势中途和顶部，这更增强了判断的难度。但在上升趋势中途和长期下跌后的低价区形成的横向盘整一旦向上突破，5日、10日和30日均线也由黏合状发散并上行时是中短线买入时机。

在盘整时，多空力量在较长时间内达成平衡，横向趋势运行中的时间往往较长，少则1~2个月，多则半年以上。因此，横向趋势需要投资者具有十足的耐心，一旦向上突破，行情会相当可观。

短线点金

炒股其实很简单，把握均线走势就可以，即使不能让你抛在最高点，也可以让你在次高点顺利脱身。虽然不能说所有的5日均线下穿10日均线都是见顶的征兆（如盘整行情在相对低位出现时），但所有的顶部形成必定有5日均线下穿10日均线的现象，此后即使还有一波升势，但还是以短线出局为好。因为后市可能出现较大的跌幅，出局毕竟能让你保留下大部分的胜利果实。

5日、10日和30日三条均线组合是股民最常用的均线组合，具有极强的实用性和可靠性。当然，仅仅凭借均线（MA）来选股具有一定的局限性。在实际选股中，最好能同时参考成交量、形态、技术指标等因素，以提高选股的准确性。

第七节　短线异动快速选股思路

一个职业机构的操盘室墙上挂着这样一句话："改变自己来适应强势指数世界，让弱市中的潜力股来跟着自己。"从这句话中，我们可以看出该机构已经洞悉了股市的一些奥秘，特别是在大盘强势的时候，如果能够有一套即时应变的方法来追寻短线的爆发机会，将会使投资者的总体收益率快速提高，短线异动快速选股法就是这样一种选股方法，它包括以下几种方法。

一、追寻涨停板的方法

由于大、强势中机构对其运作形态是非常乐观的，因此从涨停开始是其短线发动的最大特征。实战中不少机构操盘手在决定发动总攻时的口头语是："为了打开尴尬局面，先来一个涨停板再说。"由于在大盘处于强势的时候，越是走势强劲的个股，其跟风助涨的资金越多，抛压也越轻。在这样一种情况下，大多数机构会采取连续拉升的办法。因此，有一些"猎庄者"专门瞄着股价处于低位的股票在其产生第一个涨停板的趋势时跟进，因此能获得较高的收益。

二、追寻连续放量个股的方法

在这里所提到的量主要包括以下三个概念：一是个股每天的总成交量，二是个股当天的换手，三是个股盘中的即时量比。

第一天成交量第一次占据了两市成交量总排名靠前的位置，量价配合有比较理想的个股在其后有短线潜力，这种股票容易成为领涨股；凡第一天成交换手率超过流通盘10%的股票在其后容易连续上涨，成为黑马股；凡第一天的量比指标第一次进入量比排行榜的个股，在当天就应在大盘安全的基础上逢低买入。

三、追寻市场信息的方法

这里提到的短线信息有三点：

1. 联动信息

如果某只股票走势非常强劲，并且引人注目，那么与其关联紧密的个股会跟风上涨。比如，2015年2月4日中电投集团发布《关于联合重组事宜的通知》，第二天，相关核电企业的股票迅速涨停，而一些与核电相关联的股票也随之大涨，这就是联动信息。

2. 滞后信息

比如，大盘出现了升势，当天停牌的个股在复牌后，可能会继续补涨。

3. 提示信息

企业定期、非定期发布的业绩、公告等都是提示信息，即使表现不好的个股，在其公布较好的业绩后，经过一天的整理便明显有新增资金介入，出现大涨。

四、追寻特殊时间段的方法

我们在这里提到的特殊时间段包括两个阶段：

（1）开盘后半个小时，即9：30~10：00，在这个时间段需要注意成交量与量比明显放大拉升的股票。

（2）闭市前半个小时。需要经常看那些处于5分钟涨幅前列的并以最高价收盘的个股，这类个股容易在第二天高开大涨。在其他时间段，则需要经常盯在即时成交视窗上，看见有即时大笔成交的品种，需要立刻观察分析其走势特点，看是否有明显机会。

需要说明的是，用这种方法只能在每只股票上投入少量资金，但可以多选一些品种。

图5-11为2015年3月18日的华东重机，闭市前半小时内拉升，第二天开始股价一路飙升。

五、发现热点股票的转换时机

在强势市场中，时间也是非常宝贵的机会，需要抛弃中线思路，及时跟进当时的最新热点。通常市场热点的轮换的次序为：

（1）与点火品种相同的板块。

（2）当年潜在的题材板块。

（3）价格较低、业绩尚可的品种板块。

（4）指标股与垃圾股。

当一个板块呈现明显的疲态后，不应用主要精力再关注该板块了，应立刻换股。另外，判断行情的力度大小时应注意：短线行情重消息，中线行情重题材，长线行情重业绩。

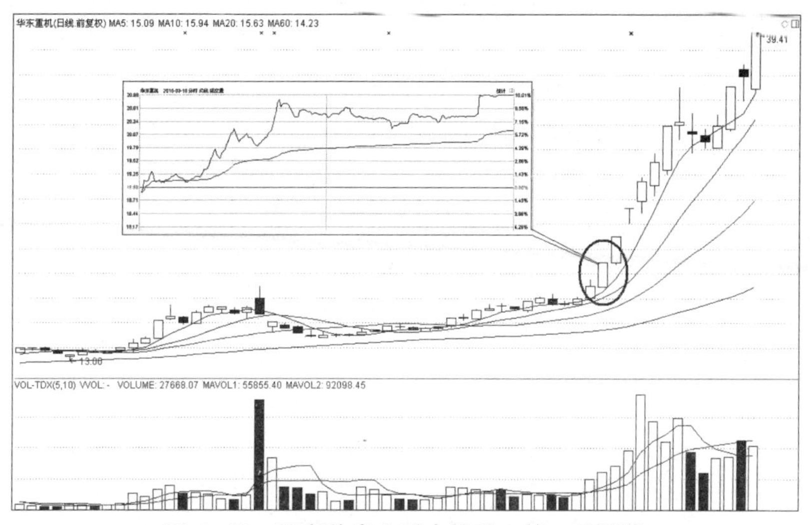

图5-11　闭市前半小时内拉升，第二日看涨

本章启示

在本章中，我们结合股市具体实例重点介绍了一些短线选股技巧，其中包括趋势线选股技巧、轨道线选股技巧、单一均线选股技巧、均线组合选股技巧。其中趋势线选股技巧又分解为上升趋势线的选股技巧、下降趋势线的选股技巧、水平趋势线的选股技巧；轨道线选股技巧分为向上突破下降通道上轨是买入时机和向上突破上升通道上轨是买入时机两种情况；单一均线选股技巧分为5日、10日、20日、30日均线选股技巧；均线组合选股技巧则综合了4种主要均线的情况。

这些选股技巧的指导原则都比较宽泛，在实践中应结合股票市场的实际情况来体察和把握。

第六章

短线出击
——短线操盘技巧

顺应趋势，花全部的时间研究市场的正确趋势，如果保持一致，利润就会滚滚而来！

——江恩

第一节　牛市行情之操盘技巧

一、牛市的三个时期

“牛市”也称多头市场，是指证券市场行情普遍看涨、延续时间较长的大升市。

1. 牛市第一期

与熊市第三期的一部分重合，往往是在市场最悲观的情况下出现的。大部分投资者对市场心灰意冷，即使市场出现好消息也无动于衷，很多人开始不计成本地抛出所有的股票。有远见的投资者则通过对各类经济指标和形势的分析，预期市场情况即将发生变化，开始选择优质股逐步买入。市场成交逐渐出现微量回升，经过一段时间后，许多股票已从盲目抛售者手中流到理性投资者手中。市场在回升过程中偶有回落，但每一次回落的低点都比上一次高，于是吸引新的投资人入市，整个市场交投开始活跃。这时候，上市公司的经营状况和公司业绩开始好转，盈利增加引起投资者的注意，进一步刺激人们入市的兴趣。

2. 牛市第二期

虽然这时市况明显好转，但熊市的惨跌使投资者心有余悸。中场出现一种非升非跌的僵持局面，但总的来说大市基调良好，股价力图上升。这段时间可持续数月，这主要视上次熊市造成的心理打击的严重程度而定。

3. 牛市第三期

经过一段时间的徘徊后，股市成交量不断增加，越来越多的投资人进入市场。大市的每次回落不但不会使投资人退出市场，反而吸引更多的投资人加入。市场情绪高涨，充满乐观气氛。此外，公司利好的新闻也不断传出，例如盈利倍增、收购合并等。上市公司也趁机大举集资，或送红股或将股票拆细，以吸引中小投资者。

短线点金

在这一阶段的末期，市场投机气氛极浓，即使出现坏消息也会被作为投机热点炒作，变为利好消息。垃圾股、冷门股股价均大幅度上涨，而一些稳健的优质股反而被漠视。同时，炒股席卷社会各个角落、各行各业的人们。当这种情况达到某个极点时，市场就会出现转折。

二、牛市个股的操作

在熊市的时候做好基本面的研究，为以后牛市的操作做好准备，在熊市时如何做基本面的分析可参考下一节内容。在做好个股基本面分析的同时，结合大盘走势，配合分析个股走势，使投资者能够更好地把握个股的短线操作。图6–1为2014年7月至2015年4月上证综合指数与个股西部矿业的对比图，二者的走势高度一致。西部矿业从2014年7月随着大盘上涨开始上涨，12月份随大盘的拉升而拉升，2015年1月初，随着大盘调整而调整，2月初随大盘一道二次拉升。

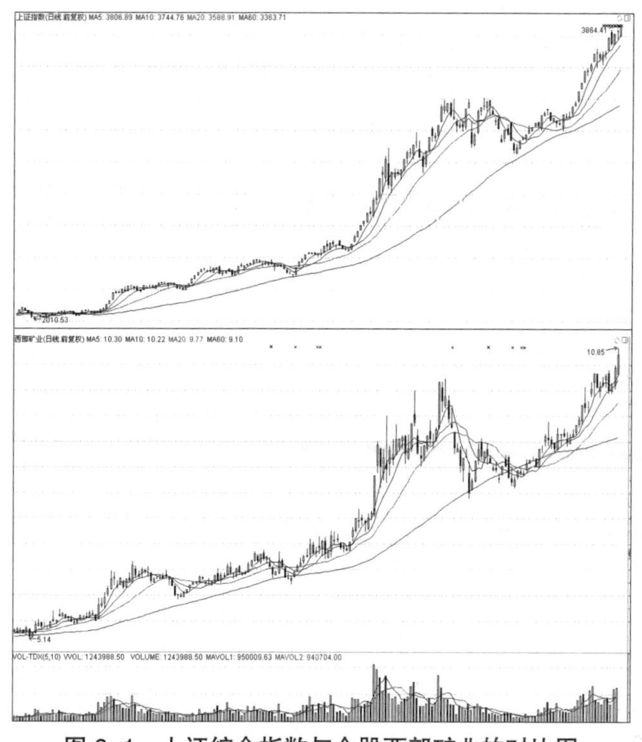

图6–1　上证综合指数与个股西部矿业的对比图

在牛市上升过程中必然会出现局部调整，这时候一些个股同样会随着大盘一起调整，如果分析正确，采取正确的短线操作就会获得更大的收益。

在牛市中，几乎所有股票都在上涨，所以在短线操作中，如果能够敏锐地洞察到各个炒作题材，在短线操作中将获得意外的利润。在本轮牛市中，像图6-2春兰股份这种几乎25个交易日都上涨的股票很多，选好题材，确定价位就能有所斩获。

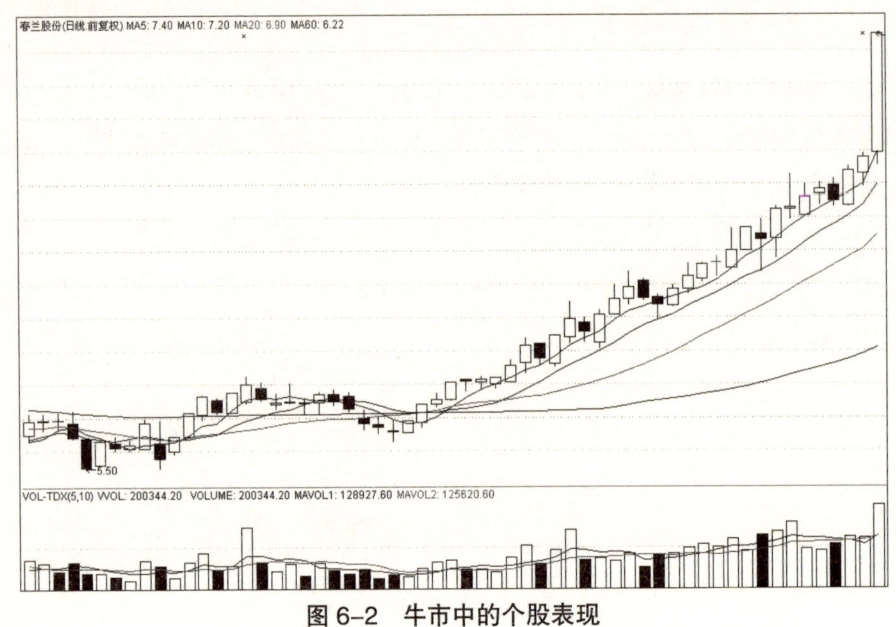

图6-2 牛市中的个股表现

在牛市中一定要顺势而为，借牛市之势为自己的短线操作“锦上添花”。若逆市而为将遭受不可估量的损失。

第二节 熊市行情之操盘技巧

“熊市”也称空头市场，指行情普遍看淡、延续时间相对较长的大跌市。在上一节我们已经提到做短线操作也要把握好股市的大趋势，因此如何判断熊市也是短线操作者的一个“基本功课”。

一、熊市的三个时期

1. 熊市第一期

这一时期就是牛市第三期的末段，往往出现在市场投资气氛最高的情况下。这时市场绝对乐观，投资者对后市变化完全没有戒心，市场上真真假假的各种利好消息到处都是。公司的业绩和盈利达到不正常的高峰，不少企业在这段时期内加速扩张，收购合并的消息频传。正当绝大多数投资者疯狂沉迷于股市升势时，少数明智的投资者和个别投资大户已开始逐步将资金撤离或观望。市场的交投虽然十分炽热，但已有逐渐降温的迹象。这时如果股价再进一步攀升，成交量却不能同步跟上的话，就可能出现大跌。在这个时期，当股价下跌时，许多人仍然认为这种下跌只是上升过程中的回调。其实，这是股市大跌的开始。

2. 熊市第二期

这一阶段，股票市场稍有风吹草动，就会触发“恐慌性抛售”。一方面，市场上热点太多，想要买进的人反而因难以选择而退缩不前，保持观望。另一方面，更多的人开始急于抛出，加剧股价的急速下跌。在允许进行信用交易的市场中，从事买空交易的投机者遭受的打击更大，他们往往因偿还融入资金的压力而被迫抛售，于是股价越跌越急，一发不可收拾。经过一轮疯狂的抛售和股价急跌以后，投资者会觉得跌势有点过分。因为上市公司以及经济环境的现状尚未达到如此悲观的地步，于是市场会出现较大的回升和反弹。这一段中期性反弹可能维持几个星期或者几个月，回升或反弹的幅度一般为整个市场总跌幅的1/3~1/2。

3. 熊市第三期

经过一段时间的中期性反弹以后，经济形势和上市公司的前景趋于恶化，公司业绩下降，发生财务困难。各种真假难辨的利空消息又接踵而至，对投资者信心造成进一步打击。这时整个股票市场弥漫着悲观的气氛，股价继反弹后再度下挫。

短线点金

在熊市第三期中，股价持续下跌，但跌势没有加剧。由于那些质量较差的股票已经在第一、第二期大幅下跌，再跌的可能性已经不大，而这时由于市场信心崩溃，下跌的股票集中在业绩一向良好的蓝筹股和优质股上。这一阶段正好与牛市第一阶段的初段相吻合，有远见和理智的投资者会认为这是最佳的吸纳机会，这时购入低价优质股，待大市回升后可获得丰厚回报。

二、熊市个股的操作

在我们判断出股市处于熊市后，就应该采取相应的短线操作方法来保证我们的投资能够有满意的回报，并且能够在熊市中不贬值而是升值。下面介绍一些在熊市中短线操作的方法。

（1）在准确分析大盘趋势的前提下，对个股也有全面的了解，这样可以利用大盘在下跌趋势中的短时间回调来做短线交易。

（2）关注短期炒作题材在熊市中获利是很重要的。投资者想要短时间内在股市中获得更多的收益，关注市场题材的炒作和题材的转换是非常重要的。虽然各种题材层出不穷、转换较快，但仍具有相对的稳定性和一定的规律性，只要把握得当，一定会有丰厚的回报。

近几年来股市炒作的题材像走马灯似地变换，总结起来，我国股市中的炒作题材大致可分为以下几类：

①业绩增长迅速的绩优股。绩优股是市场永恒的题材，每年年初公司公布年报的时候，绩优股题材会成为市场炒作的主题。当然有的时候，对业绩增长的预期比业绩真正的增长对股价更有影响力，因为股价总是提前将市场信息表现出来。

②政策性板块。这类题材多是由于国家政策的扶持，使某个行业或板块成为国家重点发展对象。在国家产业优惠的政策下，使得这类题材的公司基本面开始转好，扭亏为盈甚至跨上另一个大台阶。同时又由于地域因素的影响，许多个股同样会受益，例如“一路一带”国家战略规划提出后，工程建设、

交运物流、钢铁、高速、铁路基建等相关板块股票大幅上涨。

③高新技术行业。在国家重点强调的政策中，发展科技一直是中国的重中之重。这几年形成高科技股、网络股、生物制药股、纳米材料股、新能源股等诸多概念股，在市场上都有一定的号召力，并且造就了很多黑马。

④合资题材。上市公司与海外著名机构合资办厂或合作生产配件产品，对个股的价格有较大的提升作用。

⑤借壳题材。买壳上市，是指一些非上市公司通过收购一些业绩较差、筹资能力弱化的上市公司，剥离被购公司不良资产，注入自己的资产，从而实现间接上市的目的，这造就了众多“涨停之王”。例如，首创证券借壳S前锋（600733），广发证券借壳延边公路（000776）等。

⑥转配股上市或内部职工股上市。转配股筹码或内部职工股筹码在一级市场中若已经集中在主力手中，筹码集中，则对庄股构成利多支持；反之，股价下跌的概率较大。

⑦整体上市题材。股份公司想要上市必须达到一些硬性的会计指标，为了达到这个目的，股东一般会把一个大型的企业分拆为股份公司和母公司两部分，把优质的资产放在股份公司，一些和主业无关、质量不好的资产放在母公司，这就是分拆上市，股份公司成功上市后再用得到的资金收购自己的母公司，称为整体上市。

⑧国企改革、资产重组题材。资本市场是国资改革的加速器，不少国企在整体上市、核心资产上市，或对外联合重组后，经过估值，价值被重新发现，市值显著增加；与此同时，在改革过程中，资本市场带来的治理结构完善、体制机制优化、融资能力增强等优势，也能进一步激发国有企业的活力。

2014年国资国企改革的序曲奏响。中央层面，先有国资委发布“四项改革”试点名单；地方上，先后有上海、天津、贵州等19个省市发布了国资国企改革路线图。自中国南北车合并的消息得到确认后，中国核电等相关产业的合并也先后由传闻变成事实，相关概念股一路飙涨。

（3）着重分析个股，找到逆市而动的股票。一般这些股票能够在熊市中一枝独秀，逆市上涨。在做公司分析时，着重要分析股票的潜在价值，这是支持股票能够逆市上涨的基石。例如，深圳燃气在2015年1月23日至2月6日并没有跟随大盘的跌势，而是逆市而上（图6-3）。

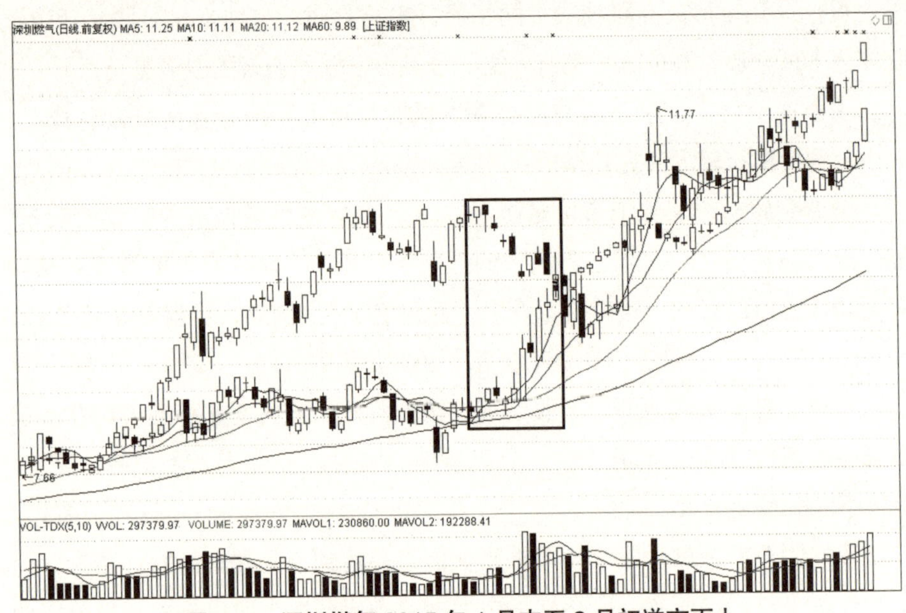

图6-3 深圳燃气2015年1月末至2月初逆市而上

第三节 猴市行情之操盘技巧

投资者对某种市场行情的戏称和形象化比喻，他们把上涨叫牛市，下跌叫熊市。善于创造名词的人们把这二者之间的运作状态称为猴市，意指市场方向不明的盘整期。这段时间内股价大幅震荡，时高时低，犹如一只顽皮的猴子上蹿下跳，所以就用猴市来比喻股市的大幅震荡。

就个股而言，猴市的形成情况比较复杂，当主力洗盘时会形成震仓猴市；主力高位清仓时会形成出货猴市；就大盘股指而言，当各种对证券市场影响重大的消息或政策密集出台时，会导致股指猴性大发；当指数经历过长时间、大幅度的上涨或下跌后，也容易形成猴市。在猴市中，短线操作有以下技巧：

（1）不追涨杀跌。猴市中炒股一定要掌握猴市的市场特征，猴市中大盘如同一只猴子，爬树爬得太高，自然会下来饮水；在树下待得太久，自然又会爬回树上。所以，在猴市中过度追涨和恐慌杀跌都是不合时宜的。因为投资者追高之后，很难再有获利空间；而杀跌之后，也往往没有逢低补回的价差。

（2）落袋为安。首先要清楚猴市不是股市的主升段和主跌段，一般是市场去向不明的盘整期。不同的是现在以大幅震荡来代替以往的窄幅波动，变呆滞为活跃，以引诱广大投资者的跟进和杀出。这阶段因为主力没有离场，广大散户看好后市，基本面和技术面也没有许多利空，所以这种市场应该高抛低吸，即使只有两三毛的利润也要落袋为安，手疾眼快。

（3）顺势而为。猴市中投资者必须顺势而为。顺势而为包括两个方面：一方面是要顺应市场整体趋势，待股指回调企稳后，坚决入市做多，等股指上行受阻时，坚决获利了结；另一方面要顺应个股的趋势，准确把握猴市的热点切换，切不可在市场已经形成主流热点的情况下，逆势运作。

（4）跌时看涨，涨时看跌。在投资者和市场人士对行情的研判分析中，更多的是体现出惯性思路，股指一大涨就以为是突破性行情，股指刚一暴跌，则以为是股市踏上了“漫漫熊途”。其实，很多时候并不是这样的。

（5）精选个股。猴市中，指数缺乏连续性的大幅度上涨，但是，个股之中却不乏获利机会。猴市中具有丰厚获利潜能的个股，往往是集中于少数几个热点板块中，并表现出强者恒强的特点。投资者要加强对这少数强势品种进行基本面的研究和股价运行规律的分析，赚取其在猴市中的价差。

（6）转变理念，正确认识。投资者在评价股市时，通常喜欢用牛市或熊市来形容市场的走势。其实，股市并非仅仅只有牛熊之分。猴市行情在股市中并不鲜见，投资者有必要突破“牛”“熊”的框框，开拓新的视野。

（7）心态稳定。往往猴市行情稍有好转，大多数股民就容易欣喜若狂，可行情一旦低迷，股民们又容易陷入悲观绝望的情绪中，从而导致投资行为缺乏完整的规划，投资水平起伏不定。在猴市中，投资者一定要认清“涨有度、跌有限”的市场本质，保持平和的心态，这样才更有利于对猴市波段机会的把握。

（8）跌时要买，涨时要卖。许多投资者往往在跌市中一味看空，总是在第一时间内斩仓割肉，或者是袖手旁观，不敢逢低买入；等到大盘强势上涨时，往往又一味看多，不惜高价追涨，这样做很容易导致踏空和套牢。参与猴市行情不要过多地受指数变动的影响，做到跌时要买、涨时要卖。

（9）跌有钱买，涨有股卖。猴市中市场投资环境往往是瞬息万变，大盘常常是猴性十足地上蹿下跳，各种不确定因素相互交织、错综复杂。投资者无论多么看好后市行情或看好个股潜力，也不能一次性的全仓买卖，不然后果会非常严重。

第四节 捕捉黑马股的操盘技巧

一、单根K线捕捉黑马股

1. 大阳线捕捉黑马股

所谓大阳线，通常指涨幅在5%以上的K线。大阳线一般表示多头战胜空头，获得压倒性优势，后市继续上涨可能性很大。可以说这市场没人不喜欢大阳线，它也是投资者追进的信号之一。

一般来讲，大阳线的特征可以归纳为以下几点：第一，无论股价处于什么态势都有可能出现；第二，阳线实体相对较长，并可捎带上、下影线；第三，阳线实体越长，则力量越强，反之，则力量越弱；第四，在涨停板制度下，最大的日阳线实体可达当日开盘价的20%，即以涨停板开盘，涨停板收盘。

在实际操作中，如果股价刚开始上涨时出现大阳线，则表明股票有加速上扬的意味，投资者可买入；如果其出现在股价上涨途中，则表明股价可能继续上涨，投资者可继续做多；如果出现在股价连续上涨过程中，则表明是股价见顶信号，投资者此时应考虑出货；如果在连续下跌过程中出现大阳线，则表明股价有见底回升的兆头，此时投资者可逢低适量买入。

举例来讲，图6–4为华海药业的走势图，从图中可以看出，该股于2020年6月1日前后有一波较大涨幅，短中期平均线也平滑向上，说明中期上涨趋势形成。此后该股一路大涨，至4月初，涨幅高达43.89%。这根放量的大阳线具有标志性的意义，说明多头发起强劲攻势，新的一轮更大幅的上涨要来临了，投资者可在盘中伺机介入。因此，低位的大阳线通常是多头掌控局势的表现，如果有量能配合，就更为可靠。投资者可据此信号介入。

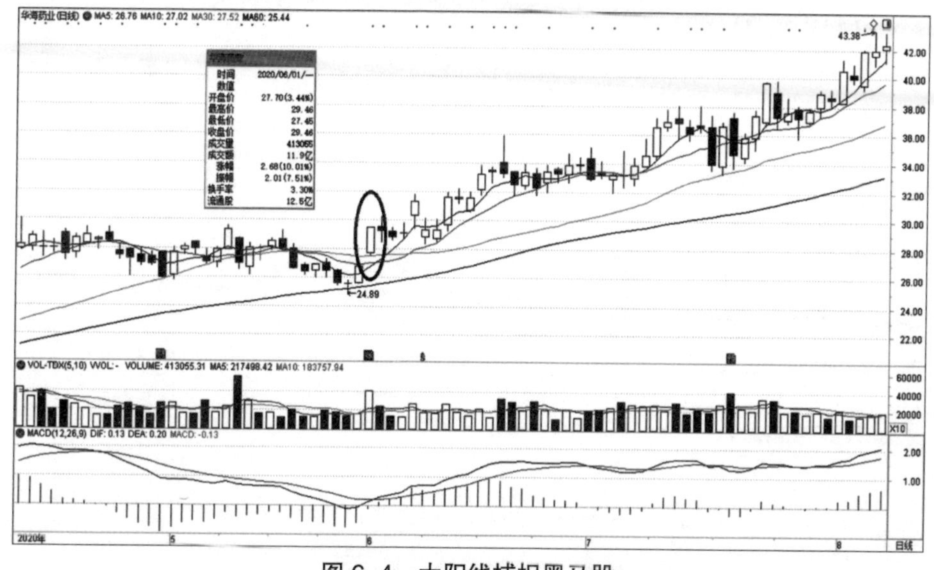

图6–4　大阳线捕捉黑马股

需要说明的是，如果股价已经高高在上，出现大阳线预示着做多动能日渐耗尽，也有可能是多头在故意大幅拉高股价，造成强势上攻的假象，诱惑散户接盘。如果在高位巨量收出大阳线，这种大阳线是诱多陷阱的可能性更大。投资者应区别对待。

2. 光头阳线捕捉黑马股

所谓光头阳线，是指收盘价与全天最高价相同，没有上影线但可以带有下影线的阳K线。光头阳线的出现表明主力做多意愿强烈，股价后期上涨的概率加大。

在K线经典形态中，光头阳线是后市看多一个比较经典形态，一般光头阳线的形成一个比较重要的特点，就是在尾盘30分钟股价持续拉高，当日收盘价在最高点，同时光头阳线也有很多种。例如，光头小阳线、光头大阳线、以及长下影线光头阳线，等等。

一般来讲，如果光头阳线出现在低价位区域，在分时走势图上表现为股价探底后逐浪走高且成交量同时放大，预示为一轮上升行情的开始。如果光头阳线出现在上升行情途中，则有着助涨的作用，表明后市继续看好（图6–5）。

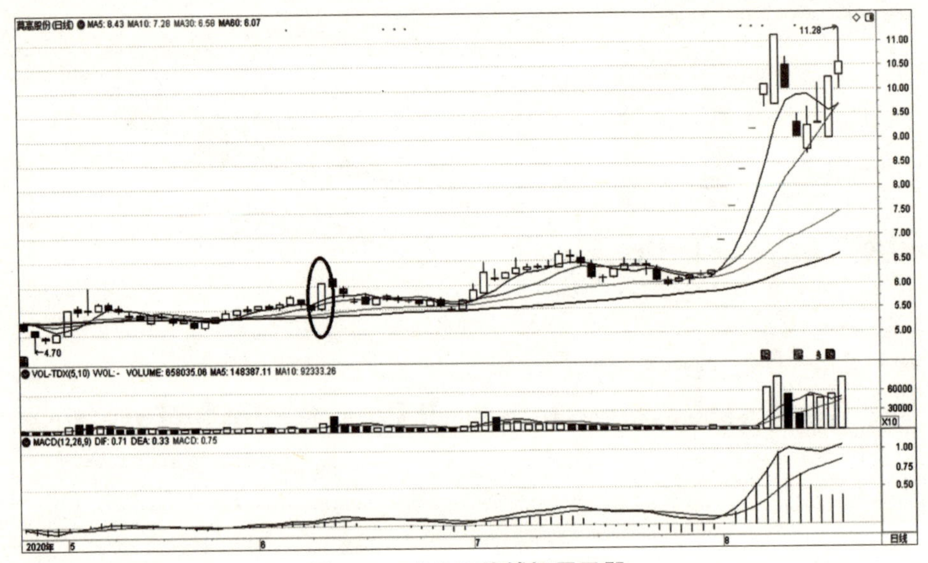

图6–5　光头阳线捕捉黑马股

在具体操作中，投资者要把握一个原则，那就是当光头阳线在上升途中出现时，只要上升趋势不变，便可介入。但当上升趋势开始出现横向整理或是干脆掉头向下转为下降趋势时，那么即便这根阳线收得再好再漂亮也要远离，因为此时出现的光头阳线极可能是主力设下的多头陷阱。

3. 光脚阳线捕捉黑马股

所谓光脚阳线，是指一种带上影线的红实体。如图6–6所示，开盘价即成为全日最低价，开盘后，买方占据明显优势，股票价格不断盘升，表示上升势头很强，但在高价位处多空双方有分歧，股价下跌，最终仍以阳线报收。

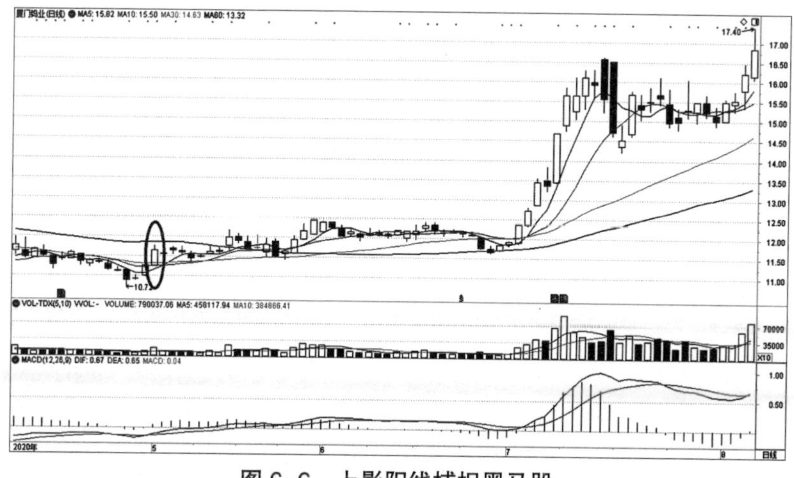

图 6–6 上影阳线捕捉黑马股

通常来讲，如果在低价位区域出现光脚阳线，且实体部分比上影线长，表明买方开始聚积上攻的能量，进行第一次试盘。如果在高价位区域出现光脚阳线，且实体部分比上影线短，表明买方上攻的能量开始衰竭，卖方的能量不断增强，行情有可能在此发生逆转。

4. 十字星捕捉黑马股

在K线中，开盘价到收盘价之间的价格段称为实体，价格波动超出实体之外的部分称为影线，实体上下都有较实体长的影线就叫十字星。在实际操作中，利用十字星寻找黑马股要关注以下几点：

（1）从量能方面分析，出现十字星走势后，行情能否上升，并演变成真正具有一定动力的强势行情，成交量是其中一个决定性因素。

一般情况下，在十字星形成前后，如果量能始终能保持温和放大，十字星将会演化成阶段性底部形态；如果形成十字星走势时成交量不能维持持续放量，显示市场增量资金入市多处于疑虑观望状态中的，则将容易形成下降中继形态。

（2）从市场走势方面分析，如果股指是处于反复震荡筑底的走势中出现的十字星大多属于阶段性底部形态，投资者可以适当参与。如果股指处于下降通道中形成的十字星，大多属于下降中继形态，投资者不能轻易买进。

（3）从成交密集区方面进行分析。由于影响股票供求的因素和人们的心理因素时刻在变化，这导致了股价经常处于波动之中。从K线图形看，股价的涨跌过程，无论是周K线或日K线，会在某价位区内停留一段时间，少则几根多则几十根。这个K线集中且成交量较大的价位区称为成交密集区。通常多头与空头实力变化决定成交密集区面积的大小。

通常来讲，当所形成的十字星离上档成交密集区的核心地带越近，就越容易形成下降中继形态；当所形成的十字星离上档成交密集区的核心地带越远，则越容易形成阶段性底部形态。

（4）从行情热点分析方面，如果热点趋于集中，并且保持一定的持续性和号召力，将会使热点板块有效形成聚焦化特征，就会使增量资金的介入具有方向感，有利于聚拢市场人气和资金，使后市行情得以健康发展，则十字星必然向阶段性底部形态的方向发展。如果行情热点并不集中，而且持续性不强，热点呈现多方出击态势，则说明热点缺乏号召力和资金凝聚力，不能有效激发稳定上扬的市场人气。此时，热点将逐渐趋于大面积扩散，容易造成市场有限做多能量的迅速衰竭，从而使所出现的十字星最终演化为下降中继形态。

图6-7为国睿科技2020年6月5日至6月18日K线图，股价经过长时间盘整后出现了十分罕见的连续10个交易日的十字星K线形态，表明在该低位区域，空方力量与多放量达到了一个平衡，长下影线表明具有较重的承接盘，投资者可以在此处短线买入。该股在一个半月（2020年8月6日）后，涨幅达54.56%。

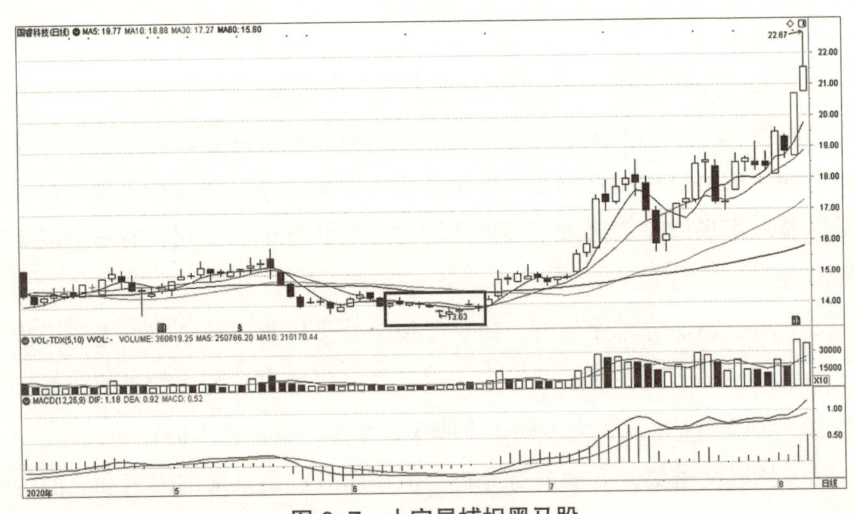

图6-7　十字星捕捉黑马股

短线点金

在实战中，应用单K线进行分析时，多空双方力量的对比取决于影线的长短与实体的大小。一般来说，指向一个方向的影线越长，越不利于股票价格今后向这个方向变动。阴线实体越长，越有利于下跌；阳线实体越长，越有利于上涨。另外，当上、下影线相对实体较短时，可忽略影线的存在。

二、双根K线捕捉黑马股

1. 底部阴线现跳空阳线捕捉黑马股

所谓底部阴线现跳空阳线，是由两根走势完全相反的较长K线构成，前一天为阴线，后一天为阳线。第二天阳线向下跳空低开，开盘价远低于前一天的收盘价；但第二天的收盘价却高于前一天的收盘价，并且阳线的收盘价深入第一根阴线的实体部分中，几乎达到前一天阴线实体的一半左右的位置。

在实际操作中，投资者利用底部阴线现跳空阳线这种K线组合捕捉黑马股的时候，要把握好以下三点：第一，量能的变化情况。伴随K线组合形态同时出现缩量，表明股价已经筑底成功。第二，股价所处的环境位置很重要，如果个股涨幅过大时，出现底部阴线现跳空阳线K线组合形态，则有骗线的可能性。第三，出现底部阴线现跳空阳线K线组合形态后，如果股价立即展开上升行情，则力度往往并不大。相反，出现底部阴线现跳空阳线后，股价有一个短暂的蓄势整理过程的，往往会爆发强劲的个股行情。

作为一个见底形态，底部阴线现跳空阳线的出现，说明股价下跌动能已经接近衰竭，后市可能转为上涨。一般来讲，在股市下跌行情中出现底部阴线现跳空阳线，投资者可考虑买入；若出现底部阴线现跳空阳线后股价反转上扬，则可大胆买进。如果某个底部阴线现跳空阳线形态中，第二天的开市价不仅向下突破前一天最低价，同时还突破数天、数周、数月等历史低位或支撑位，而失守上涨，后市很可能就是不破反涨，形成上扬趋势，投资者应及时买入。

图6-8为鞍重股份的走势图，2014年12月30日出现底部阴线现跳空阳线。随后该股经短暂震荡股价一路走高，连拉多个大阳线。

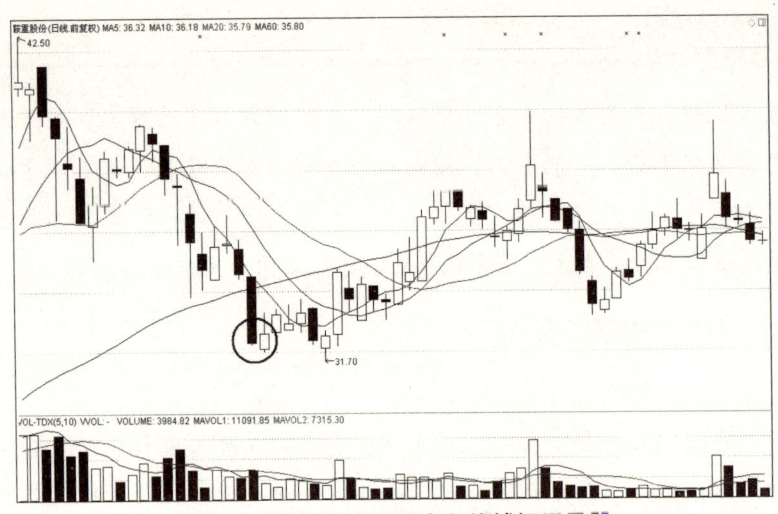

图 6-8　底部阴线现跳空阳线捕捉黑马股

另外，当底部阴线现跳空阳线K线组合在熊市中应用时，要加上一个附加条件，那就是底部阴线现跳空阳线第二根阳线的最低价必须是13个交易日以来的最低价，这主要是避免投资者在熊市中贸然追高，防止增大操作风险。但是，如果市场趋势向好，股市运行在牛市行情中时，投资者则不必过于拘泥这条规则。因为牛市中股价涨多跌少，如果强调买入13天以来的最低价，就会错失良机。

2. 长K线包短K线捕捉黑马股

所谓长K线包短K线，又称“孕线”，是由两根K线组成，前一根K线的实体较长，后一根K线的实体相对来说要短一些。一个突出的特点是：后一根K线的最高价与最低价，均未超过前一根K线的最高价与最低价。其看上去就好像是长K线怀中的胎儿，故而该形态又称孕线形态。“长K线包短K线”形态的出现，一般预示着市场上升或下跌的力量已趋衰竭，随之而来的很可能就是股价的转势。

长K线包短K线被视为一种“警告”或“提示”信号，或者说是一种准市场逆转信号。如果长K线包短K线出现于升势市场中，就是在警告人们目前市场继续将股价向上推高的力量已经减弱，多头行情已接近尾声，随之而来的很可能就是下跌行情；如果长K线包短K线出现在下跌市场中，就是在提醒人们：目前市场下的势头已趋缓，股价可能见底回升，或者继续下跌空间已经很小，市场正积蓄力量，等待机会向上突破或反转。

另外，长K线包短K线还有一种特殊形态的“十字胎”，即股价在收出一根大阳线或大阴线之后，出现了一颗“十字星”。通常来说，十字胎的出现具有以下的市场意义：第一，十字胎只代表市场原来的趋势难以维持，但并不是说市场即刻会发生反转；第二，十字胎也可能是市场多空力量暂时的平衡点，若市场原有的力量仍占主导地位，则其演变成盘整状态的可能较大；第三，十字胎是比长K线包短K线重要许多的主要反转形态；第四，十字胎出现在上升趋势中看跌的效力要比其出现在下跌趋势中看涨的效力强许多。

严格意义上的“长K线包短K线”K线形态出现的次数并不多，在指数上大约只出现过30多次，但是其反转信号的预示作用非常强，从历史行情分析，在股市处于极度低迷时期出现“长K线包短K线”K线形态后不久，大盘往往会形成急速上升的牛市行情。

一般而言，投资者在分析长K线包短K线时，需要关注长K线包短K线形态出现时成交量的变化。如果股价放量之后又大幅度萎缩，则市场趋势改变的可能性较大。事实上，与前面我们所讲的“锤子线”“启明星”“上吊线”等K线形态相比，“长K线包短K线”形态所构成的反转信号要次要许多。也就是说，在该股形态出现后，投资者要有一个确认的过程。

在实际操作中，处在双底走势的右底低点处的长K线包短K线是强烈的买入信号，短中线投资者均可在此建仓做多。实际上，出现该K线形态后，走势上一般会有一个短期整理的过程，使得原来大幅震荡的走势逐渐平稳，然后再寻求突破方向，投资者如果在方向确认后介入比较稳妥。

值得投资者注意的是，长K线包短K线所提示的买卖信号，只是“准市场逆转信号”，也就是说，在一个强劲的多头市场中，上升时出现长K线包短K线股价并不会马上见顶，仍会继续上涨，反之，在一个空头力量十分强大的市场中，下跌时出现长K线包短K线，股价不会马上见底仍会继续下滑，也就是通常所说的“涨要涨过头，跌要跌过脚”。因此，投资者在极强或极弱的市场或个股中见到长K线包短K线组合后，不要马上作出买进卖出的决定，可继续留心观察，并结合其他技术指标进行综合分析后，再作定夺。

图6–9为世纪瑞尔的走势图，该股在行情下跌过程中，出现了一个看涨的

长K线包短K线形态后，股价的确止跌，但随后股价的走势却并没有出现预期的上涨行情，而是陷入了横盘整理，长K线包短K线在这里是以下跌抵抗形态的情形出现。在经过一段时间的盘整后，股价终于爆发。操作中可以结合其他技术分析指标来判断长K线包短K线形态的可靠程度。一旦发现该形态构成陷阱，应退出观望。

3. 底部低开后收大阳线捕捉黑马股

所谓底部低开后收大阳线，是由两根K线组成，如果是出现在上涨趋势的顶部，第一根为阳线，第二根为阴线，被称为底部低开后收大阳线阴线；如果出现在股票价格的底部，第一根是阴线，第二根是阳线，被称为底部低开后收大阳线阳线。不论是以上两者哪种情况，第一根K线的实体部分都必须包含在第二根K线的实体部分内部。这也是底部低开后收大阳线K线形态的最主要特征。

在实际操作中，投资者要把握以下几点：第一，底部低开后收大阳线在股价走势中所处位置。在股价底部低开后收大阳线阳线，说明价格受到支撑，后市可能看涨，但是如果这个形态出现在股价的顶部就不具有这个意义了。同理，如果底部低开后收大阳线阴线出现在下降趋势尾端，也不意味着后市看跌。第二，K线实体的大小。通常认为实体大的更加具有意义，特别是当第二根K线的实体远大于第一根K线的实体的时候。

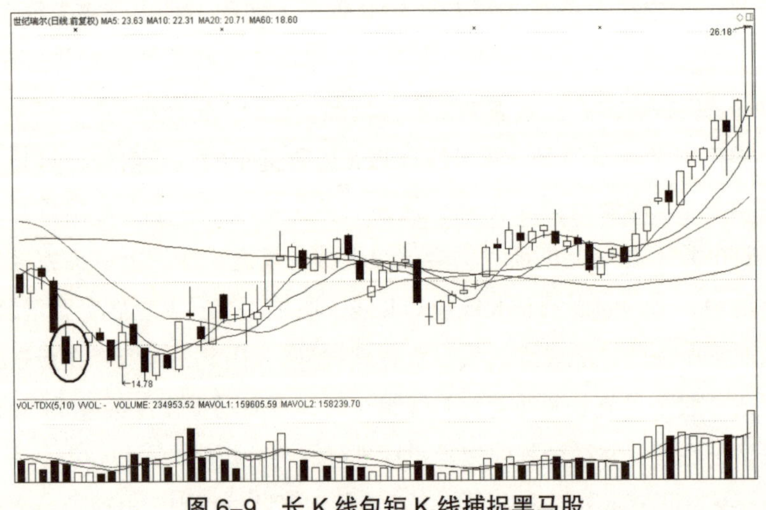

图 6–9　长 K 线包短 K 线捕捉黑马股

一般而言，股价走出底部低开后收大阳线图形说明多方已占据优势，并出现逐波上攻行情，股价在成交量的配合下稳步升高，预示后市看涨。同样为底部低开后收大阳线，股价走势若表现出在全日多数时间内横盘或者盘跌而尾市突然拉高时，预示次日可能跳空高开后低走。

另一种情况是，股价走势若表现为全日宽幅震荡，尾市放量拉升收阳时，可能是当日主力通过振荡洗盘驱赶坐轿客，然后轻松拉高，后市可能继续看涨。

短线点金

在股市中，两根K线的组合情况非常多，要考虑两根K线的阴阳、高低、上下影线，概言之，两根K线能够组成的组合数不胜数。在这些两根K线的组合中，当上述形态出现的时候，行情一般会上涨。

三、三根K线捕捉黑马股

在实战中，投资者不仅需要观察单根K线与两根K线，还需要分析三根K线及多根K线组合。通过对不同K线组合的研究与分析，投资者可以观察出买方力量与卖方力量的强弱变化，进而指导自己的操作。

1. 底部现阳线反转捕捉黑马股

一般而言，底部现阳线反转K线组合是股市中比较常见的底部或是阶段性底部的信号之一。在理论上，它是由三根K线组成，首先拉出一根有力度的阴线，其次拉出一根小阳或小阴线、螺旋桨、锤头线、倒锤头线等，最后拉出一根有力度的阳线，三条K线就组成了底部现阳线反转。

底部现阳线反转是一种极为常见的、典型的、准确性很高的底部转势信号。实战经验表明，如果底部现阳线反转的组合形态出现在股价下跌的趋势的末期，或者出现在股价暴跌的极大跌幅处，那么它的准确性往往很高。投资者对盘面出现的每一种底部现阳线反转组合形态都应当引起足够的重视。

图6-10为光明乳业的K线图，2020年3月20日出现典型的底部现阳线反转形态，该形态出现之后，该股展开一波完美的上涨行情。

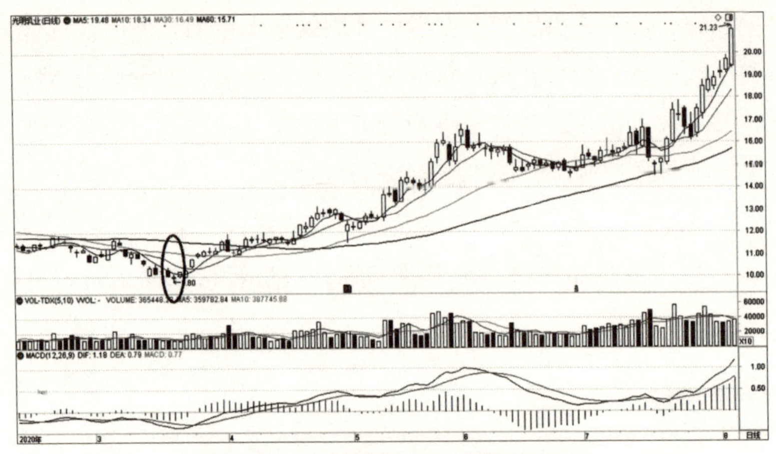

图 6-10　底部现阳线反转捕捉黑马股

在实际操作中，投资者在运用底部现阳线反转进行技术分析的时候，应当特别注意它的向下跳空缺口。通常情况下，这种缺口就是第二根K线形态的实体部分与它前后的K线的实体部分之间所存在的缺口。如果第三根阳线的收盘价出现向上冲高的情形，而且深入第一根阴线实体部分的50%以上，那么这样的组合形态更能说明此时市场上做多的一方动能充足，气势强劲，后市股价上升的力度更是不可小视。

另外，需要说明的是，底部现阳线反转这一K线组合有时也会成为庄家制造陷阱的工具。一般来讲，如果出现下述现象中的一种，则有可能构成假底部现阳线反转；如果同时出现其中的两种以上现象，则假底部现阳线反转确立：在第三天拉阳线时，成交量没有放大；第四天没有拉出阳线；股价下跌超过第三天阳线实体的1/2处。如果出现多头陷阱，底部现阳线反转形成之后没有出现持续的上升走势，也无成交量有效放出，应在股价跌破第三根阳线实体的1/2处止损。

2. 三大阳线并列上行捕捉黑马股

三大阳线并列上行的表现为，在股价有所企稳之后与加速上扬之前，多头能量在短时间内的快速爆发，稳中有升并连拉三根中或大阳线，呈现加速上升特征，也为股市中企稳转强的信号之一。

三大阳线并列上行是重要的底部K线组合，如果是在低位或盘整市道中出现此类图形，反映出继续上升的可能性居大。在研判过程中，要注意第三根阳线的实体大小与上影线长短，如阳线的实体呈现逐渐缩短或者出现上影线较长时，说明该三大阳线并列上行缺乏进一步上涨动力（图6-11）。

3. 两阳夹一阴捕捉黑马股

在上升趋势中，股价也不能天天上涨或每天都以阳线报收，也有回调整理即下跌或以阴线收盘的时候，只要上攻形态未被破坏，后市仍会继续上涨。因此，在上升趋势中出现的调整就是逢低买入的时机，较为常见和可靠的是两阳夹一阴的形态。

所谓两阳夹一阴，也可以称为多方炮，通常是在股价连续收阳线之后，股价高开或平开低走以中小阴线报收，但其后的一个交易日股价却高开高走以中长阳线收盘，并将前一根阴线收复，这是非常典型的上攻形态，往往后市还会继续上涨，中间的一根阴线仅仅是上升中的强势调整而已。一般在上升行情中的强势股或强庄股中出现较多且非常可靠。

图 6–11　三大阳线并列上行捕捉黑马股

事实上，当两阳夹一阴形态出现后，股价未必一定上涨，而接下来的走势十分关键：如果接下来股价出现跳空上行或继续放量上攻的情形，表明多方炮的技术意义有效，这时称为多方开炮，两阳夹一阴的K线组合亦称“炮台”，表明后市股价将有上升空间。如果接下来股价没有出现跳空向上涨升或继续放量上攻的情形（也就是说无法持续向上攻击的势头），多方炮将变成哑炮，形成多头陷阱，股价将回落到原来的整理区间继续盘整，甚至出现向下破位的情形。所以，并不是看见一个两阳夹一阴就认为它是多方炮，因为哑炮很多。

在实际操作中，如果两阳夹一阴出现在上升行情中的强势股或强庄股中，其买入信号非常可靠，短线遇上此种形态时可以买入。具体来讲，投资者在跟进时机的选择上，要把握好以下几点：

（1）两阳夹一阴若出现在股价刚突破底部之时且阳线伴随较大的成交量，买入信号更为可靠，这意味着涨势刚刚拉开序幕。

（2）对于强势股，收阴线时就是买入时机，只是此时买入不如待确认第二日收阳线时买入可靠性更高，因为收阴线后接下来一日的走势非常关键，一旦再收阴线将有可能形成短期头部或调整的时间延长。因此，两阳夹一阴的最佳买入时机应在阴线之后收阳线的当日尾盘或第二天跳高开盘之时，特别是短线投机更应如此，止损点可定在阴线的最低价被跌破时。

（3）在上升行情中，除两阳夹一阴外，有时也出现两阳夹数阴的形态，一般以两根或三根小阴线居多，且两根或三根阴线未能将前一根阳线吞掉，其后一根阳线将前面的数根阴线全部收复。这也是涨势中短暂的调整蓄势上攻形态，后市仍会继续上涨，短线操作者可于后一根阳线形成后快速介入（图6–12）。

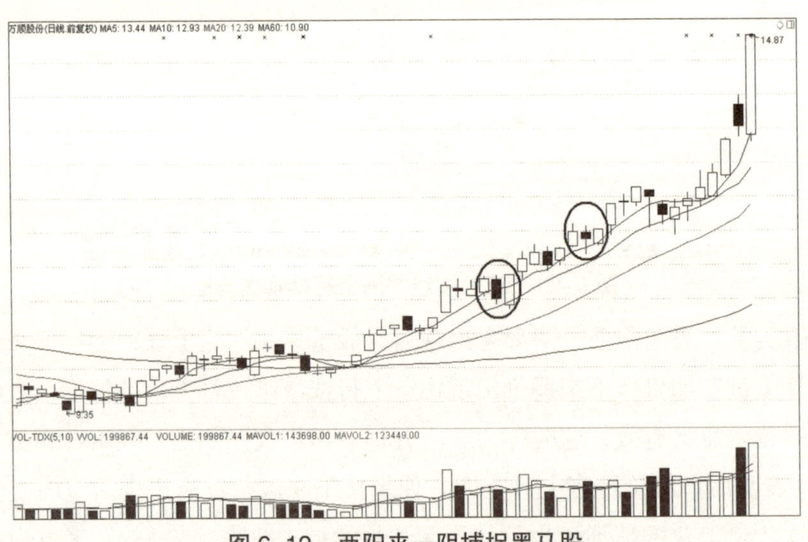

图 6–12　两阳夹一阴捕捉黑马股

短线点金

在实际操作中，投资者不仅要看一根至二根K线，还要看三根至多根的K线组合，买卖双方决战时对抗力量的强弱变化，便可清晰洞察，双方的胜负一目了然。而且，通过三根K线的组合，能推演出多根K线的变化分析，这些组合的定式要在实战中细微体察，方能真正掌握阴阳K线的精髓。

第五节　追涨停板之操盘技巧

停板是股票市场中的一种游戏规则，它是为了防止股票价格的暴涨暴跌，引起过度投机，引发市场紊乱，从而对股票市场上在一个交易日内价格的涨跌幅度，由证券交易所依据有关法律规定给予的一定限制。股票涨停的运行轨迹留住了股票价格过去的脚步，临盘股价的分时走势又展示了波澜壮阔的现在。那么，了解、认识这些轨迹和走势，就为股民们有准备、有意识、有成效地捕捉涨停提供了可能。这就是在股价运行出现涨停走势的特征时，特别是在临盘分时走势图中出现涨停走势的特征时，及时介入，获取利益。具体来讲，追涨停板就是要从以下几个方面入手。

一、涨停板的介入点

这个介入点非常重要，追涨停板是一项高风险高收益的投机活动，也是一门艺术。介入点一定要在涨停个股最后一分钱价位卖单快被消化殆尽（只剩一百多手卖单）时快速挂单，敢于排队，这种情况下才有希望成交，而且这个点位最安全可靠。哪怕买不上都行，留得青山在，不怕没柴烧。最怕的就是在股票差2~3分钱涨停时就急不可耐地追进，结果往往当天就被套，损伤惨重。

二、研究K线组合

追逐涨停板也要结合大盘走势和个股K线及均线形态，这样一来才能更有效地降低风险。K线组合是几个交易日K线的衔接和联系，它是股票价格运行趋势的某种征兆。研究K线组合的深刻内涵，把握股票价格上涨信号，可以大大提高捕捉涨停板的概率。

三、关注涨停个股

关注涨停个股主要是对第二天上冲能力大小进行评估和卖出点的选择。强势品种标准如下：

（1）涨停板未被打开过。

（2）早市跳空开盘小幅回档后直接快速封停。

（3）涨停后未出现过四位数的抛盘。

（4）封单为五位数。

（5）日K线在季线之上，股价正处于主力拉升初期或中期。

（6）刚创新高，并且未远离底位成交密集区。

（7）属于资金流向中的主流板块品种。

（8）涨停后量极度缩小。

（9）可以期望第二天获利5%~6%以上。

对于弱势品种，即涨停后被打开过的和涨停后放大量的，一般有利润就跑，保持现金为王的原则。

四、关注回落的幅度

股价冲高回落是股市的一种自然现象，也是股票价格变化的必然，它不以股票持有者的意志为转移，而是按照固有的规律起伏运作。但是这并不意味着股价冲高回落就没有操作价值，相反其冲高回落的幅度和角度，对股价当日的走势有着至关重要的意义。

通常情况下，开盘后半小时（包括午市开盘后的半小时）的走势必须十分关注，因为这个时候股票价格的变化，对股票价格全天的走势有着一定的指导意义。这个时候股票价格回落的幅度不破黄金分割线，特别是不破0.382

的黄金分割线，在其掉头向上冲破前期高点时买入，捕捉到涨停板的可能性较大。当然如果涨停板打开，在回落过程中受到了0.382的黄金分割线的强有力支撑也可果断下单，这通常是很好的时机。

短线点金

涨停板有三个关键点：

（1）涨停前量：涨停后量>3:1，涨停后量越小越好。

（2）封单越大越好，最好大于5位数。

（3）涨停板出现在早盘，并且不曾被打开过。

第六节　跌市抢反弹之操盘技巧

在股市上，股价呈不断下跌趋势，最终因股价下跌速度过快而反转回升到某一价位的调整现象称为反弹。一般来说，股票的反弹幅度要比下跌幅度小，通常是反弹到前一次下跌幅度的1/3左右时，又恢复原来的下跌趋势。大盘引领着各股高位跳水，会瞬间跌得很惨，丁是，浮躁的资金就急不可耐地进场抢筹，从而大盘和各股就可能在某一价区拉锯整理，但大多用不了多久便支撑不住继续下跌并创新低，将“抄底”者悉数锁定套牢，所以，没有一定的定力和技巧是不行的。

一、某一重要价位抢反弹

1. 黄金分割位

此法适用于股指阴跌较长时间的市场。从距离前期高点的位置算起，如其后有较长时间的反弹，可以反弹的高点（次高点）算起。前一次反弹失败后持续阴跌，其间时间略长一些较好，此外，其间反弹抵抗越少者越有效。

2. 前期重要支撑法

一只股票进入上升期不外乎经历了建仓、震仓、拉高、出货几个过程。主力机构往往综合使用各种手法，表现为上述四个阶段呈现复杂化的运动。如建仓若一次建不够就打压下来接着建仓，拉高一次拉不到位就逐波拉高。所以，当股民有时身处某一阶段往往不知主力意图，行情会显得更加扑朔迷离。但主升浪之前的运行是一浪高过一浪，所以一波行情后股价回落，其高点不应比前期高点低太多，前一波的顶部区域应该是考虑抢反弹的价位（图6–13）。

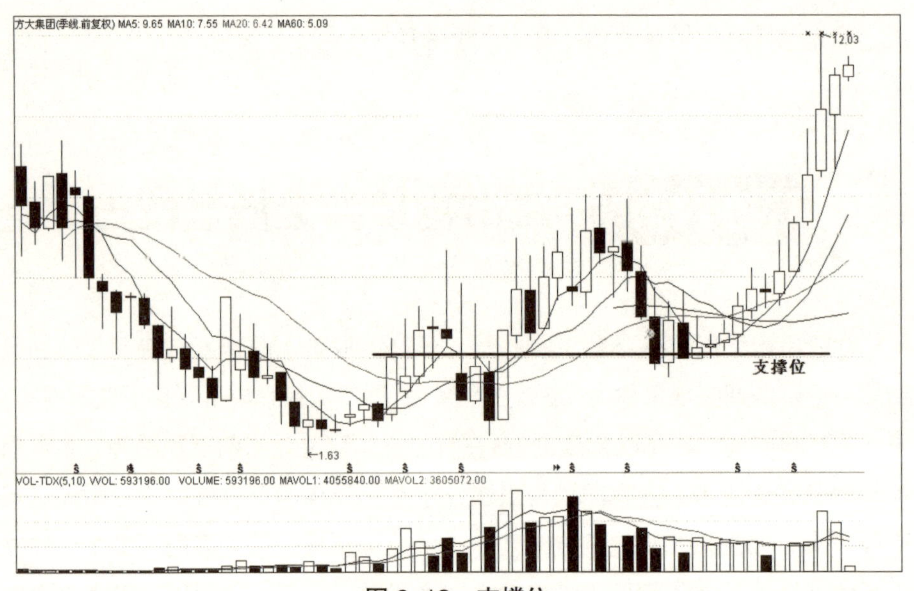

图 6–13 支撑位

二、小趋势法

在短线抢反弹操作以前，一定要看清楚该股是短期上升还是短期下跌趋势，这是至关重要的。那么如何看趋势呢？由于我国的股市尚无做空机制，只有买入做多才能获利，因此上升趋势的研判很重要，下列是判断短线上升趋势的要点：

（1）在跌了一段时间后，行情必定会出现反抽，短线可以抓住反抽行情获利。经过延续性下跌之后，今日的最低价位比昨日的最低价位还要低，但今日的收盘价却比昨日收盘价高，这是单日转向的信号，逢低可短线买入，短线有获利机会（图6–14）。

（2）今日的高点高于昨日高点，今日的低点也高于昨日的低点，在连续下跌的情况下，表明有止跌反弹或构造上升通道的可能。

（3）股价在近期有构成短线上升通道的迹象和趋势，或已在上升通道内运行，并接近该上升通道的下轨，有在下轨处获得支撑的迹象。

（4）行情快速暴跌后成交量萎缩，马上就有止跌反抽的迹象，应快速择低价入，捕捉随之而来的反弹行情。

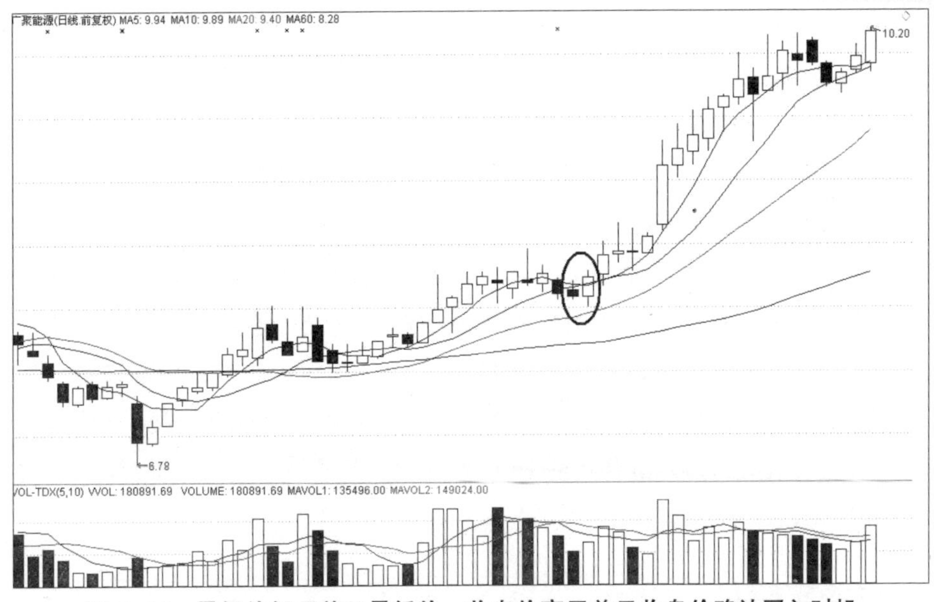

图 6–14　最低价低于前日最低价，收盘价高于前日收盘价确认买入时机

（5）近期股价逐步攀升，没有创新低点却创出新高点，这是一个上升趋势，值得短线介入。

只要大盘或者个股有上升趋势就应短线介入，获利平仓。但要记住，按照这个法则“一有获利就要平仓”，不能用种种理由拖延，否则就应采用中长线的操作方法。尤其值得注意的是，介入后发觉股价下跌，表明短线方向看错，必须设立止损点快速了断。切记这是短线操作，因为中长线不明朗，因素太多，不可以依赖这个法则行事。

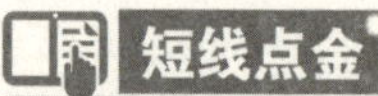

市场上往往有箱体盘整的牛皮市出现，行情上下震荡、方向不明，这时不宜用本方法操作。

三、长期均线法

经过长期持续时间在三个月以上下跌,均线系统设定为40日、60日、120日，股价跌破120日均线后有增量资金介入，围绕120日均线股价有起伏，每次跌穿120日线为抢反弹买点。此法运用较为广泛，有时可选中快速黑马。

除此之外，当K线出现穿头破脚阳线（低开大阳线），并伴随有大成交量经过长期震荡或经过急速下跌后某一日突然低开，但随后股价在巨大买盘的推动下攀升，到收盘竟然以大阳线报收。此种形态下，短线是买入时机。其市场意义在于：经过短期恐慌性下跌，投资者对该股已失去信心，纷纷抛售，在最后一批不坚定分子退出之后，主力进场大举吸纳。

另外，在成交量萎缩的情况下，上升通道的下轨被击穿之时，可考虑短线抢反弹成交量最好是上升时有量，下跌时无量；通道一般以某一条均线为依托，震荡向上运行，一般以10日、20日均线为依托；中线通道一般要考虑40日均线的依托，长线考虑60日均线；股价回调时在20日均线可短线介入；在40日或60日均线处可考虑中短线介入。该法运用的范围较为广泛。

短线点金

弹性定律：股市下跌如皮球下落，跌得越猛，反弹越快；跌得越深，反弹越高。

抢点定律：抢反弹一定要抢到两个点：买点和热点，而且缺一不可。

时机定律：买进时机要耐心等，卖出时机不宜等。

决策定律：投资决策以策略为主，以预测为辅。

转化定律：反弹未必能演化为反转，但反转却一定是由反弹演化而来。

本章启示

操盘是股市操作中最关键、也是最具有决定性的阶段。如果不能很好地掌握短线操盘的技巧，便无法在股票市场上获利。本章内容主要从不同的角度、不同的方面叙述了专业操盘的技巧，这些内容包括了股市常见的操盘技巧。希望这些技巧对正在股市上实战的股民朋友们或即将进入股市的股民朋友们有所帮助。

第七章

板块轮动
——跟踪热点题材和板块

只有掌握住群众的本能才能控制市场，即必须了解群众将在何时、以何种方式聚在某一种股票、货币或商品周围，投资者才有成功的可能。

——［美］乔治·索罗斯

第一节 炒短的必修课——认识题材和板块

一、什么是题材和板块

1. 题材股

题材股是有炒作题材的股票。通常指由于一些突发事件、重大事件或特有现象而使部分个股具有一些共同的特征，即题材，这些题材可供炒作者借题发挥，可以引起市场大众跟风。题材在中国股市起着十分重要的作用。题材的作用在于号召，号召市场资金投向某一热点。因而题材是造就个股行情的主要动力之一。例如，能源紧张了，一些替代性的生产酒精的、生产太阳能电池的工厂就成为炒作题材，称为新能源概念股，“一带一路”作为国家战略被提出来，就衍生出一带一路概念股。总之，一切可以引起市场兴趣的话题都是炒作题材，所涉及的股票也就成了题材股。“题材”的实质就是具有特色，具有鲜明特色的股票总会引起投资大众的注意，从而总会具有良好的市场表现。图7–1为2015年4月7日的概念主力净流入的柱状统计图，从中可看出题材对主力资金的强大吸引力。

2. 板块股

对于一个上市公司的判断，不能脱离其所在行业和其所属地域的经济整体发展水平，而反过来也可以由行业等因素来预测上市公司的业绩。地区经济布局、行业生命周期和国家产业政策等对上市公司有非常深刻的影响，有利的政策将带动这些上市公司整体上扬，反之，则整体下挫。这些在行业、地区、热点等方面具有相同特征的上市公司集合就称为“板块”，板块往往成为市场主力用来进行炒作的题材，所以，板块一个又一个被推出来，又一个一个被淘汰，每一个“热点板块”的推出，都要带来一阵或大或小或长或短的股市波动，而股民一旦能够在板块热点形成的早期及时发现，就有可能把握住在这一轮板块演绎中的获利机会。图7–2为板块涨跌幅示意图（节录），从中可以看出各个板块的市场表现差异。

概念主力净流入　单位（亿元）

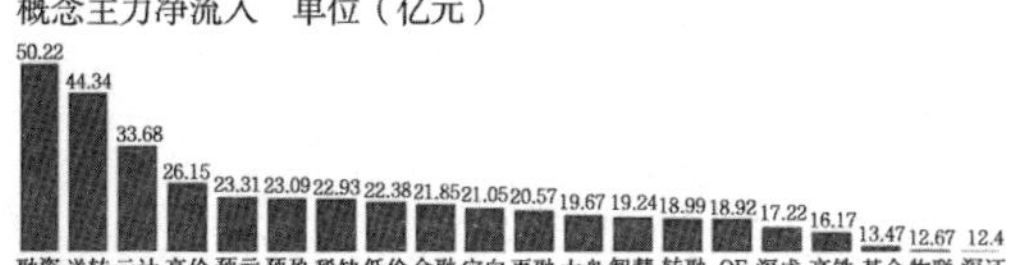

概念主力净流出　单位（亿元）

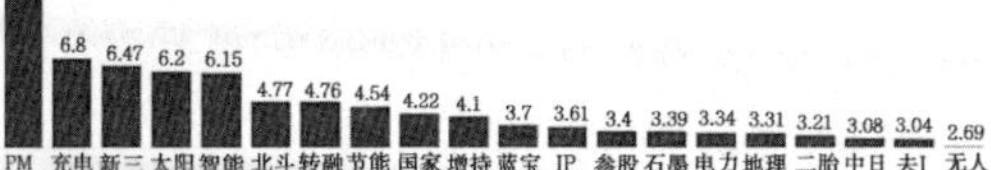

图 7-1　各题材（概念）主力资金流入与流出情况统计图

	板块名称	均涨幅%↓	权涨幅%	总成交	领涨品种	涨股比	市场比%	换手率%	市盈
1	西藏板块	6.04	5.70	62.1亿	西藏城投	10/10	0.49	6.63	
2	地热能	4.59	3.60	39.0亿	艾迪西	10/13	0.31	3.23	
3	智能家居	4.28	2.84	88.6亿	艾迪西	17/25	0.70	4.81	
4	证券	4.18	3.83	1149亿	东方证券	22/22	9.12	5.98	
5	航空	4.14	1.72	67.7亿	中航飞机	5/13	0.54	2.04	
6	广告包装	3.97	1.40	61.4亿	合兴包装	11/21	0.49	2.97	
7	生态农业	3.91	2.76	94.0亿	敦煌种业	20/22	0.75	5.06	
8	污水处理	3.87	3.17	221.5亿	郴电国际	25/44	1.76	3.42	
9	化纤	3.84	2.80	41.8亿	荣盛石化	14/26	0.33	2.12	
10	特钢	3.82	4.26	63.6亿	河北钢铁	10/13	0.50	3.43	
11	造纸	3.79	1.40	32.7亿	安妮股份	10/24	0.26	1.91	
12	智能穿戴	3.71	1.87	129.9亿	长电科技	20/28	1.03	4.60	
13	家居用品	3.70	3.88	46.6亿	美克家居	10/15	0.37	5.65	
14	钛金属	3.59	6.20	62.8亿	河北钢铁	10/12	0.50	5.16	
15	次新股	3.50	3.79	464.9亿	北部湾旅	107/148	3.69	12.40	
16	甘肃板块	3.41	3.75	110.9亿	银亿股份	21/25	0.88	5.11	
17	河北板块	3.38	2.78	231.8亿	河北钢铁	32/50	1.84	3.79	
18	海水淡化	3.37	2.90	125.5亿	双良节能	17/20	1.00	4.57	
19	宁夏板块	3.34	2.48	27.6亿	西北轴承	11/12	0.22	4.19	
20	环境保护	3.31	3.52	128.4亿	天壕节能	16/26	1.02	4.65	
21	仓储物流	3.19	1.15	27.7亿	飞力达	5/15	0.22	1.55	
22	工程机械	3.19	1.31	167.6亿	精功科技	26/37	1.33	3.63	
23	奢侈品	3.17	1.09	53.1亿	美克家居	7/16	0.42	2.02	
24	京津冀	3.10	2.41	224.3亿	金隅股份	29/45	1.78	3.75	
25	土地流转	3.14	2.85	199.2亿	新野纺织	28/47	1.58	4.22	

	代码	名称	涨幅%↓	现价	涨跌	买价	卖价	总量
1	002468	艾迪西	10.01	25.05	2.28	25.05	–	79359
2	300131	英唐智控	10.01	21.10	1.92	21.10	–	39370
3	300028	金亚科技	10.00	51.02	4.64	51.02	–	47642
4	300007	汉威电子	10.00	70.20	6.38	70.20	–	26015
5	300279	和晶科技	9.71	45.20	4.00	44.92	45.20	43115
6	002084	海鸥卫浴	8.36	16.07	1.24	16.07	16.08	420004
7	603008	喜临门	7.58	20.44	1.44	20.42	20.43	303600
8	002402	和而泰	7.10	38.15	2.53	38.14	38.15	123941
9	300312	邦讯技术	6.06	45.15	2.58	45.10	45.15	95612
10	601567	三星电气	5.56	37.79	1.99	37.75	37.80	20637
11	300342	天银机电	4.23	27.10	1.10	27.09	27.10	73917
12	002681	奋达科技	3.59	56.90	1.97	56.89	56.90	79104
13	300247	桑乐金	3.46	14.37	0.48	14.36	14.37	285746
14	000521	美菱电器	2.70	8.00	0.21	8.00	8.01	270484
15	600100	同方股份	1.49	17.08	0.25	17.07	17.08	910027
16	002139	拓邦股份	1.18	23.15	0.27	23.14	23.15	185418
17	002706	良信电器	0.02	57.11	0.01	57.10	57.11	18981
18	300183	东软载波	–	–	–	–	–	0
19	002421	达实智能	–	–	–	–	–	0
20	000671	阳 光 城	–	–	–	–	–	0
21	002121	科陆电子	-0.92	31.20	-0.29	31.20	31.21	161542
22	002375	亚厦股份	-1.12	30.08	-0.34	30.07	30.08	175401
23	002396	星网锐捷	-1.12	44.86	-0.51	44.85	44.86	106692
24	300310	宜通世纪	-1.13	33.28	-0.38	33.28	33.29	153802
25	300155	安居宝	-2.62	30.51	-0.82	30.51	30.52	118231

图 7-2　板块涨跌幅示意图

短线点金

“题材”概念容易被滥用，任何一种现象都有可能被称为题材，这会使所有的股票都成题材股。其实，作为题材股的题材，只是一种比较抽象、朦胧，具有经济意义和具有时效性的消息。挖掘题材股，应重感觉而不是重计算，重速度而不是重结果，重新题材而不是已被反复使用过的题材。

二、个股与板块关联分析

哲学上通常所说的“世界是联系的”，也就是说世界上的万事万物都是联系的，不会孤立地存在，某一事件、事物的变化都会对其他事物造成影响。

在股市中，这种联系显得更为突出。如个股与个股的关联、个股与大盘的关联、个股与板块的关联。

不仅大盘的涨跌会对个股形成冲击，其实个股也可以影响大盘；当某一只个股表现抢眼时，对所属板块的其他成分股也会形成带动效应，而当某一板块形成市场热点时，往往该板块成分股早已在领涨个股的带动下鸡犬升天。所以，要能够做到某一板块开始启动的时候即提前发现，需要对领涨个股进行跟踪，及时发现可能被带动的个股。

炒股软件中设置的“关联分析”正是为了满足发现个股与板块，与大盘关联的需求而设计的重要功能。在个股K线图下点右下角的“关”字即可打开关联分析功能。

关联分析界面的底部是该个股所属的所有板块，点击相应板块即可打开该板块的成分股列表，可对该板块成本股的最新价、涨幅、总手、现手、总额、换手率、市盈率、涨速等进行排名。

下面以科陆电子的关联分析界面为例进行分析（快捷键CTRL+ R），从图7–3中一眼就可知道该股票属于电气仪表行业，同时也属于智能电网、物联网、太阳能、智能家居等板块，同时也是“深圳”板块。

投资者单击相关板块，例如单击电器仪表类。如图7–4所示。

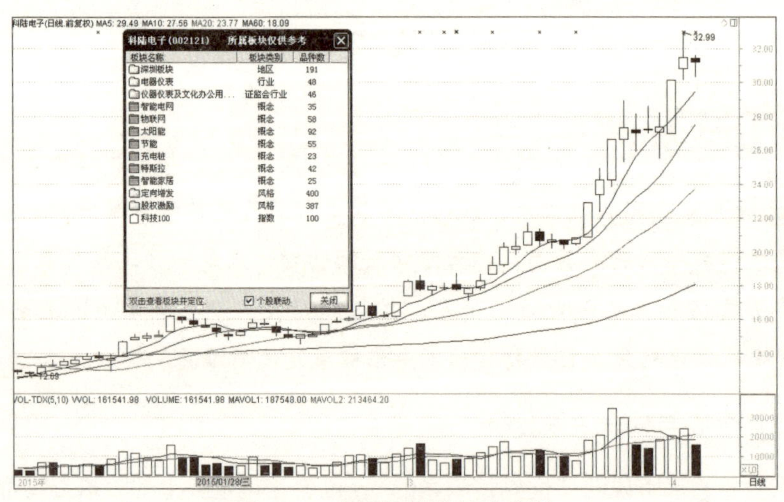

图 7–3　查看板块及其成分股

	代码	名称	涨幅%↓	现价	涨跌	买价	卖价	总量	现量	涨速%	换手%	今开	最高	最低	昨收	市盈(动)	总金额	量比
1	002510	科士达	10.02	28.77	2.62	28.77	–	147232	21	0.00	5.29	25.88	28.77	25.39	26.15	56.04	4.08亿	1.59
2	002356	浩宁达	10.00	84.56	7.69	84.56	–	60729	1	0.00	7.59	84.00	84.56	80.02	76.87	200.87	5.08亿	1.60
3	300371	汇中股份	10.00	38.82	3.53	38.82	–	51695	14	0.00	18.20	35.45	38.82	35.45	35.29	50.12	1.97亿	1.99
4	002414	高德红外	10.00	31.57	2.87	31.57	–	316183	1298	0.00	6.81	28.40	31.57	28.40	20.70	278.73	9.81亿	2.03
5	300007	汉威电子	10.00	70.20	6.38	70.20	–	26015	6	0.00	3.15	63.45	70.20	61.82	63.82	179.37	1.79亿	1.01
6	300430	诚益通	9.71	66.21	5.86	66.20	66.21	56177	486	-0.19	36.96	60.10	66.39	59.56	60.35	77.30	3.54亿	1.35
7	300370	安控科技	6.76	58.00	3.67	57.95	58.00	37242	722	0.03	7.56	53.60	59.00	53.01	54.33	101.16	2.10亿	1.01
8	002338	奥普光电	6.52	57.80	3.54	57.80	57.88						57.80	53.11	54.26	129.81	1.93亿	1.47
9	002658	雪迪龙	5.77	58.88	3.21	58.83	58.88						60.50	53.08	55.67	81.42	7.80亿	1.75
10	300416	苏试试验	5.65	61.01	3.26	61.00	61.01						61.99	56.55	57.75	96.29	1.52亿	1.76
11	601567	三星电气	5.56	37.79	1.99	37.75	37.80						38.15	35.02	35.80	65.86	7665万	0.78
12	300203	聚光科技	4.83	32.98	1.52	32.98	33.00						34.40	31.53	31.46	101.90	4.68亿	1.02
13	300259	新天科技	4.56	24.10	1.05	24.10	24.13						24.46	22.31	23.05	63.08	3.23亿	1.44
14	300410	正业科技	4.33	46.27	1.92	46.27	46.30						47.80	43.53	44.35	80.96	8106万	1.19
15	300306	远方光电	3.83	50.70	1.87	50.70	50.80						51.78	47.70	48.83	67.34	3.27亿	1.32
16	002214	大立科技	3.57	30.49	1.06	30.47	30.49						30.51	28.85	29.44	137.68	4.97亿	2.16
17	300417	南华仪器	3.57	64.19	2.21	64.19	64.20						64.65	61.23	61.98	86.70	9242万	1.61
18	300165	天瑞仪器	3.26	29.12	0.92	29.12	29.17						29.49	27.70	28.20	89.62	2.69亿	1.34
19	300066	三川股份	2.99	25.80	0.75	25.79	25.80						26.35	24.60	25.05	51.33	1.05亿	0.79
20	002527	新时达	2.95	28.29	0.81	28.28	28.29						28.39	27.00	27.48	56.03	3.03亿	1.10
21	300360	炬华科技	2.90	32.30	0.91	32.29	32.30						32.79	30.73	31.39	36.46	2.35亿	1.40
22	300099	尤洛卡	2.60	16.98	0.43	16.97	16.98						17.56	16.18	16.55	213.92	1.56亿	1.31
23	300137	先河环保	1.99	20.49	0.40	20.49	20.50						20.69	19.66	20.09	120.13	6.40亿	1.38
24	000980	金马股份	1.65	8.02	0.13	8.02	8.03						8.05	7.79	7.89	91.16	2.46亿	1.06
25	600848	自仪股份	1.34	16.66	0.22	16.67	16.68						16.77	16.25	16.44	–	1.52亿	1.08
26	300012	华测检测	1.29	22.77	0.29	22.77	22.78	160026	1305	0.08	7.85	22.30	22.78	22.09	22.48	77.26	3.59亿	1.58
27	002236	大华股份	1.20	40.45	0.48	40.41	40.45	292977	3695	0.82	4.44	39.50	41.88	38.90	39.97	41.43	11.9亿	0.87
28	002058	威 尔 泰	1.13	17.05	0.19	17.04	17.05	58599	770	0.11	4.09	16.66	17.21	16.61	16.86	418.69	9954万	1.04
29	000988	华工科技	1.08	16.82	0.18	16.82	16.83	407411	3243	0.00	4.57	16.40	17.05	16.30	16.64	89.03	6.83亿	0.97
30	300124	汇川技术	0.89	44.09	0.39	44.08	44.09	167576	1309	0.22	2.79	43.20	44.58	42.81	43.70	51.77	7.34亿	1.11

分类▲　A股　中小　创业　B股　基金　股转▲　板块指数　自选　板块▲　自定▲　港股▲　股指期货　商品期货▲　基金与理财▲　外盘外汇▲　国外期货▲　大宗商品▲

科士达(002518)　所属板块仅供参考

板块名称	板块类别	品种数
深圳板块	地区	191
电器仪表	行业	48
仪器仪表及文化办公用...	证监会行业	46
太阳能	概念	92
充电桩	概念	23
融资融券	风格	913
中市盈率	风格	200
股权激励	风格	387

双击查看板块并定位.　☑个股联动　关闭

图 7-4　相关股票

在A股市场联动效应很强的背景下，当某一只个股出现主力资金强力流入，且涨幅居前时，相关板块涨幅较小的个股也会受到带动上涨。最终使板块形成热点，如投资者在看盘的时候经常会发现：当中国铝业大涨的时候有色金属个股也会集体上涨。联动效应无处不在，因此，投资者在操作的时候，要做到眼明手快跟住热点，对于领涨龙头股的跟踪分析较为重要。当某只个股被快速封死涨停难以买入，或涨幅过大不敢追高的时候，我们可以在相关板块进行发掘。

短线点金

当市场或板块受一定政策面、消息面刺激影响呈现普涨之后，短期也容易转入个股分化炒作的现象，这也反映出各个主力机构对潜在题材和概念发掘的决心、气魄不同，以及对领涨龙头股的认同有所区别，以达到各自最大、最快的获取利润。不管怎样，一些有资金实力的主力机构对率先介入的个股，无疑容易成为市场领涨的先锋。它们经常成为市场短期运行、演变的风向标，这样就形成了龙头效应和板块效应。板块效应就是具有相同地域、行业、题材、概念的股票，它们在走势上相接近，并相互影响。板块联动对于主力机构、庄家炒作具有非常大的好处。

三、龙头与板块的关系

通过研究股市会发现在实战中，每个阶段、每个板块中都会有一个或者几个对市场人气影响较大的个股出现，其出现技术性的走势特征与基本面消息面临的新变化会对大盘的趋势演变起到修正与加速作用。也就是说，大盘需要热点板块来推动行情演变，而板块需要龙头股票的领涨来带领。尤其是在大盘反弹初期，市场人气的集聚需要一批龙头股和领涨股带动热点板块的炒作，如经常利用科技股、新股、次股板块等，市场信心的增强也依靠于板块热点的形成。

一个板块，只要有一个领涨股出现，其他股票的主力便会相互呼应跟上，因此只需要轻轻往上拉抬，股价就能在市场合力的作用下上涨。同时，一旦该板块成为市场的明显热点，短期资金会大量涌入，此时主力机构拉升或出货比一般常态要方便、省力许多。对于投资者而言，只要把握住了市场热点板块就把握住了市场的先机。

短线点金

这里要注意的是，实战操作中当热点板块有较大的涨幅后，成为市场公认的热点，多数人都知道买进该股的股票能赚钱时，热点板块的效应就会慢慢消退，板块中个股就会出现分化的走势，热点板块也就即将退潮。在没有新的热点或板块轮动来取代前面的热点板块时，大盘往往就呈现出缩量调整，市场也失去了风向标，同时热点板块的下跌也成为空方杀跌的主要工具，市场将步入弱势状态，直至出现新的热点。

第二节 板块轮动的技术分析

一、板块轮动的理论基础

板块的轮动并不是近来股市的特有，而且板块轮动对于投资者的重要性不言而喻，在板块轮动时，一般一波行情起时，先由指标股拉动，让指数止跌。这时二、三线股和垃圾股还跌个不停。指标股让大盘止跌，一线蓝筹必须紧跟启动，才能推波助澜，打开大盘上升空间，让均线成多头排列。优质股开始止跌，二、三线股还在调整。指标开始碎步走稳，分一些拉力给一线蓝筹。如招行之类来担当，指标股借机小幅调整一下。二、三线股启动，一般先由概念类的板块先启动，激发人气，板块开始频繁轮动。而指标股开始滞涨，出现做头迹象。垃圾股最后启动，大盘步入衰竭，所以有ST满天飞时，大盘到顶的说法。主板与中小板、创业板之间也存在轮动。二者的资金存在跷跷板效应，股市称之为“二八轮换”。首先主板启动，大量的资金流入主板，主板股市行情火爆，创业板和中小板股票则市场趋冷。其次主板出现回落后，资金由主板转移，涌入创业板和中小板，创业板、中小板被热炒。待创业板、中小板的股价被炒高后，资金撤离，再次转入主板。不论是主板还是创业板、中小板，股价到顶顺序也按前后进行，谁先启动谁先到顶。补涨一般是ST。牛市中主线一般不会轻易改变。如地产、有色始终是主流。掌握板块轮动规律，可以保证足够的盈利和规避亏损。同时还可以较为准确地判定大盘方向。

要想明确板块的轮动动向就必须先掌握板块启动与衰落的信号。

1. 板块启动的信号

某一板块启动的信号主要有三点：

（1）看涨幅榜。如果在涨幅榜前20名中，某一板块的个股占据了1/3以上，并且连续一段时期都出现这样的情况，就可初步断定该板块在启动。

（2）看成交量。如果在成交量中前20名中，某一板块的股票个数占据了1/3以上，并且连续一段时间都出现这样的情况，证明该板块有主力资金在活动，继续上涨的可能性极大。

（3）看走势。从高价股、中价股、低价中各选出5~8个有代表性的个股，从中比较它们的走势强弱，如果某一板块走势强的个股数量比其他两个板块走势强的个股数量要多，那么这个板块就是要找的启动板块。

2. 板块衰落的信号

与某一板块将要启动一样，如果某一板块将要衰落也会出现标志性的信号，某一板块衰落的标志有如表7-1所示的几点：

表7-1 板块衰落标志一览表

标志	具体情况
看涨幅	如果在涨幅榜前20名中，某一板块的个股已不足总数的1/4，并且呈现递减的趋势，这时就要警惕该板块上涨空间已经很少，或者已经涨到位了
看成交量	如果在成交量前20名中，某一板块的个股已不足总数的1/4，并且出现递减的趋势，则可证明该板块即将进入整理状态
看上升空间	一般来说，主力从建仓到派发，至少要有50%的上升空间，如果在一个级别较大的多头行情中，某一板块启动后，涨幅不足50%，可视为低风险投资区
	涨幅在50%~80%可视为风险投资区
	涨幅超过80%，可视为高风险投机区
	当某一板块股价进入风险投资区、高风险投机区时，就要警惕该板块上升动力已经不足，如果出现滞涨就应该意识到该板块已经涨到位了
看走势	从原来涨势较强的板块中，选出有代表性的个股5~8个，看均线是否继续处于向上发散状态还是在逐渐收敛
	如果其中大部分个股的均线都处在收敛状态，甚至有些个股的均线开始出现向下发散，则说明该板块即将涨到位，或者已经涨到位了
看龙头股	若某一个板块的龙头股已经上涨无力，或率先出现调整，说明该板块已日落西山，调整已是近在眼前了
	板块和龙头调整到位（幅度到位，调整到重要均线附近），而后龙头起舞，板块中个股联动，连续几天，往往是主力大举建仓此板块的缘故，后市将会有较好的持续性，反之出货亦然

二、板块轮动的技术分析的步骤

技术分析是同市场接近，考虑问题比较直接。技术分析对市场的反应比较直接，分析的结果也更接近实际市场的局部现象。因此，投资者也可以对板块轮动进行技术分析，虽然技术分析的缺点是考虑问题的范围相对较窄，对市场长远的趋势不能进行有益的判断，但是如今板块轮动的频率越来越大，一轮板块轮动所持续的时间越来越短了，这正是技术分析的长处所在，即适用于短期的行情预测。但是投资者一定要注意技术分析所得到的结论仅仅具有一种建议的性质，并应该是以概率的形式出现。在操作上技术分析则更为实用。投资者在对板块轮动进行技术分析的时候可以按照如图7-5所示的步骤进行。

1. 看个股涨停：分析原因

个股涨停总有原因，或因国家产业政策扶持，政府实行政策倾斜，或因经营业绩好转、改善；或因正在合资合作、股权转让；或因出现控股或收购等重大资产重组;或因增资配股或高送股分红等。总之，涨停一定是有原因的。

一般而言，有重组题材的个股，很早就有主力埋伏在其中，先行把股价做高，然后利用题材兑现出货。但如果由于大盘的大幅调整，主力资金也会深陷其中，没有精力来预先埋伏，这时候就给了广大投资者介入的机会。投资者在操作中，对于有实质性利好，特别是重组类利好的个股给予重点关注，只要绝对价位不高，或者在公布前涨幅不是特别巨大，都可以考虑择机介入。

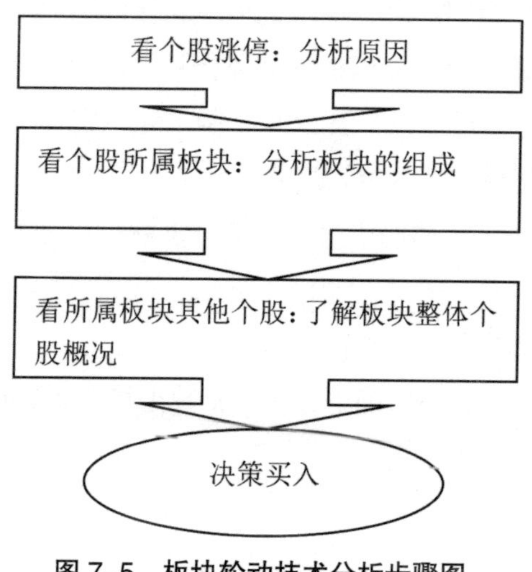

图 7–5 板块轮动技术分析步骤图

2. 看个股所属板块

投资者在了解个股涨停的原因之后，就应该确认个股所属板块，确认个股所属板块十分重要。

（1）投资者应从已经涨停的个股中确定其涨停个股被炒作的概念。例如，沪市的友好集团，该股原属于商业板块，后来又增加了网络概念和生物制药方面的题材，往往左右逢源，不时地发动一波行情。而当该股成为市场热点时，投资者应确定它是作为哪一种概念而最终涨停的，不可匆忙行事，误把其他非主流的题材当作主流。

（2）投资者还应该注意同属一个板块的股票未必会发生板块联动，这一点极为重要。如首钢股份，作为钢铁板块，有时参与该板块的联动，有时又未必，因为它还具有准科技股的身份。如果板块中的股票不参与该板块的联动，那么该股票便没有板块划分的实战意义。股票与板块联动历史是确定板块划分的重要依据。

（3）投资者还应该注意到板块确定后并非一成不变，根据市场热点的变化，对已划分板块的股票可以重新定位其板块。要善于从领涨板块归属中发掘强势板块。市场的热点形成往往是以一个龙头股出色的表现作为标志的。从龙头股入手，确认其所属板块，发掘热点板块。利用板块同涨和不涨的特性，顺势操作。

在对个股进行板块划分时，不可机械地将该股只归属于一个板块；当该股分属于几个板块概念时，可以根据需要，将该股分别划分在几个不同的板块之下。这样可以有效地增强个股的板块适应性，提高个股的板块炒作机会。

3. 看个别板块指数与大盘指数的关系

投资者在进行了上面的两步之后，接下来就可以分析个股所属板块与大盘指数的整体走势关系。下面以2014年下半年到2015年3月的板块指数为例，对个股所属板块及其趋势进行分析。

首先我们先看一下这段时间上证大盘指数走势（图7–6）：

图7–6 上证大盘指数

（1）金融指数：以金融分类指数为分析模板，如图7–7所示。

从图7–7中可以看出，本轮牛市前期涨幅较大，随后随着大盘指数进入震荡调整，银行股指数也随之震荡调整，随后银行股票继续上攻。

（2）金融指数：以金融指数为分析模板，如图7–8所示。

图7–7　金融指数股分析模板图

图7–8　金融指数分析模板图

从图7-8中可以看出，通过与上证金融指数对比，我们发现这两个指数走势基本一致，因此可以得出与上证金融指数相同的结论。

（3）上证地产股：以上证地产分类指数为分析模板，如图7-9所示。

从图7-9中可以看出，该股前期涨幅较大，已经提前预支了很多；同样随着大盘走出一个W形调整走势，随着2015年限购政策的松绑，地产指数出现反弹需求。

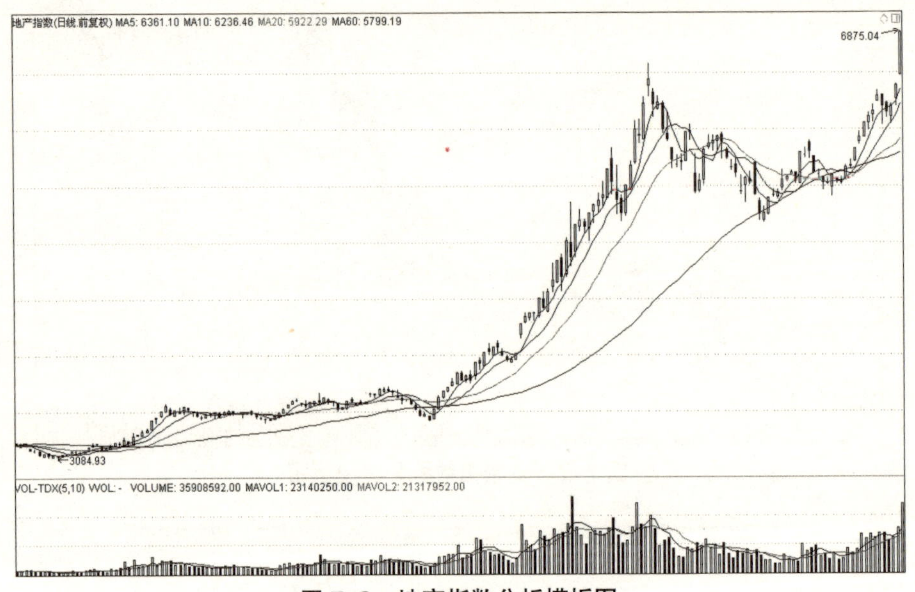

图7-9 地产指数分析模板图

（4）上证电信股：以上证300电信分类指数为分析模板，如图7-10所示。

从图7-10中可以看出，电信指数表现稳健，与大盘走势并不完全一致。在大盘整理阶段，上证电信指数依然震荡上扬，表现优异，多次形成W底形态突破。

（5）上证材料股：以上证材料分类指数为分析模板，如图7-11所示。

从图7-11中可以看出，材料表现相对稳健。材料股的范围很广，作为板块总体，可能主要指其中的钢铁、有色金属等，前期有较大的涨幅，经过震荡整理之后，蓄势待发，后市似乎还有较大的上升潜力。

（6）农业指数股：以深证农业指数为分析模板，如图7-12所示。

从图7-12中可以看出，该股还有不错的上升空间。基本上与大盘指数不呈同的走势，走出了独立行情，但是由于涨幅较大，后市面临较大的调整压力。

图 7-10　上证 300 电信分类指数分析模板图

图 7-11　上证材料分类指数分析模板图

（7）制造指数股：以深证制造指数为分析模板，如图 7-13 所示。

从图 7-13 中可以看出，制造指数是与一带一路概念关联比较密切的版块，制造指数的市场表现相当的稳健，与大盘指数总体趋势相同，但局部走势完全不同，走出了独立行情，没有经历大盘那样的巨幅波动，该股还有不错的上升空间。

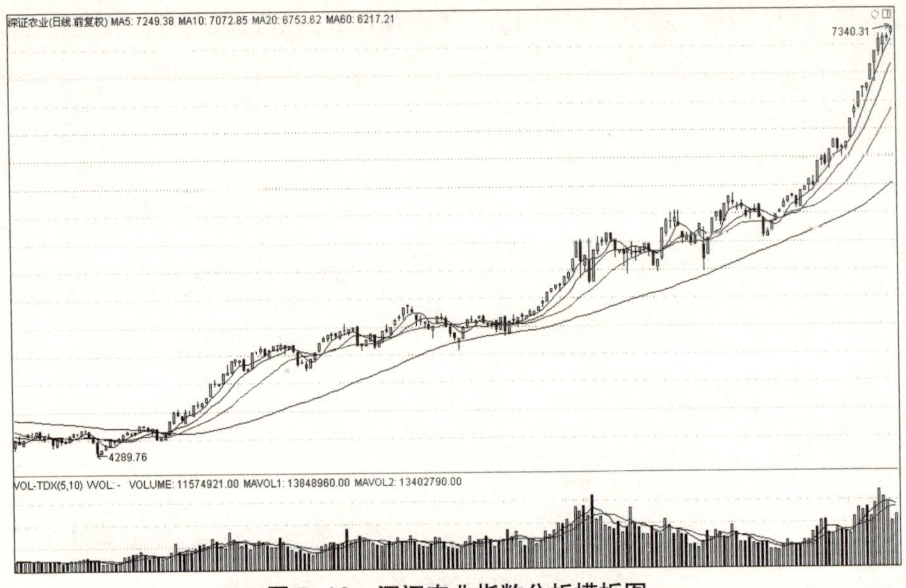

图 7-12 深证农业指数分析模板图

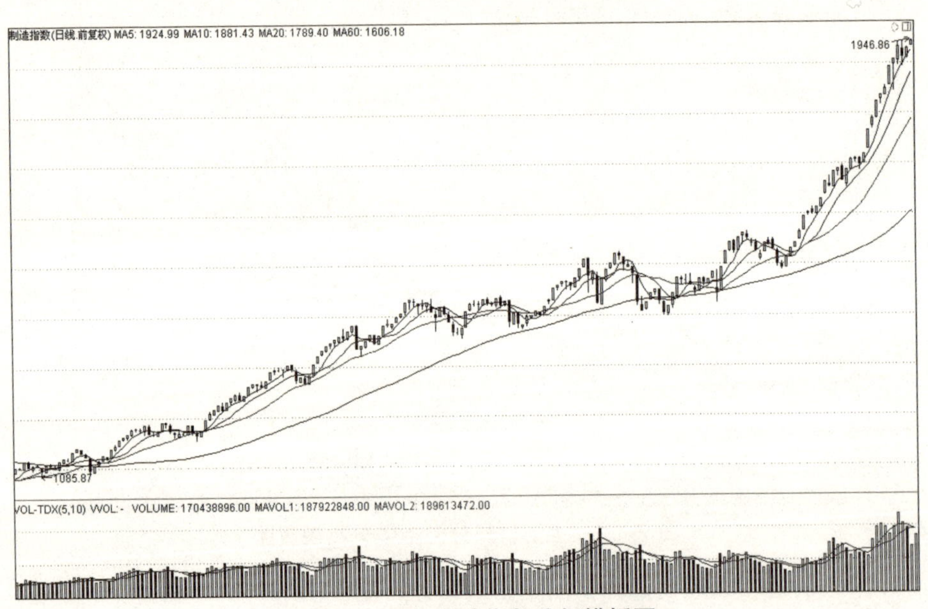

图 7-13 深证制造指数分析模板图

（8）运输指数股：以深证运输指数为分析模板，如图 7-14 所示。

运输指数是与一带一路关联比较密切的指数，从图 7-14 中可以看出，该股表现稳健，调整剧烈但短促，还有不错的上升空间。

图 7–14　深证运输指数分析模板图

（9）中小板指数股：以深证中小板指数为分析模板，如图7–15所示。

从图7–15中可以看出，中小板指数与农业指数走势几乎相同，其间通过短暂的横盘整理，进入加速上涨的渠道，同样后市面临较大的调整压力。

图 7–15　深证中小板指数分析模板图

第三节　近期的热点题材与板块分析

一、“一带一路”板块分析

“一带一路”中的“一带”即“丝绸之路经济带”，而“一路”则是指“21世纪海上丝绸之路”的构想。

表7-2为“一带一路”概念股所涉及的产业及代表个股的国际业务占比等，从中可以看出，“一带一路”概念股对基建、装备、制造、材料、油气等相关产业的拉动作用，相关个股将成为近年来高度关注的焦点股。

随着“一带一路”主题炒作升温，民生证券、申银万国、兴业证券（601377，股吧）等多家券商近日相继发布研报，推荐该主题的投资机会。如民生证券认为，“一带一路”战略将是我国未来10年的重大政策红利，初期将出现大规模的基础设施建设，紧接着是资源能源的开发利用，随后则是全方位贸易服务往来，由此带来多产业链、多行业的投资机会。而兴业证券更是认为，“一带一路”是堪比“加入WTO”性质的惠普式机会、系统性机会，受益于“一带一路”大战略的系统行情将可能延续3年到5年。图7-16为“一带一路”概念股中国交建的日K线图，该股涨势强劲，并多次涨停。

表7-2　“一带一路”概念股国际业务占比

行业	股票	国际业务占比（2013年数据仅供参考，部分企业后有切入国际业务）	市值（亿元）
基建	中工国际	96.75%	241
	中材国际	57.97%	167
	中钢国际	27.69%	97
	中国电建	25.80%	832

续表

行业	股票	国际业务占比（2013年数据仅供参考，部分企业后有切入国际业务）	市值（亿元）
基建	葛洲坝	19.04%	458
	中国交建	17.05%	2073
	中色股份	5.79%	175
	中国建筑	5.68%	2016
	中国中铁	4.04%	1980
高铁	中国北车	7.82%	1799
	中国南车	6.56%	1905
机械	达刚路机	76.71%	45
	振华重工	71.99%	256
	三一重工	29.92%	701
	柳工	19.5%	138
	徐工机械	17.54%	351
	厦工股份	11.42%	107
	中联重科	7.31%	477
能源开发	中色股份	5.79%	194
	中国中冶	5.65%	923
油气设备	江钻股份	22.63%	101
	杰瑞股份	18.88%	355

图 7–16　“一带一路”概念股中国交建的日 K 线图

2014年12月，中央政治局会议研究2015年经济工作，明确指出，“一带一路”建设将成为近期工作重点任务。在多方消息的刺激和战略构想的落实下，A股“一带一路”概念持续走强，激情不断燃烧。

短线点金

“一带一路”的战略应该说是确定的，这个战略一方面可以解决国内传统行业产能过剩的问题；另一方面可以促进人民币国际化。“一带一路”在未来很长一段时间会成为市场炒作的主题，投资者可以继续关注这个战略相应配套出台的政策，跟随政策参与投资。

二、“自贸区”板块分析

2014年以来，随着“粤港澳自贸区”上升为国家级自贸区，福建自贸区申报进程加速，中韩自贸区进入谈判阶段，以及天津自贸区审批倒计时，使得“自贸区”概念成为A股市场热炒的标的。

目前受到关注的自贸区有天津自贸区、厦门自贸区以及粤港澳自贸区，作为北方重要的经济中心和航运中心，天津一直是第二批获批自贸区呼声最高的地区之一。厦门自贸区在资本市场上更为常见的另一个名称是“海西自贸区”。广东自贸区将可能充分利用粤港优势，在服务业领域对广东现有经济进行升级，并在大中华区经济一体化的尝试方面发生作用。

对此，有市场人士指出，2014年以来各地先后被炒作的自贸区概念股，呈现“上海、天津、福建强，广东弱”的基本格局，但是自贸区概念仍有发酵和表现机会。会不断地有领涨和补涨行情，该主题行情还不会轻易终结。图7-17为“天津自贸区”概念股津滨发展走势图。

分析人士指出，当前市场炒地图热情的再起，受益于政策面和市场面的双重推动。不过，相比2013年上海自贸区多轮行情的出现，上海的首发试验田优势其他的地域暂无可比拟，因此，投资者应保持理性，盲目期待类似2013年自贸区暴涨行情并不可取。

图 7–17　“天津自贸区”概念股津滨发展走势图

短线点金

地域板块炒作是低估值、低绝对股价、大故事标的的组合，提前布局需要承担时间成本，盲目追风需要承担金钱成本，以及难以预估的风险。

三、“京津冀一体化”板块分析

2014年3月5日，“京津冀一体化”是中国国务院总理李克强在作政府工作报告时指出，加强环渤海及京津冀地区经济协作。实现京津冀协同发展是一个重大国家战略，要坚持优势互补、互利共赢、扎实推进，加快走出一条科学持续的协同发展路子。

“京津冀一体化”过程漫长，非一日之功，行情有望长期持续。在人口、经济、资源、环境之间矛盾越来越突出的背景下，京津冀将成为中国区域发展、城市群布局、生态文明建设的典范，它对于中国经济社会发展的重要意义，将超过上海自贸区。

京津冀首都圈的融合已经成为大势所趋。三地对于京津冀如何加快融合多方“求索”。

就当前时点而言，行情进入了政策憧憬期的后半程：

（1）从高度定位来看，“京津冀一体化”作为国家战略，既是重要的经济增长点，也具有城市群机制改革的示范作用，因而具有较大的主题空间。

（2）从当前的时间点看，河北积极出台了发展规划，但北京、天津尚未响应，国家发改委也未出台指导意见；政策憧憬期的行情演绎需要上述政策舆情的支撑。

（3）未来看，如果“京津冀城市群协同规划”出台超预期，有望推动政策落地期的行情；但规划落地仍需各方机制协调和利益博弈，预计将经历数月时间。

受益领域上，把握三条主线：一是基础设施建设带动的区域投资链；二是产业升级带动的区域地产价值重估；三是环境治理带动的“两高”行业供给端优化。图7-18为“京津冀一体化”概念股京投银泰走势图。

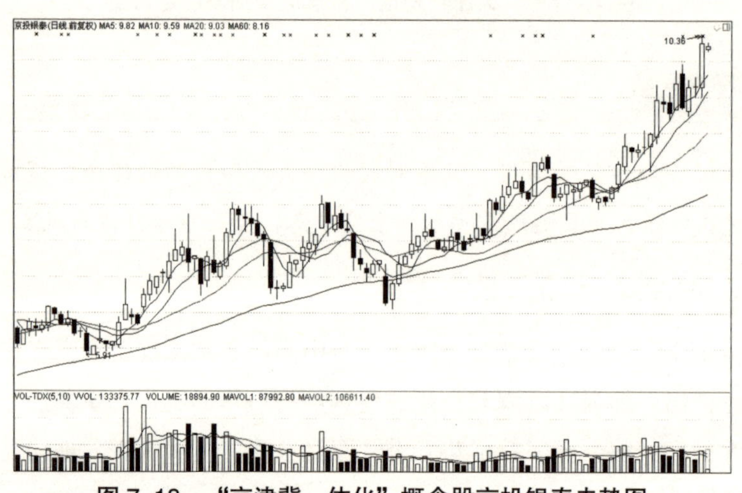

图7-18 “京津冀一体化”概念股京投银泰走势图

短线点金

京津冀未来发展的重要目的之一就是助推新型城镇化，未来北京和天津周边城市的发展机会来自产业承接，这将给产业引导和土地开发类公司带来机会；未来大气污染联防联控也将作为优先领域之一，研报认为投资主线有三条，第一条主线在于传统产业集中度提升，第二条主线在于环保投资力度加大，第三条主线在于新能源汽车的推广。未来政府将重点控制三个特大城市群的新增建设用地规模，从长远来看，在“京津冀经济一体化”发展的趋势下，在城市较好位置拥有土地的公司将显著受益于工业用地调整相关政策。

四、“土地流转和三农问题”板块分析

实行土地流转是调整生产方式、优化生产关系、发展先进生产力的时代需要，是土地形成适度规模之必需，实现农业产业化、机械化、现代化的基础，破解“三农”问题的前提。其有效价值应定位在：土地资源得以整合、农业经济得到发展、农民收入明显提高、“三农”问题得以根本改善。

自2014年10月，中信信托推出第一单土地流转信托后，北京信托、中建投信托、百瑞信托等也都陆续推出了土地流转信托项目。相比传统的农业类企业，有了信托的介入，对于出让土地经营权的农户的利益更有保障；而对于经营这些土地的企业而言，可以获得一定的资金支持。

近期，土地流转信托好消息不断。2014年11月，《关于引导农村土地经营权有序流转发展农业适度规模经营的意见》的正式发布，提出了放活土地经营权、用5年左右时间基本完成土地承包经营权确权登记颁证工作。土地承包经营权的确权登记，为土地流转信托中的信托财产登记奠定了坚实基础。图7-19为农业概念股亚盛集团走势图。

图7-19 农业概念股亚盛集团走势图

农业是实体经济的重要组成部分，而与经济新常态相伴而生的是新型城镇化及农业现代化的不断推进。未来信托公司在项目推进中将积极参与和介入土地的前期归集和整理，提升在项目运行过程中的主动管理职能，全力打造涵盖融资服务、受托服务、产业导入、管理服务乃至终端消费者金融服务的完整产业链条，发展目标应定位于“基于土地的产融平台”。

短线点金

信托的确是促进土地流转最好的方式。对于整个土地信托营运模式的探索是长期的过程，信托公司对这样一个新型的信托业态到底怎么去做，其中的空间还是极大的。但到目前为止,盈利模式仍在艰难的探索中。专家均认为，虽然土地流转信托好，但还需要谨慎开展。

五、“环保”板块分析

随着全国“两会”的开幕，环保成为最热门的题材之一。各方代表委员聚集北京，如何“治霾”成为“两会”期间讨论的热点。环保行业具备较强的政策利好预期，未来想象空间无限。多方面政策都指出，2015年环保行业将有更多政策落地，此外，中央对各级政府的环保考核趋严也将倒逼环保投资落地，因此看好2015年的环保行业投资机会。

所谓“环保”概念股是指主板市场中涉足环境保护的上市公司，主要有污水处理、垃圾回收、环保产品生产等。21世纪环境保护问题越来越受到人们的重视,环保概念股票也逐渐热门起来。这类股票一般具有很强的联动效应，可以引起市场大众跟风。

政策面上，2015年是“十二五”收官之年，环保政策顶层设计将出，细分产业政策落地,公用事业价格改革实质性推动。将陆续出台的产业政策包括：“水十条”“环境税”“土壤修复计划”“碳税”“排污权交易”等。“水、电、气”等公用事业产品价格改革在推进中。排污、污水处理、污泥处置、垃圾处理等环保收费改革也正在进行中。

行业投资方面，随着中央政府对环境问题的重视程度日益增强，对地方政府的考核机制正在发生转变，大幅提升了对绿色GDP的考核力度。各项环保指标、减排指标的完成情况在官员考核机制上有一票否决权，这极大地提升了地方政府治理环境污染的动力。2015年是“十二五”环保指标大考之年，前期进度滞后的项目以及需要新上的环保项目有望大规模开工建设，环保工程商、设备商及综合服务商将迎来订单的爆发性增长。从全国环境污染治理投资总额的历史数据看，每个五年发展规划的收官之年的投资增速最高，2005年增速为25%，2010年增速为47%，所以2015年环境治理的增速可期。图7–20为环保概念股中原环保走势图。

图 7–20　环保概念股中原环保走势图

对于环保股的投资机会，“资源+资金”是环保企业的核心竞争力，以资源拿项目，以资金推项目，因此需要重视环保行业国企的格局和竞争力。主要可以从以下几个领域来分析：

（1）环保突发事件引爆公众对我国用水质量的担忧，水资源综合利用和污水处理方面的情况成为市场关注焦点。分析人士指出，环保突发事件的曝光，会引起社会舆论高度关注，并驱动政府部门出台治理标准和法案，最终有望推动相关产业发展，近期涉及污水处理的个股大涨就是最好的例证。

（2）随着固废污染的问题日益凸显，国家对固废污染控制问题也越来越重视，相应的治理投资速度也明显加速。由于固废处理产业契合我国城市化进程，符合我国对生态环境、生存环境改善的产业政策导向，使得相关上市公司业绩一直处于快速成长趋势中，二级市场表现也一直较好。

（3）核心产品市场得以进一步巩固。国内汽油、柴油消费需求持续增长，同时，成品油采用更为严格的燃料标准，诸多因素拉动炼油催化剂需求持续增长。公司的加氢精制催化剂、特种催化剂、铁系净化剂等核心产品在石油炼化领域的市场销售得以进一步巩固。

短线点金

环保税渐行渐近，在解决环保产业投入可持续性方面意义重大；碳交易将成为调整产业结构重要手段；水处理是下一步重点，市场巨大；环保行业并购重组带来巨大机会。建议紧抓“龙头+拐点”两条思路。重点关注政策及投资落实、企业融资并购，跨领域扩张、环保服务化趋势。

六、“医改”板块分析

随着卫生部公布的新的医改发展路线图，意味着新医改概念股面临新的发展潜力，市场机会值得重点把握。

普遍认为，未来的医药改革重点将是“公立医院改革”，这是块最难啃的骨头，未来医药、医疗服务类上市公司将持续系统性受益。分析人士预计，由于受到国家医改政策的推动，公立医院改革势在必行。公立医院改革的机会主要集中在以下三个方面：

（1）公立医院药房托管，实现某种意义上医药分开。

（2）国有企业对公立医院的整合。

（3）社会资本对非营利性医院的收购。

由于公立医院非营利性医院改革带来众多并购预期，医疗服务子行业在2014年3月估计依然活跃。另外，并购已经成为2014年的常态事件，建议关注存在并购预期的概念股。图7–21为医改概念股海王生物走势图。

随着医改的纵深发展，未来数年国内民营医院将进入快速膨胀期。对于板块的投资机会，德邦证券表示，我国民营医院呈现数量增长快但规模偏小的特征，未来仍有较大的增长空间。据数据统计，自2009年3月新一轮深化医改启动以来，社会办医得到了快速发展。2012年与深化医改前的2008年相比，民营医院数量由5403所增长到9786所，增长率达81%。相反，公立医院数量由14309所减少到13384所，占医院总量比例从76%减少到58%，2014年3月，民营医院数量达11514所，增加1397所，至2014年年底，民营医院增长潜力大。

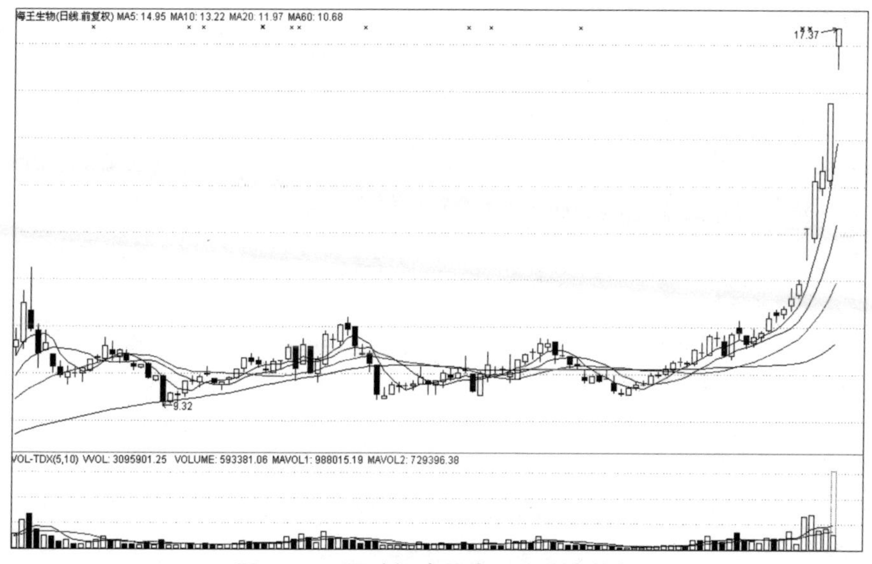

图 7-21 医改概念股海王生物走势图

短线点金

“两会”以后，关于医疗体制改革等民生话题再次成为市场关注的焦点。民营医院股上涨的主要推动力，归结于国家卫生计生委公布的2014年工作重点。投资者可以重点关注医疗体制改革的动向。

七、“其他热点题材”板块分析

1. 电力概念股

国家电网披露《国家电网公司“五交八直”规划》，2015年力争开工“五交八直”特高压工程。随着国家“一带一路”战略的持续升温，国家电网“十三五”期间将规划在新疆投资1900亿元推动疆电外送。市场预期未来五年会是特高压行业的黄金发展周期。

电力行业2014年迎来多重利好。新电改方案有望在年底出台，叠加国企改革，以及目前降息周期电力股迎来盈利与估值双升。电力改革、国企改革、估值体系改变将成为2015年电力行业的三条投资主线。2015年是电力改革的破题之年。随着新电改方案的出台，叠加国企改革，改革主题有望贯穿电力行业全年。

分析师认为，受益个股中，首先是水电电价最低，电价的市场化将使得水电价获得向上调整空间，水电的资源价值将得到体现，重点推荐估值未充分反映其资产价值的国电电力；其次配电公司将获得更多的市场地位，重点推荐具备整合地方小电网。图7–22为电力概念股上海电力走势图。

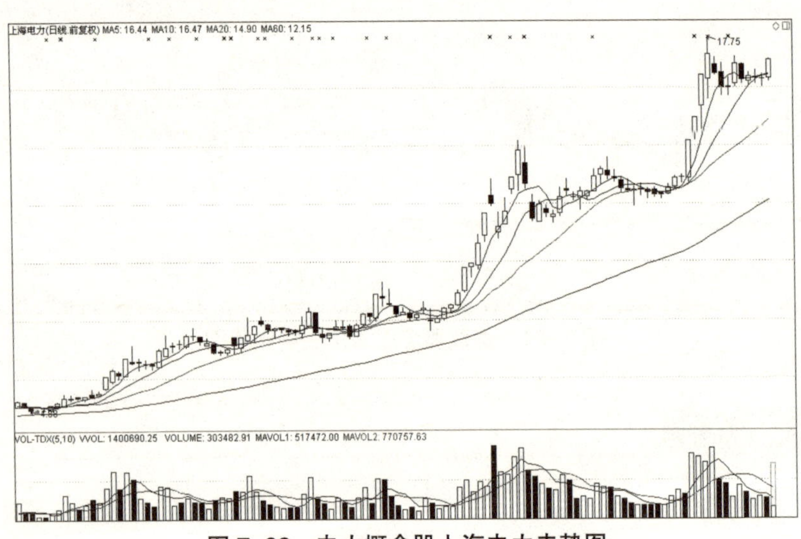

图7–22 电力概念股上海电力走势图

2. 高铁概念股

中国高速铁路建设进入高速发展期，随着几大客运专线的全线贯通，区域经济发展将迎来“高铁时代”。

高铁作为优先发展的新兴产业，“十二五”期间将继续大力发展。《铁路中长期发展规划》原计划到2020年高铁里程达到6万公里以上，加上其他新建铁路和既有线提速线路，铁路快速客运网将达到5万公里以上，连接所有省会城市和50万人口以上城市，覆盖内地九成以上人口。此前有媒体报道，“十二五”期间，铁路基建总投资在5亿元左右，比“十一五”高70%。高铁作为未来客运发展的主方向必然会继续大力发展。

高铁建设是一个庞大的系统性工程，影响到的上、下游产业极其广泛。

按高铁建设过程中受益的先后时间顺序，可依次分为基础设施建设，动车、电气化配置，运营和维护四大部分。据铁道部的数据，高铁总投资的构成为：基建部分占40%至60%；动车采购占10%至15%；其余部分占比为25%至40%。

在操作策略上，建议可重点关注如下三类高铁概念股：一是基建环节类；二是机械车辆环节类；三是信息电子设备环节类。

短线点金

由于对市场热点的分析方法多种多样，分析角度也各有差异，因此，市场上的板块也非常多，投资者可以根据自己的投资需要，选择或发现具有投资价值的板块。

本章启示

对于未来预期最重要的方面，就是预期公司收益能够在未来实现爆发性增长，而预期收益爆发式增长只有两个途径：一是产品价格爆发增长，二是销售收入爆发增长，而销售收入爆发增长一般要建立在所属行业爆发性增长的基础之上。从历史上来看，能够实现收益爆发性增长的行业主要集中在两个领域：周期型行业和新兴产业。投资者可以对这两个方面多加关注。

第八章

主力迷踪——散户跟随主力技巧

如果你没有做好承受痛苦的准备，那就离开吧，别指望会成为常胜将军，要想成功，必须冷酷！

——［美］乔治·索罗斯

第一节 发现主力的理论基础

寻找、发现主力，并跟随主力属于短线投机方法。判断是否有主力进入，主要用技术分析的量价分析理论。

量价理论，最早见于美国股市分析家葛兰碧所著的《股票市场指标》。葛兰碧认为，成交量是股市的元气与动力，成交量的变动，直接表现股市交易是否活跃，人气是否旺盛，而且体现了市场运作过程中供给与需求间的动态实况。没有成交量的发生，市场价格就不可能变动，也就无股价趋势可言，成交量的增加或萎缩都表现出一定的股价趋势。

成交量和成交价是分析股市趋势最基本的元素。量价分析就是通过对成交量与成交价的关系变化进行相关的研究，从而预测股票的未来趋势。

成交量在价格之间呈现一种关联性趋势规律：在上升趋势中，价格上升，交易量应当放大，价格回落，交易量应当萎缩；在下跌趋势中，价格上升，交易量萎缩，价格下跌，交易量应当放大。量价关系的关联性规律主要表现在以下八个方面：

（1）股价随成交量的增长而上涨，为股市上涨行情的基本特性。这种价涨量增关系，表示股价将继续上涨。价涨量增表示投资者承认了该股的投资价值。

（2）股价随递增的成交量而继续上涨并突破前一波峰，但是此波段股价上涨整个成交量却低于前一波段上涨的成交量。在此阶段，股价突破创出新高，而成交量却没有同时创出新高，则此波段股价涨势令人怀疑，同时也是趋势反转的信号。

（3）股价随成交量的递减而回升，股价上涨，成交量却逐渐萎缩。成交量是股价上涨的原动力，原动力不足显示趋势有可能反转。

（4）当股价随着缓慢递增的成交量而逐渐上涨，渐渐地走势突然变成垂直上升的喷出之势，成交量急剧增加，价量同时暴增，紧随着此波走势。接下来就是成交量大幅萎缩，同时股价急速下跌，这种现象表明涨势已到末期，上升乏力，走势力竭，显示出趋势反转的现象。反转所具有的意义将视前一波段股价上升幅度的大小及成交量增长的程度而定。

（5）经过一段长期下跌，形成谷底后股价回升，成交量并没有因股价上涨而递增。股价上升乏力，然后再度跌落至先前谷底附近，或高于谷底。当第二谷底的成交量低于第一谷底时是股价上涨的信号。

（6）股价跌落一段相当长的时间，出现恐慌卖出。随着日益扩大的成交量，股价大幅度下跌。继恐慌卖出之后，预期股价可能上涨，这时往往是空头市场的结束。

（7）股价下跌，向下跌破股价形态趋势线或移动平均线，同时出现大成交量，这是股价下跌的信号，强调趋势反转形成空头。

（8）当市场行情持续上涨很长时间，出现急剧增加的成交量。而股价区上涨乏力，在高档盘旋，无法再向上大幅上涨，显示股价再高档大幅震荡，卖压沉重，从而形成股价下跌的因素。股价连续下跌之后，在低档出现大成交量，股价却没有进一步下跌，价格仅小幅变动，表示开始进货。

第二节 建仓——乘虚而入

主力在进行了一系列前期准备工作之后，就会选择适当的机会开始建仓，这时就进入了实质性操作阶段。主力建仓的时间一般都长达数月，甚至更长的时间。下面介绍几种主力主要的建仓方法。

一、隐蔽吸货建仓法

这类股票一般都是当前阶段的冷门股，在相对于它过去的较低的价格上进行箱形盘整，与大盘的趋势一致，成交量很小。因此在建仓阶段，尽量不能让人察觉有大资金介入，在操作上不能大手笔地明目张胆地买入，而必须将大资金拆小，这对于资金量大的机构庄家来说，相对建仓时间会较长，因而也必须要有足够的耐心和耐力，因为在底部吸的筹码越多，其建仓的成本越低。通常在低位盘整时间越长，则未来涨幅越大。对这类股票投资人只要注意就可以了，不必介入其中和庄家比耐心（图8–1）。

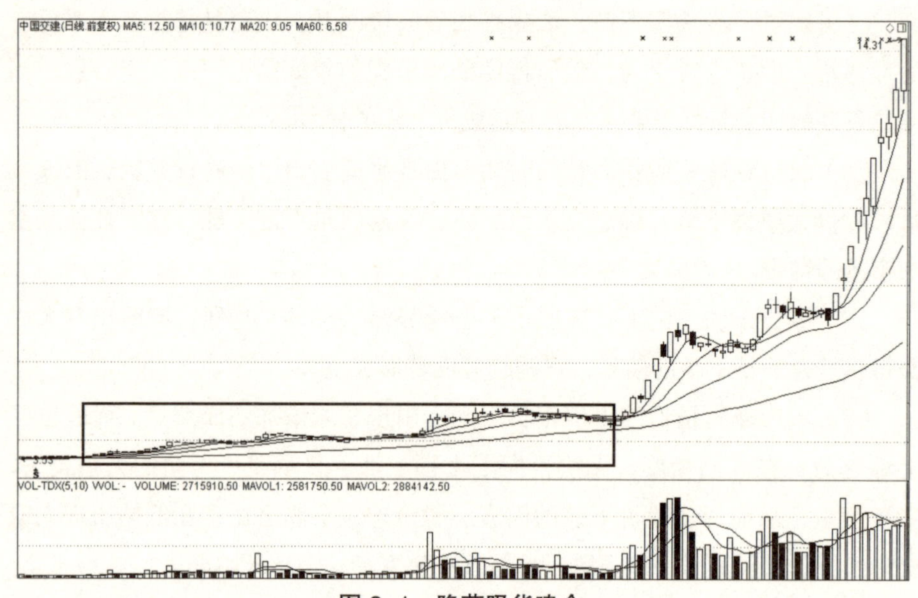

图 8–1 隐蔽吸货建仓

二、轮动打压建仓法

选择轮动打压建仓法（图8–2）建仓的主力一般有较雄厚的资金，保密工作也做得好。一般而言，一只股票从主力出货以后都会有几波大的下跌，而这时就具备了主力再次建仓的条件。不论是老主力出货后的第二次建仓，还是新主力入场，都会打个提前量，即在见大底以前开始收集，然后用手中的筹码打低股价，待股价不断创出新低，人心涣散时，再配合利空传闻，使散户们忍不住纷纷割肉，然后慢慢地收集。底部历时越长，主力收集到的筹码就越多。

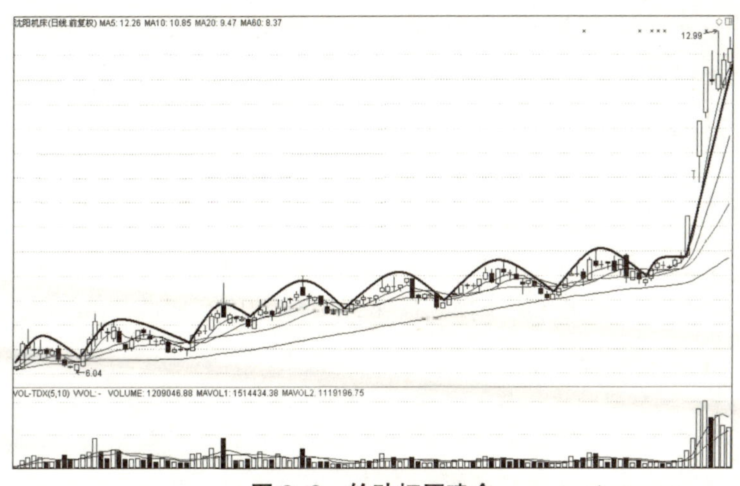

图 8-2　轮动打压建仓

三、循环反弹建仓法

循环反弹建仓法即利用人们“高抛低吸”“见反弹出货”“见反弹减码”心理，而大口吃进筹码。这是主力为了节省建仓时间经常采用的一种建仓手法。

当股价跌到低位以后，主力已吃到一定的筹码，但离自己目标还远远不够。为了引发更多抛盘，每过一段时间就制造一波反弹，然后又将股价打回原形，经过几次反复操作以后，使散户们慢慢形成了“股价到了什么价位就可以抛掉，然后在底部又捡回”的心理定式。等到最后一次反弹时，股民纷纷抛售而股价却再也不回落了，并且开始直线拉升（图8-3）。

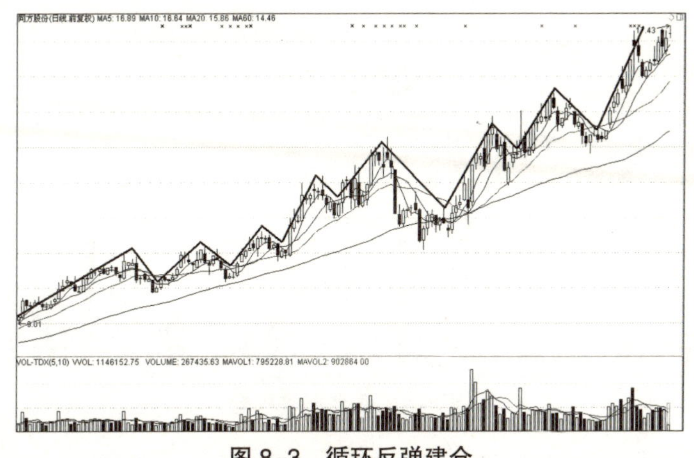

图 8-3　循环反弹建仓

采用这种方法建仓，主力一般会在K线图上留下双重底、复合头肩底等形态，只要股民们认真去分析还是比较容易发现主力的。

四、低位控盘建仓法

当突发性重大利好公布或者是股价已极度超值之时，某股票尚无庄家入驻、散户正在犹豫之时，大集团资金往往先下手为强，在当日大量买入低位筹码，即使拉涨停板也在所不惜。往往在几天或几个小时就可完成建仓任务。

五、平台递推建仓法

平台递推建仓法建仓手法比较隐蔽，股价又往往不是处在历史低位，人们一般很难看出主力究竟是在建仓还是在拉高出货，而主力就这样在不知不觉中收集到了很多筹码。从整体K线形态上看，就像推土机作业一样，整理横盘时间较长，股价上涨角度较低，但最后涨幅很大。

这种建仓方式反映到K线图上，就是一根阴线后，拉一根阳线，然后再拉2~3根阴线，再拉2~3根阳线，走势阴阳交错，但股价慢慢推高（图8–4）。

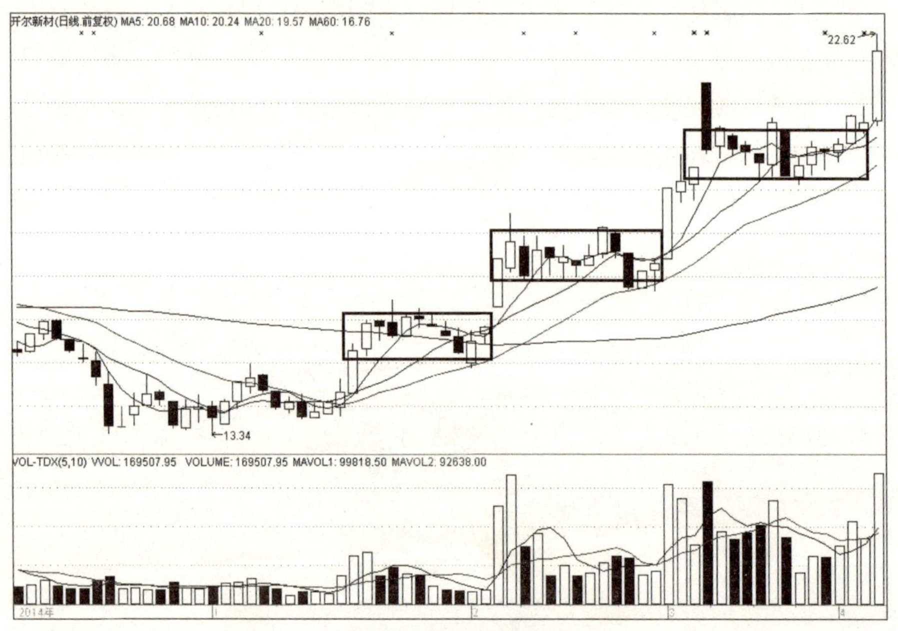

图8–4　平台递推建仓

六、破底反抽建仓法

破底反抽建仓法是指庄家在底部进行了较长时间的平台式建仓后，仍然没有收集到足够筹码，于是庄家便不惜成本，进行疯狂打压，击穿底部平台并一再创出新低，引发市场恐惧性的抛盘，而庄家则乘机吸纳，然后又一单位拉高，造成一个反弹的假象，诱骗出大量筹码。

七、追涨吸筹建仓法

该方法是专门针对冷门股票的一种方法，它不经过底部耐心收集的过程，而是连续几天拉高，不断利用涨停板的打开与关闭，快速地完成建仓。长期冷门的股票使股民形成“死股”的概念，大盘涨它不涨，大盘跌它跟着跌，被套的人都很难受。因此，一遇上涨便会纷纷抛售。这样，庄家就轻而易举地收集到大量的筹码（图8–5）。

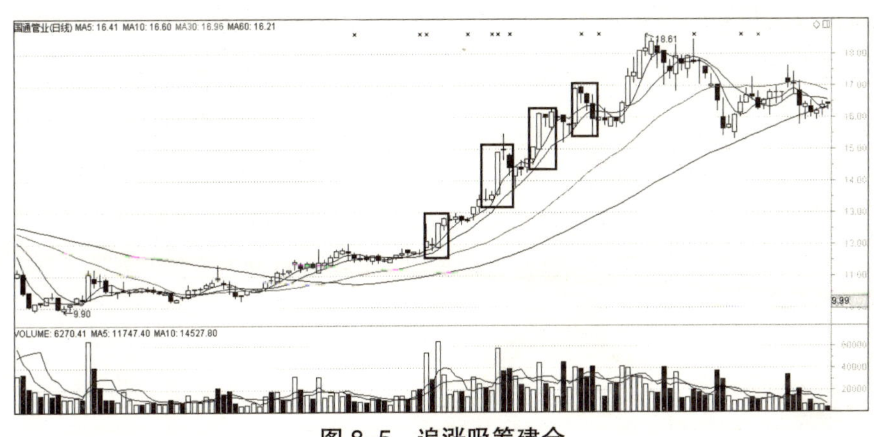

图 8–5　追涨吸筹建仓

八、横盘整理建仓法

横盘整理建仓（图8–6）的方式有高、中、低三种基本形式，横盘建仓一般处于价位偏低的状态，特别是低位横盘建仓多见。在横盘整理建仓的过程中，主力利用资金和筹码的优势，在很长一段时期把股价压在低位，如果碰到大势良好不断上扬，盘中许多个股都是连涨，因此绝大多数股票持有者无法忍受而斩仓换股，主力就可以达到收集筹码建仓的目的，这种建仓方式在大势走牛的情况下，往往效果不错。

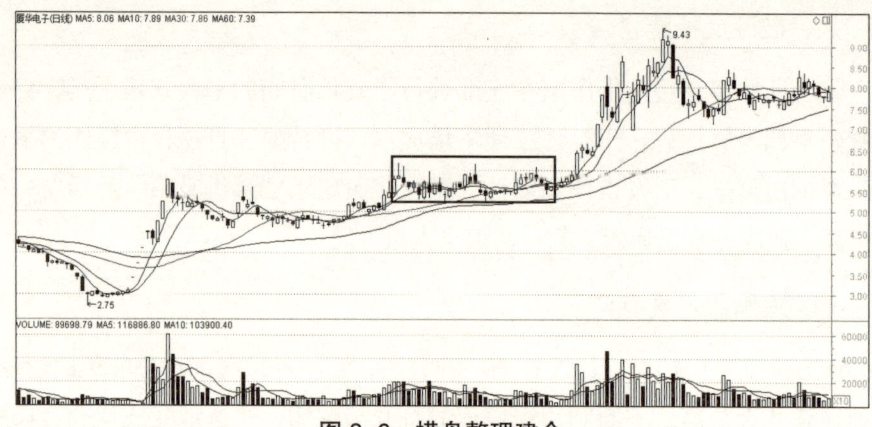

图 8-6 横盘整理建仓

九、利空增压建仓法

每当大盘出现重大的利空时，常会有一类股票走势明显强于大盘，并且表现出成交量在不断地放大。对主力而言，突然出现的利空常会使其加紧建仓的步伐，而且在特大利空时，散户因市场压力而极易将手中的获利股票抛出。

作为机构主力在考虑某个项目时，他们常会以较大的资金等待大的利空到来，特别当他们看中某个股票而其目前的价位较高，使得其不敢轻易地建仓，而一旦出现重大利空时，散户自然会抛出股票，其中有不少属于获利丰厚的中长线散户。

短线点金

庄家建仓的手法虽然林林总总，真伪莫辨，但仍然是有迹可循的。比如庄家持仓是要付出成本的，这个成本可以通过筹码分布情况进行估算，庄家的持仓量可以通过换手率情况等进行估算。若换手总率为100%时，主力的持仓量为20%，若换手总率为200%时，庄家的持仓量为40%，若换手总率为300%时，庄家的持仓量为60%。总之，只要估算庄家成本和持仓量，就会有效的锁定庄家踪迹，从而避免被诱骗出筹码。

第三节　拉升——疾风骤雨

拉升股价是股票操作中必不可少的步骤。严格来讲，主力的拉升是含有多种性质特点的，如整理拉升、中继拉升、价差拉升、出货拉升等，有时候某种性质特点非常明显，有时候几种性质特点交织在一起很难分辨，这就是股市的复杂性。不管主力采取何种方式拉升，在其运作的过程中，总是会留下一些较为明显的特征。我们可以从以下几个方面去观察。

一、由均线系统盯紧拉升

主力的拉升是一种股价上涨的趋势，所以，均线系统呈现典型的多头排列。具体特征如下所示：

（1）十日均线上升角度陡峭，一般都大于45°以上。

（2）收盘价在3日均线上运行的具有短期黑马的性质。

（3）收盘价在5日均线之上的，具有牛股的特性。

（4）5日、10日、30日、60日均线呈有序多头排列，股价向上运行，在这一段时期中，股价往往表现为主升浪，短、中期升幅可观（图8-7）。

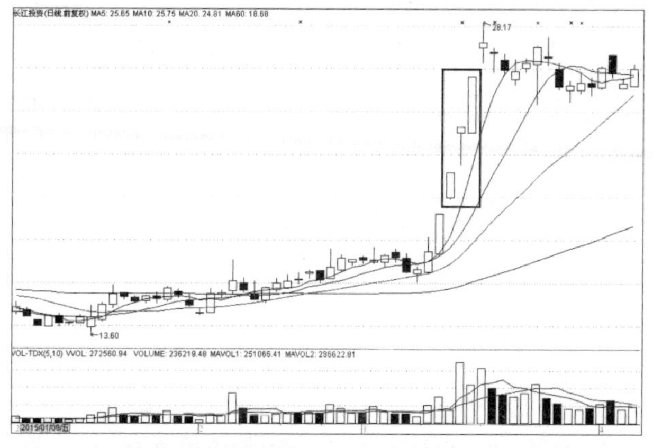

图8-7　收盘价在5日均线上，仰角大于45°的拉升

二、由成交量系统锁定拉升

在拉升的过程中，成交量持续稳步放大，呈现价升量增、价跌量缩的特点，价量配合良好，在这段时期内，成交量整体上保持活跃状态，股票投资者积极参与，人气旺盛（图8-8）。

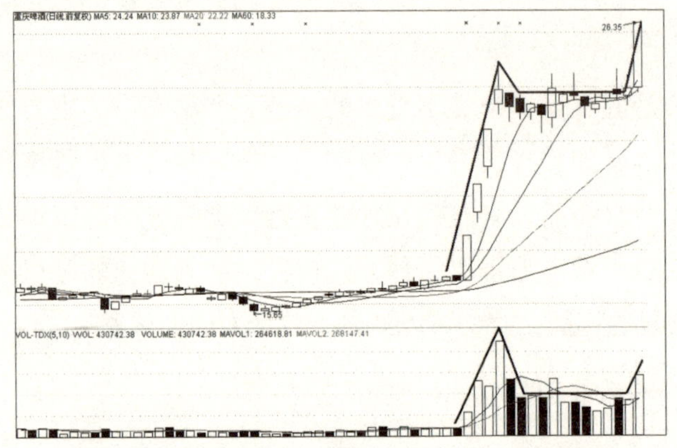

图8-8　拉升的特征：量价高度一致，配合良好

三、由K线系统研判拉升

在拉升阶段中，主力经常在中高价区连拉中阳线、长阳线。此时，阳线的数量往往多于阴线的数量，阳线的涨幅实体大于阴线的跌幅实体，日K线经常连续收阳，股价时常跳空高开，并且不轻易补缺口，日K线形态中常出现底部并列三阳线、上升三步曲、大阳K线等。如图8-9和图8-10所示。

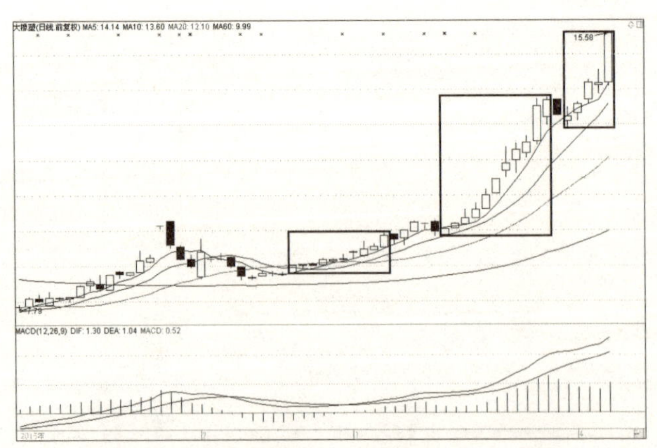

图8-9　拉升的特征：阳线数量多于阴线

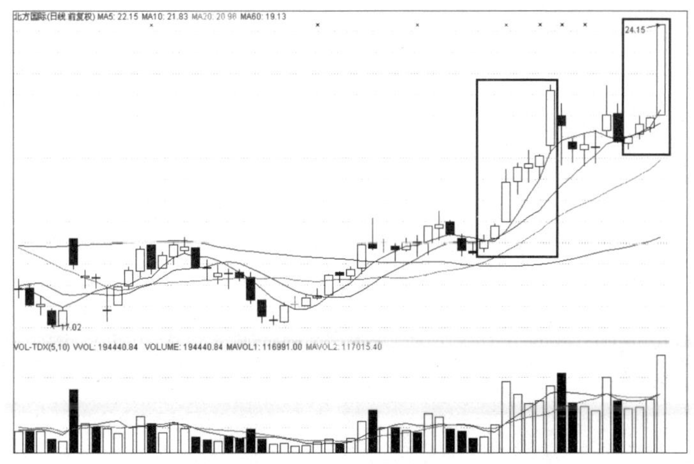

图 8-10 拉升的特征：阳线的涨幅大于阴线跌幅

四、拉升的时间和空间系统

主力的拉升，也是讲究“天时、地利、人和”的，因此，选择合适的拉升时机十分重要。一般来说，主力会利用如下一些条件：

1. 大势相对平稳

主力特别注重的因素就是顺势而为，逆势而行虽然有成功的例子，但成功的概率很小，其过程也非常艰辛，所以在大势较弱的情况下，股价拉升的情况极少，这也是股民们弱势中不介入个股的主要因素。

2. 大势上升的时候

这种时候股市人气较旺，场外资金不断介入，主力的拉升操作起来十分轻松，可以达到事半功倍的效果。

3. 重大利好的出台

这包括市场和公司基本面两个方面的利好，这也是我们“政策市、消息市”的重要特征，反映在股价走势上就是高开低走的“见光死”。

4. 热点板块的形成

股市历来有板块联动的规律，特别是趋势向上时表现得格外明显，如果主力的目标股刚好处于市场的热点板块，主力的拉升就具有很好的隐秘性。

5. 构筑图形

每个主力以及他们所属的操盘手都是画图的高手。而股市上也存在一批钻研技术分析的“股痴”。当图形和技术指标构造完毕之后开始拉升，往往具有很好的市场效果。

6. 利用含权和除权

含权和除权是主力拉升出货最常见、最基本、最有效的方法，这种方法主要是利用了股民们“求便宜”的心理，许多投资者的亏损都是中了这方面的陷阱。

短线点金

拉升阶段需要注意的若干问题：

（1）不要把拉升与上涨看作一样的效果，特别不能与继续上涨等同。拉升本身不是目的，为了到达预定区域派发才是拉升的最终目的。因此，介入拉升阶段的股票切不可过久停留。此外还要特别防止主力在拉升过程中完成派发。

（2）介入拉升阶段参与炒作股票，风险其实是最小的。因为处于拉升阶段的股票，在到达预定目标价位以前，调整的时间周期及其幅度都是有限的，而且主力出货不可能在一刹那完成，需要时间、空间和过程，有时甚至需要“人气”，这就为散户短期获利提供了机会。当然，前提是不能等待股价上涨了很大幅度以后再介入，如果再不知道什么时间应该退出，那样就会有很大的风险。

（3）介入拉升阶段的股票一定要把握好心态，害怕上涨的、害怕剧烈震荡的不宜介入此类股票。因为介入此类股票是以承担一定的风险去博取较大的收益为前提，如果心态不好，博取不到较大的收益就退出来，那就白白损失了“风险”收益，而且还搞坏了炒股心态，倒不如不介入。

第四节 洗盘——翻江倒海

主力为达炒作目的，必须于途中让低价买进、意志不坚的散户抛出股票，以减轻上档压力，同时让持股者的平均价位升高，达到获取利润的目的。洗盘动作可以出现在主力任何一个区域内，基本目的无非是清理市场多余的浮动筹码，抬高市场整体持仓成本。为了达成这一目的，主力根据不同的情况采用不同的手法以迷惑跟风盘。

为了帮助广大散户朋友识别主力的行动，以下将介绍几种常见的洗盘方法，供大家参考。

一、长阴贯底洗盘法

所谓的打压洗盘就是指主力资金想拉升某个股票之前，看到这个股票的散户很多，由于他自己的成本很便宜而且资金充足，因此有意先通过对倒的方法把股价向下砸，使散户产生恐惧感，使他们纷纷卖掉持有的筹码，而主力则把这些卖出的筹码都买入。当他看到散户的筹码都被自己买得差不多的时候就可以放心地拉升股价了，这就是把这只股票里的散户筹码都“洗”掉。

主力在经历一定的拉升后，由于跟风盘普遍获利，主力为了今后的拉升轻松必须展开洗盘动作。基本手法是在开盘的时候低开或者跳空低开，形成利空信息，跟风盘恐慌卖出，主力趁机大量买入，特征是放长阴，成交量也很大。如图8-11所示。

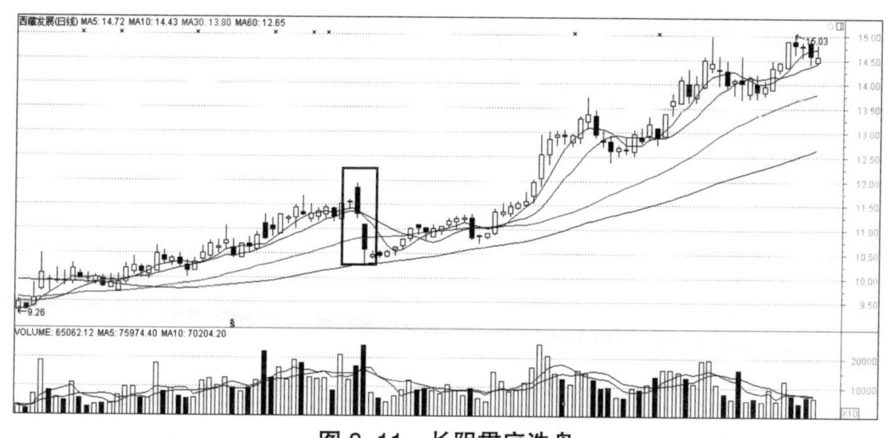

图8-11　长阴贯底洗盘

二、拉高走低洗盘法

当股价忽高忽低，而成交量不断放大时，投资者应该在低位买进股票。这种洗盘方法是主力利用高开低走，拉高再打低，忽然再拉高，将散户的筹码集中到自己手中，不达目的不罢休。如图8–12所示。

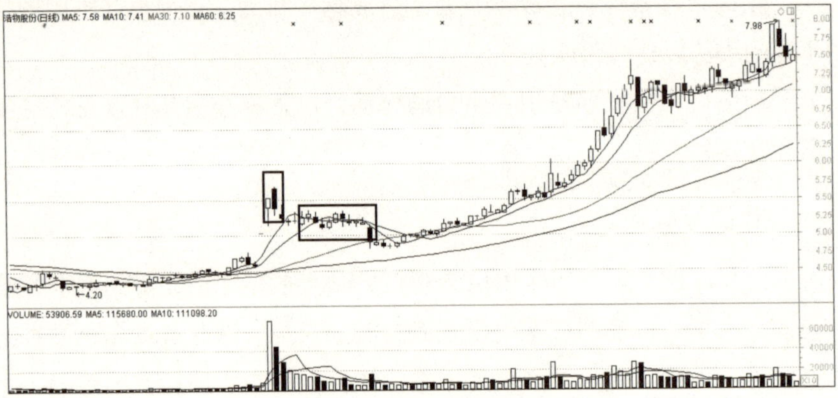

图 8–12　拉高走低洗盘

三、循环拉升洗盘法

循环拉升洗盘方式一般出现在大势较好的情景下。主力把个股的拉升和洗盘的过程糅合在一起，在拉升一段空间后随即又派发打压一定的幅度。在此期间不断地调节筹码的比例和股价的高低幅度，并且反复使用，以使散户不停地跟进和退出。在走势形态上的反映就是股价的低点不断地升高，呈现震荡上扬的趋势。主力经过数次的循环拉升洗盘，将短线散户和意志不坚定者清理出局，以达到洗盘的目的（图8–13）。

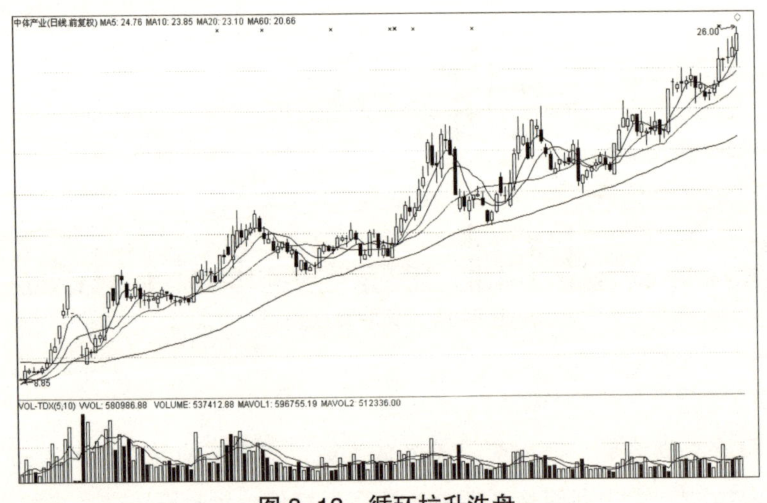

图 8–13　循环拉升洗盘

四、横向震荡洗盘法

主力对股价拉升到一定程度后展开横向持续震荡，不再进行拉升。由于跟风盘对股价横向震荡后的走势方向、结果和持续时间无法把握，于是跟风盘有获利的先落袋为安，无获利的想小亏出局而抛出持有筹码。

五、借力杀跌洗盘法

大幅回落一般发生在大势调整时，机构会顺势而为，借机低吸廉价筹码。投机股经常运用这种手法，或盘中机构已获利颇丰。图8-14为云赛智联2020年3月16日至2020年7月17日与大盘走势的对比图，其中明显可看出庄家借大盘下跌之际大力洗盘的痕迹。

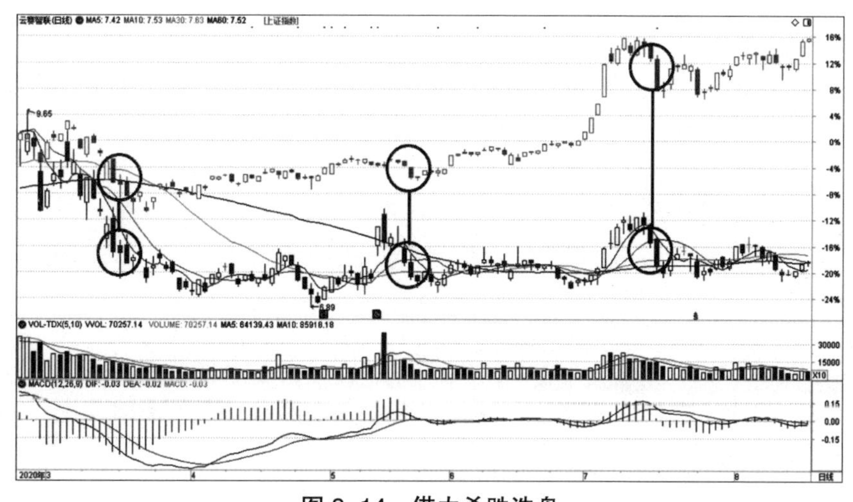

图8-14　借力杀跌洗盘

六、向上波动洗盘法

主力由于控筹不足，或实力超强，或在行情发动的时间非常急迫的情况下将采取该种特殊方式，即以向上震荡的波动形态展开洗盘动作。

七、平台整理洗盘法

如图8-15所示，在拉升过程中突然停止做多，使缺乏耐心者出局，一般持续时间相对较长。

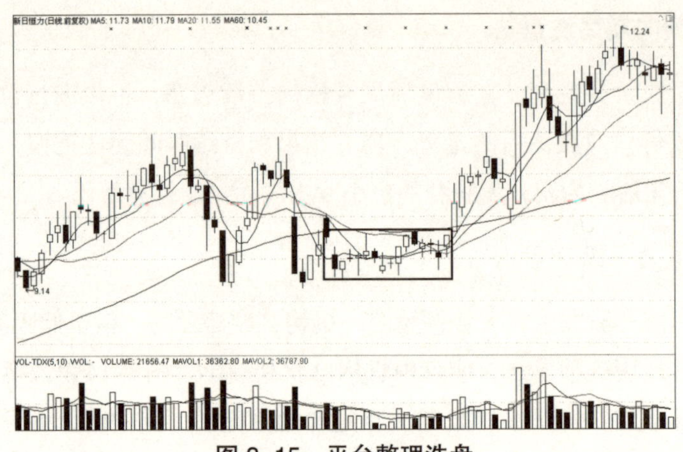

图 8-15　平台整理洗盘

八、随机震荡洗盘法

此手法较为常见，即维系一个波动区间，并让投资者摸不清主力的炒作节奏。

九、连阴放量洗盘法

当股价上涨一段时间后，K线图上出现连续下跌的阴线，但是股价跌幅不大。这种洗盘结束以后，一般有比较好的行情（图8-16）。

在实际操作中，应当注意连阴放量的洗盘，K线连收阴线而股价不跌，这是上涨的前兆。这种形态并不常见，如果发现该形态，应当密切关注，一旦成交量放大立即介入，将获得丰厚回报。

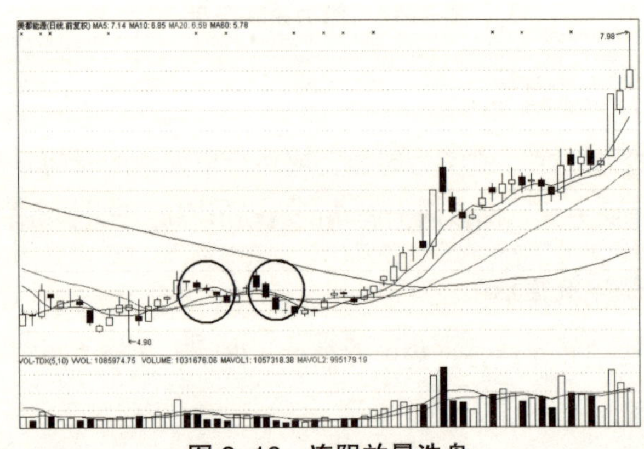

图 8-16　连阴放量洗盘

短线点金

主力的洗盘方式虽然多种多样，但所有洗盘方式都不外乎有以下三个特征：

（1）主力洗盘的任何方式，最终都必须达到成交量的萎缩，同时这也是庄家洗盘的目的。它表现为场中抛盘枯竭：获利盘、套牢盘、止损盘、买盘均全部离场出局，不坚定的浮动筹码基本被清洗干净。

（2）短期均线系统趋于横向黏合。它表示股市总体成本趋于一致，场中既无获利盘也无亏损套牢盘，因而杀跌和追涨动力均出现不足，市场暂时处于观望中的平衡状态。

（3）盘中股价波动幅度越来越小，已经无法产生获利空间和获利机会，促使短线客因无利可图而远离市场。

第五节　出货——悄然隐退

主力在做某一只股票的时候，一般都是通过底部吸筹、拉高股价和派发出货这三个过程来完成的。在这几个过程中，出货是主力炒作中最后的一环，也是最关键和最难得的一环。任何一支主力，只有将手中的筹码派发出去，才能使账面的盈利变为实实在在的获利。因此，主力会想尽一切办法，达到其出货的目的。而对于散户来讲，出货不但意味着获利了结及时下轿，更意味着免除深度套牢后的痛苦。

主力出货的方法很多，出货也会在K线图上加以反映。有的主力在拉升末期反复在高位震荡，做出整理的姿态，并不时利用技术图形，在K线图上形成一些痕迹。以下是对主力出货手法的介绍。

一、滚动拉升出货法

在人气最旺的时候，主力预先在上档埋好单，然后借助大势向好，人气旺盛，一路带着散户向上吃。当追涨热情不足时，主力就亲自出马，大笔吃掉几个卖单，向上打通一段，等散户的热情被激发起来了，主力就停手，让散户去吃。这样始终维持股价上涨，但实际上主力买得少卖得多，是在悄悄出货。

二、探底反抽出货法

探底反抽出货法一般适用于绩差类个股。由于此类个股的参与者绝大多数都抱着投机心态，在股价快速上涨的过程中，都奢望卖个更高的价钱，极少有人出手。当人气非常弱的时候，主力不再被动地等下方出现买单，而是在盘中制造快速下跌，然后制造反弹，诱使抄底盘接盘，然后股价掉头向下，把抄底盘套牢。此手法讲究的是心狠手辣，利用大盘或者个股人气极为火爆的时候，使用回马枪的手法，反手做空，往往令众多投机者猝不及防（图8–17）。

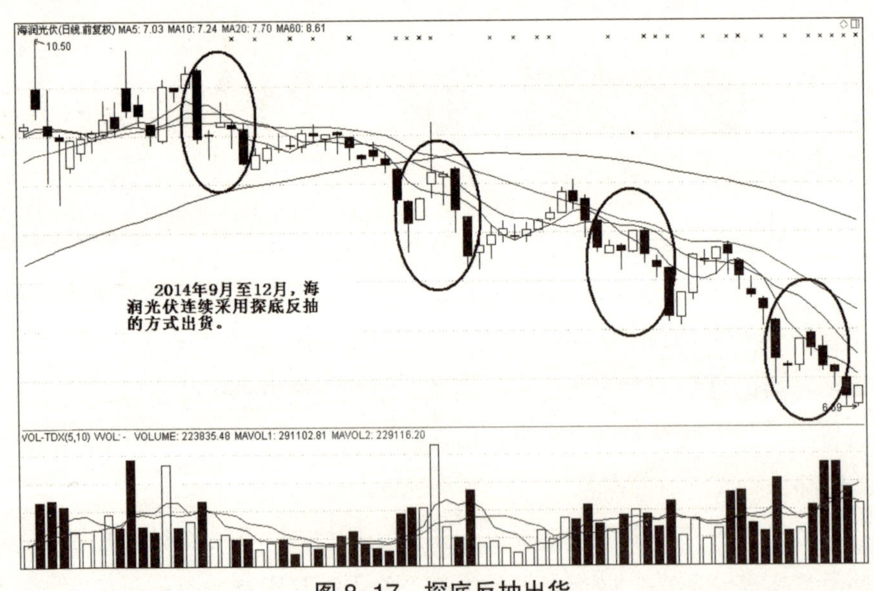

图8–17 探底反抽出货

三、隐性诱多出货法

开市后股价快速拉升起来，这时由于盘中埋单少、阻力小、成本低，此后一个上午都维持在高位，在中间阶段，出现几次向上突破的假象，做出股票价格继续待涨的姿态，这样在拉高和高位盘整阶段，都会有追涨盘。到下午的后半盘，开始打埋下的单子，一路向下吃，把盘中一天埋下的买单都给打掉，来不及撤单的散户都被派发了（图8-18）。

图 8-18　隐性诱多出货

四、高位震荡出货法

在高价区反复制造震荡，让散户误认为只是在整理而已，从而慢慢分批出货。这种出货时间较长，常用于大盘股或重要的指标股出货操作。

五、梯级下压出货法

在人气十分弱的形势下，靠上涨激发追涨盘成本高且效果不佳，主力不再做冲高盘整诱人追涨，而是开盘后小幅上拉，乃至不拉，仅通过控制开盘造成一个上涨，留出出货空间，然后就一路出货。盘中下档出现了一些买单，主力就给货，下方买单打没了就停手，做出要反弹的样子。等下方积累了一些买单后再打下去。如此，一个价位一个价位地下压，充分利用每一段空间出货。同时控制下跌速度，稳定散户，不诱发恐慌性杀跌盘，这样，散户的卖单仍以埋单卖出为主，主力就有条件抢先出货（图8–19）。

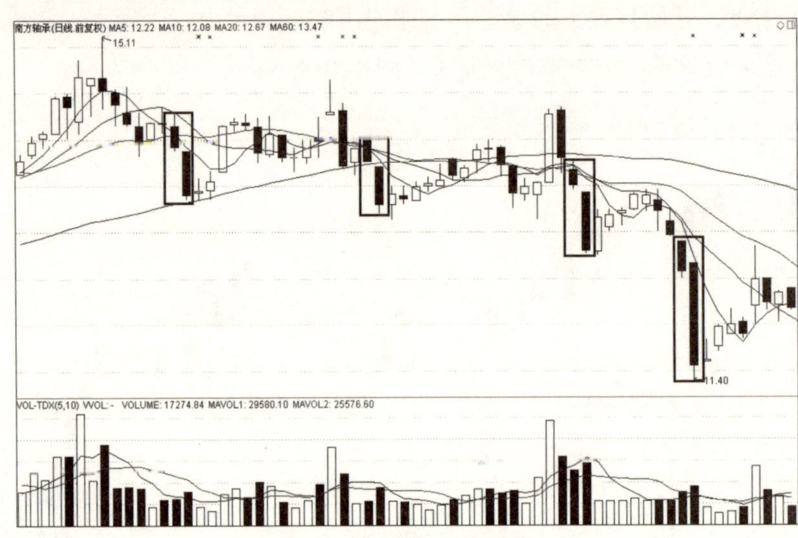

图8–19 梯级下压出货

六、反弹诱空出货法

此法为个股突然遭到利空或者在长期停牌后，在连续几个无量跌停之后，突然某一天由大笔买单将压盘吃掉，随后猛然上攻，甚至有冲击涨停之势。当天放出历史巨量，但第二天往往低开低走，之后创出新低，无数跟风者严重被套，而主力却顺利出货。

七、长阴贯底出货法

采用此种方法的基本思路就是快，以迅雷不及掩耳之势，让股民们反应不过来，在股民们还在犹豫时快速完成出货，打市场一个措手不及。凌厉出货通常具有以下三个特征：

（1）主力仓位比较轻。

（2）拉抬要有声势，用持续猛烈的拉抬激起追涨盘，同时把卖盘给吓住，让股民一卖就错，谁也不敢再卖。

（3）需要有消息配合，用消息配合拉抬，把追涨盘激出来，把卖盘吓住。然后，在消息兑现的那一天，上涨突然停止，主力“义无反顾”地全线出货，抛盘汹涌而出，把一日内的追涨盘抄底盘全部打掉，在日K线上往往形成一根带短下影线的大阴线，甚至光头光脚的大阴线（图8–20）。

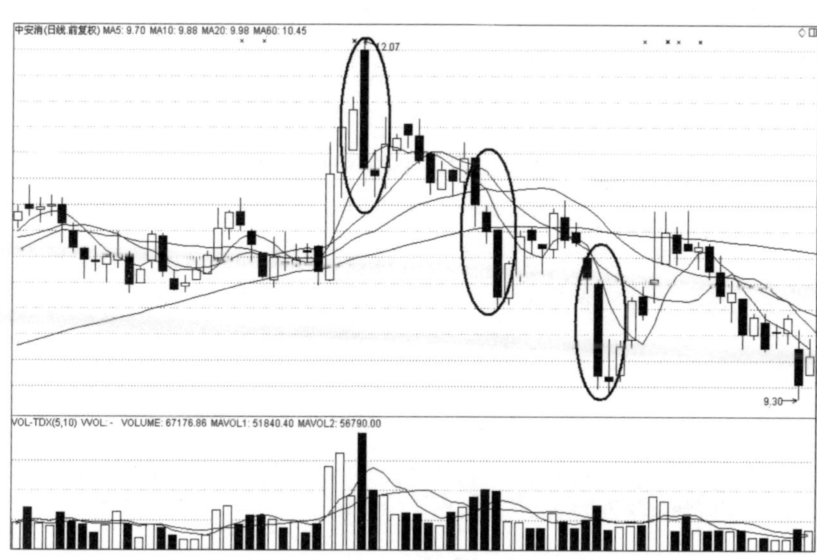

图8–20　长阴贯底出货

八、无量阴跌出货法

事实上在很多情况下，许多主力都会采取较温和的成交量慢慢阴跌出货的手法，这种出货手法相对来说比较隐蔽，很少会引起跟风出货的现象，对股票后市的走势也留有余地。这种出货方式与震荡调整蓄势行情表现相似，很难区别，稍有不慎就会出现失误。区分两者的关键在于：如股价前期有过较大拉抬，且下跌时无明显支撑，一般可认定出货。反之，则可判断为震荡。如图8–21所示。

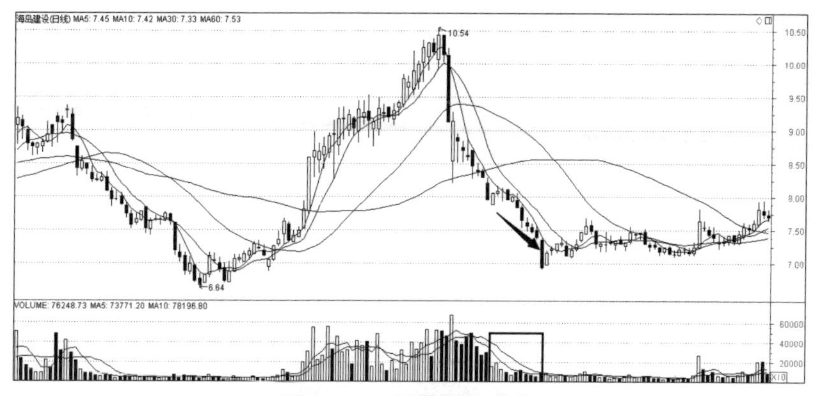

图8–21　无量阴跌出货

短线点金

主力为了出货可以不择手段地使用任何方法，除上文介绍几种常用方法外，其他诸如操盘手制造技术陷阱、盘中对倒等更是五花八门。然而，“万变不离其宗”，对于主力的派发，短线散户的对策就是坚决抛售，不要计较一两个价位的高低。同时，尽量不要参与主力的反弹操作，因为此时风险与收益已不成比例，冒然出击，一旦失手反遭被套，与其冒这么大的风险博取小的利润，不如将眼光投向其他有潜力、低风险的股票。

第六节 巧辨主力出货与洗盘

在散户跟随主力过程中经常遇到的一个棘手问题，就是不知道如何区别洗盘与出货。因为二者在K线走势图形中有许多相似之处，其结果不是将洗盘误认为是出货而过早出局，错失获利良机，就是将出货误认为是洗盘而持股不动，错失出货良机而遭套牢之苦。

主力洗盘的目的是尽量把心态不坚定的跟风盘甩掉。主力出货的目的是尽量吸引买盘，通过各种手段稳定其他持股者的信心，而自己却在尽量高的价位上派发手中尽量多的股票。区分两者的区别是十分关键的，那么，如何把握洗盘与出货的区别，并在洗盘结束点及时跟进，从而跑赢大势呢？

一、根据目的区分

1. 出货的目的

只有达到成功的出货主力才能将看起来丰厚的账面利润转化为现实的盈利，彻底完成以资金为筹码，再由筹码变为资金的循环过程。出货是因股价已从低位拉至高位，虽然主力千方百计加以掩盖或者制造骗线，但其真正目的是派发筹码套现出局，其筹码是买进少、卖出多。

2. 洗盘的目的

主力为了减轻后续拉升过程中的获利抛盘压力，必须分时段地对盘中筹码进行不断的清洗，并且造成一种有规律的操作假象，以便主力自己在今后的出货动作中进行打破前期操作定式的反向利用，诱杀自以为聪明的跟风盘。为了达成这一目的，主力洗盘时要抛出一些筹码，打压股价下跌，做出要出货的样子，但这种抛筹是假的、局部的和暂时的，其真实目的是吓出低位跟风获利的散户，不断提高散户成本，洗出浮筹，随后主力又会买回更多的筹码。主力是假出货、真回购，筹码卖出少、买回多。

二、根据盘口方面区分

一般情况下，主力出货时大卖单是不挂在卖盘上的，下方买单反而大，显示委比较大，造成买盘多的假象。有时候下方也无大买单，但上方某价位却有很多的货，或成交明细中常有大卖单卖出而买单却很弱，导致价位下跌而无法上行。

主力洗盘时在卖盘上挂有大卖单，造成卖盘多的假象。若主力对倒下挫时分不清是洗盘还是出货的，就看在关键价位，卖盘很大而买盘虽不多却买入（成交）速度很快，笔数很多，股价却不再下挫，这种情况多为洗盘。

三、根据技术指标区分

主力洗盘其仅想甩掉不坚定的跟风盘，并不是要吓跑所有的人，还须让一部分坚定者仍然看好此股，仍然跟随他，帮他锁定筹码。所以其在洗盘时，某些关键价是不会跌穿的，这些价位往往是上次洗盘的起始位置，这是由于上次已洗过盘的价位不需再洗，即不让上次被震出去的人有空头回补的价差，这就使K线形态有十分明显的分层现象。从K线组合看，往往是阴线不断，并且收阴的次数多，盘中往往伴随着放量杀跌，好像是主力正在大肆出货，其实股价重心仍然是依托中期均线系统支撑呈缓慢上升走势，即使股价出现短线快速下跌走势，跌破支撑位也不会继续大幅下跌，而是在较短的时间内股价重返支撑位之上运行。而且一般是洗盘末期，新的升势开始之前，成交量往往大幅度萎缩，随着股价上升，成交量才开始逐步放大成交量。主力低位回补的迹象一目了然，这就是技术人士所说的“巨量长阴价不跌，主力洗盘必有涨”。

而主力出货则以力图卖出手中大量的股票为主要目的，所以关键位是不会守护的，导致K线价位失控，毫无层次可言，一味下跌。出货时，成交量放大，换手率高，股价一般缓慢下跌，其间有时夹杂震荡上涨，但时间短，涨幅有限，浮筹渐渐增加。出货后期，筹码大多转移到散户手中，股价进入连绵阴跌走势。

出货的总体K线形态为牛短熊长，绿肥红瘦，盘中震荡出货，常常故意低开后拉小幅阳线，有时尾市几笔买单强行把股价拔高，收出中阳线或带下影线的阳线。

四、重心方面的区别

重心是否下移是判别洗盘与出货的显著标志。主力的出货虽有时把图做得好看些，收许多阳线，但重心却一直下移。主力的洗盘是把图形做得难看，但并不想让其他人买到便宜货，所以日K线无论收高开阴线下插阳线、大阴线、长上影、十字星等，或连续收4~5根阴线甚至更多，但重心始终不下移，即价位始终保持不变。

五、从选择利用消息及股价反应区分

出货多选择或利用利好消息，结合大盘上涨，充分坚定散户的信心，争相抢购股票，主力正好一边偷笑，一边出货套现，成功出逃。

洗盘则多选择并利用利空消息进行配合，结合大盘回调打压股价，顺势洗盘，使散户心生恐慌，丧失持股信心，抛出手中筹码。

短线点金

洗盘或出货形态多样，过程复杂，变化多端，区分方法也很多，散户在实战时还需互相参照，有机结合，综合分析，举一反三，灵活运用，这样才能正确区分洗盘和出货的“同”与“异”，在股市战场中获胜。

第七节　动态跟随主力之看盘技巧

虽然跟随主力获利已成为如今中国股市短线投资者的“圣经”，但并不是每一只庄股都值得短线投资者去“以身相许”，即使选定了庄股，也要找好时机。主力的招式往往虚虚实实，有时欲涨先跌，有时以退为进，走势扑朔迷离，让投资者难辨真伪。以下几种情况下就是短线跟随主力的好机会。

一、向暴跌的庄股“抢钱”

股市上常常有不少另类股票逆势而动，特别是一部分抗跌性较强的庄股，但大部分庄股还是会与大盘共进退的。与其他股票所不同的是，在大盘暴跌的时候，一些强庄股暴跌的幅度要超过大盘，而大盘止跌企稳后，这类股票却常会走出强悍的技术走势。主要原因在于这类主力会充分利用大盘下跌的过程对浮筹进行震荡整理，从而较轻松地夯实了上升空间的基础。

暴跌性质的庄股不只出现在类似受大盘影响而出现的暴跌，如果受到上市公司不配合以及其他一些因素的影响，不少庄股也会表现出暴跌的走势。有的则属于提前进行震仓，从而会在技术形态上显示出暴跌的走势。对暴跌的庄股应该结合以下两个方面情况进行短线操作：

（1）观察其杀跌的凶悍程度与拉升的力度，一旦发现前期曾经持续下跌的股票形成上升趋势以后，应该迅速介入，从中获取短线利润。

（2）观察其下跌过程中成交量的情况。不少强庄股在暴跌过程中成交量却并未减少，这类股票只要不缩量，短线机会就会增加。

大跌之后隐藏有主力的股走势呈现以下几个特点：

（1）个股分化明显。股价提升的机会并不是均等的，只有在上一波行情中有主力介入、在调整中没有放量下跌、平台整理充分的个股才有获得“提升”的机会。那些长期走弱、人气涣散的个股即使有反弹，也是弱反弹，短线操

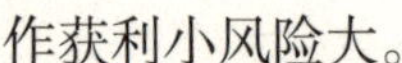

作获利小风险大。

（2）升势急促。主力为不让散户抢到便宜货，常会迅速拉抬。不少个股在几天内收复数个月的失地，短线投资者宜当机立断，时机往往稍纵即逝。

（3）庄股轮涨特征明显。短线投资者假如能够把握个股的轮炒节奏必有可观利润。

二、把握再度走强的庄股

从一些强庄股的走势看，不少强庄股常会在上涨至一定的价位短线出现较大的回落，特别是一些庄股明显短线见顶后，常会在成交量的配合下，表现出放量下挫走势。在短线的操作上要特别关注这类股票，特别是一些短线暴涨、成交量持续放大的庄股。当其回调后，常常会继续表现出强势股的走势（图8–22）。

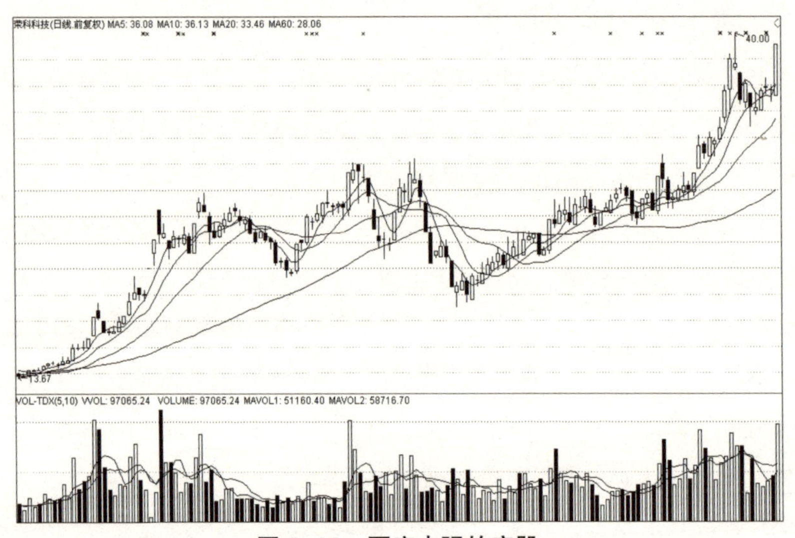

图 8–22　再度走强的庄股

三、跟好除权后寻找填权机会的庄股

不少庄股在拉升至一定的价位后，由于主力持仓量较重，在较高的价位难以全部将股票抛掉，因此，他们出货的时机一般都在除权之后。对短线投资者而言，在除权之后，买入后觉得风险比原来股价在高位时的风险小，甚至还会认为该股有较大的填权空间。对主力而言，他们如果高位出货，高价位对一般投资者缺乏吸引力，可能接盘的人很少，因此，他们常会在股价上升后，让上市公司配合公布送股的利好消息。在除权后，他们并不会立即出货，等到股价稳定，尤其是大盘进入强势市场之后，他们会在盘中造成一种填权的气势，随着成交量的不断放大，该股主力在众多投资者介入后顺利出局。

这种出货的方式常会让短线投资者不知不觉中成为其接盘者。从操作手法上来看，通常是在该股票刚开始填权时将筹码逐渐派发，填权的过程中主力就是减仓的过程。

这类股票的介入需要满足以下两大条件：

（1）大盘位于极强的走势中，在大牛市时代主力会充分利用除权后填满权的想象性进行炒作；而在弱势市场中，除权类的股票常会出现贴权的情况。

（2）介入成交量未放大的庄股。当发现某强庄股在除权后成交量极少，可以在其拉阴线的过程中介入，若该股在除权后成交量一下子放得过大的话，短线只能出局而不能买进。一般情况下，对前期在高位横向整理的强庄股，在其除权后，只要成交量仍然处于前期的水平，就可以逢低吸纳，随后在其成交量放出后出局。

在除权类的股票中，有时候主力的实力不是很强，但为了达到出局的目的，他们也会在股价并未拉高的情况下放量出货，这种情况只宜卖出而不能短线介入。因此，对除权类的股票的介入既要看成交量的变化，同时还要研究该股在前阶段的股性，对股性极佳的股票可以介入，而对股性呆滞的股票不宜介入。

短线点金

作为短线操作，最重要的是如何捕捉跟随主力获利的机会，不但要抓住那些实力强大的强庄股，而且要找好跟进买入的最佳切入点，这样才能获利丰厚。

第八节 识破主力骗线之看盘技巧

所谓的骗线，就是大户利用股民们迷信技术分析数据、图表的心理，故

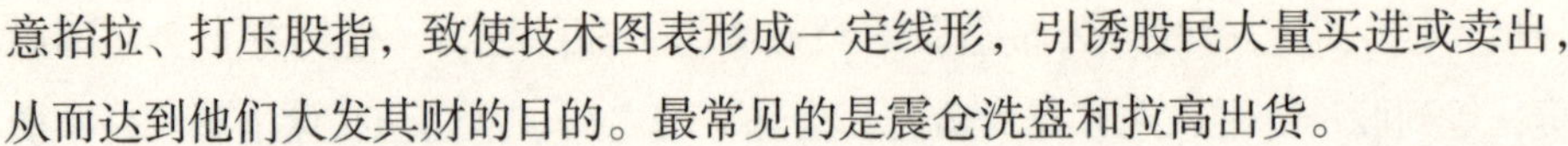

意抬拉、打压股指，致使技术图表形成一定线形，引诱股民大量买进或卖出，从而达到他们大发其财的目的。最常见的是震仓洗盘和拉高出货。

影线分上影线和下影线两种，一般来讲上影线长表示阻力大；下影线长表示支撑强烈。但是由于市场内大的资金可以调控个股价位，影线经常被主力用来进行骗线，上影线长的个股，并不一定有多大抛压，而下影线长的个股，并不一定有多大支撑。

一、上影线骗线

1. 主力拉出的长上影线

影线分上影线和下影线两种，先攻击受阻回落形成长上影线，回落受支撑形成长下影线。长上影阴线可以解释为：买方力量一度非常强大，将股价大幅拉升，但是在随后多空力量的争斗中空方占了上风，将多方苦心经营的战果夺回，并使收盘价收在了前收盘之下。长上影线往往只是主力制造的一个假象，也就是我们通常说的多头陷阱，诱使跟风追涨的买盘，实际是为了掩护出货。长上影线在个股不同的阶段，其表示意义也不尽相同。怎么才能很好地利用上影线识破主力的“骗局”呢？下面我们介绍一下长上影线的几种形态及其操作（图8-23）。

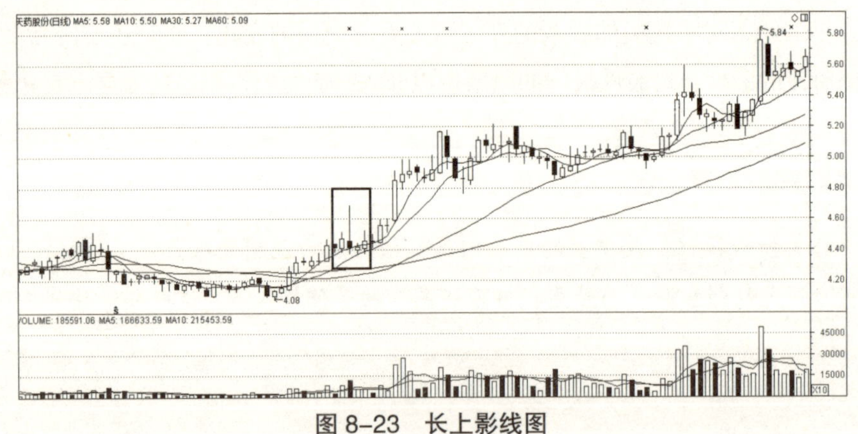

图 8-23　长上影线图

（1）底部长上影。个股在底部出现长上影，一般是主力想拉升个股，不过因为抛盘过多或是大盘走坏，结果造成个股收成长上影。这个时候，建议投资者加入自选股关注，一般收出长上影后，还需要一些时间来震荡洗盘，什么时候放量突破这根上影线，就是拉升行情的开始。

（2）上涨中期长上影。个股在上涨中期出现长上影，可让散户误认为是上涨末期长上影，导致技术形散户被主力洗出，第二日不跌反涨，让自以为技术形逃顶成功的散户大跌眼镜。

（3）上涨末期长上影。个股在经过长期的拉升之后，收一根长上影，下跌放巨量，各个技术指标相继形成死叉，说明主力已无心继续再战，这个时候散户最好果断出局，以保住利润为好。如果周线形成长上影线，那就可能形成长期顶部区域，更要注意主力的巨大骗局。

2. 试盘型的上影线

有些主力拉升股票时，操作谨慎，在欲创新高或股价行进入前一高点时均要试盘，用上影线试探上方抛压。试盘是上影线的一种成因。主力在拉新高或冲阻力位时都可能试盘，以试探上方的抛压大小。

如果上影线长，但是成交量并没有放大，同时股价始终在某个区域内收带上影线的K线，那么主力试盘的可能性就很大。

如果试盘后个股放量上扬，则可放心持股；如果试盘之后转入下跌，那么则证明主力试出上方确有抛压，此时可抛股，一般在更低位可以接回。值得注意的是，如果长上影线发生在个股大涨之后，那么后市下跌的可能性比较大。

3. 震仓型上影线

这种上影线经常发生在一些刚刚启动不久的个股身上，有些主力为了洗盘、震仓，往往用上影线吓出不坚定持仓者，吓退欲跟进者。投资者操作要看K线组合，而不要太关注单日的K线。如图8–24所示。

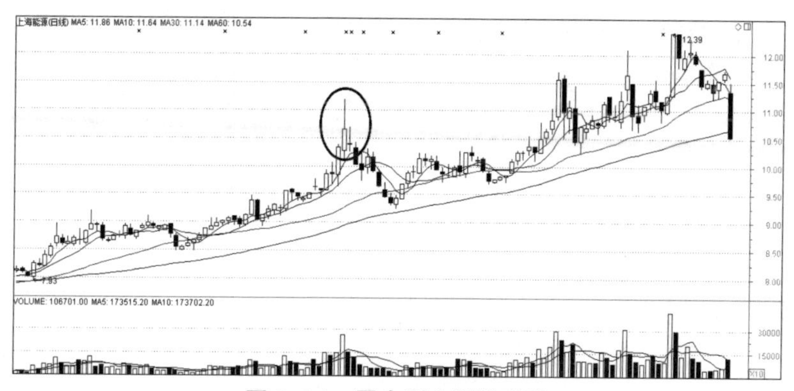

图8–24　震仓型上影线骗线

二、下影线骗线

下影线表示下方支撑比较强，在强势市场中，有些机构资金实力不是很强，为制造骗局，他们在其炒作的股票中制造一个或几个单日的长下影线。方法为某只股票在盘中突然出现一笔莫名其妙、价位极低、手数较大的成交，而后恢复平静，长下影线由此产生。这是其中主力在向广大散户发出“支撑力强”的信号，一般这种股票由于主力实力不是很强，表现不会太突出。应注意真正有大主力的个股是不会在底部显山露水，让投资者觉察“支撑力强”的。

有时个股在交易中大幅下挫，尾市收高，在日K线图上留下长下影线，如果散户股民简单认为这是股价见底，下档支撑力强，反弹在即，则可能会吃大亏。此时只要打开每日实时的走势图就会发现，此类股票往往全天均处于阴跌之中，而只有在首盘的瞬间出现了一笔奇怪的资金，将股价上拉形成带长下影线的K线。遇到此类股票，散户股民还是早些离场观望为好。这是主力在派发阶段利用尾市收盘几分钟快速拉高股价，留下长下影线，以引诱跟风盘的出货手法，这才是真正的盘面语言，散户股民对此应多加提防。

个股在长期阴跌或大幅下挫后，然后出现T字线，这种情况往往表明该股有可能止跌回升，且后市有较大的涨幅。实战经验表明，T字K线止跌回升的技术意义，通常有以下几种情形：

（1）T字K线的实体部分越小、下影线越长，止跌的作用就越明显。

（2）股价下跌的时间越长、幅度越大，T字K线见底的信号就越明确。

（3）T字K线不论是阳线还是阴线，其实战意义基本上都是相同的。

（4）底部见T字K线，对短线炒作者来说，是抢先介入的好时机。

（5）T字K线是庄股防守反击形成的一种K线形态，但在下跌趋势中，庄家有时会利用它来作为一种骗线信号，实际上跌势并未止住。而在上升趋势中，则是主力回档洗盘的伎俩（图8-25）。

短线点金

股市中主力与中小散户经常玩猫捉老鼠的游戏。如何才能识别主力的骗局，没有一定的谋略与智慧是很难做到的。面对主力的种种骗线行为，散户要精心思考，要仔细分析整个大盘的走势，不要被主力的一时震荡所惑。该出手的时候不应太贪，该持股的时候不要恐慌。

图 8-25　下影线骗线

本章启示

有股市就会有投机，有投机就会有主力，所以只要股市存在，就会有庄股，只不过每个时期的庄股的特点不同而已。既然有主力存在，就必然会有人跟随主力，而且跟随主力赢利能力和赢利水平相对来讲会更高一些，所以炒股跟随主力是一种捷径。

尽管跟随主力能带来可观的利润，但是跟随主力同样存在较大风险，所以就要具备跟庄的基本能力，既要有发现庄股的能力，更要有跟随主力的勇气。技巧有很多，但是最根本的还是要从形态和成交量两个方面入手，这样更容易接近庄股的实质。

观察主力是否建仓结束还应注意大阳线次日的股价表现。通常一只没有被控盘的股票，大阳线过后，次日一般会成交踊跃，股价如同猴子上蹿下跳，说明多空分歧较大，买卖真实而自然，主力会借机吸筹或派发。而如果在大阳线过后，次日成交清淡，波澜不惊，多半说明已被控盘，主力既无意派发，也无意吸筹。

洗盘是主力操作过程中的重要环节，能够识别主力意图的投资者可在主力洗盘时先行退出，等待洗盘结束再大举介入。既能躲避下跌风险，同时股价也较便宜，洗盘结束之后的新一轮拉升，可以跟随主力获利。

除此之外，跟随主力需要良好的心理素质，有了好的投资心态，投资就已经成功了一半。一些心理素质方面的基本要求需要培养，一些成功人士的心得体会值得借鉴。

第九章

反败为胜
——短线止损解套技巧

主流类中的股票，常能涨得惊天动地，但其他垃圾，连一丝涟漪都不会起！

——威廉·欧奈尔

第一节 短线止损操作技巧

“天有不测风云”，对股市而言更是如此，面对变幻莫测的股市行情，只有采取正确的策略才能立于不败之地。在谋求高额投资回报的同时，如何有效地防范风险，保存实力，始终是股民首先考虑的问题。止损是在投资出现错误时，限定亏损幅度的办法，它是指当某一投资出现的亏损达到预定数额时，及时斩仓出局，以避免形成更大的亏损。其目的在于投资失误时把损失限定在较小的范围内。所以，止损可让以较小代价博取较大利益成为可能。

“福兮祸所伏”，股民在享受暴涨的盛宴时，不要忘了设置止损和解套，这样才能让自己在暴跌时也能“处乱不惊”。

一、时间止损

这种止损法是指当投资者买入股票之后，在确定的一段时间内股价始终未达到预定目标，等到时间期限结束时，不论是盈还是亏，投资者都坚决抛出手中所有股的方法。例如，短线投资者若对某股的交易周期预计为一个星期，而买入后该股在买价一线徘徊超过一个星期，那么其后第二天应坚决出仓。从空间止损来看，价格或许还没有抵达止损位置，但是持股时间已跨越了时间的界限，为了不扩大时间的损失，此时不妨先出局。

时间止损是根据交易周期而设计的止损技术，一般使用该方法的投资者大多是运用长时间的科学数学模型测算，拥有高成功率的交易系统，并能严格要求自己执行纪律。时间周期的天数也是严格按照交易系统的要求设置的，通常采用20~30天。图9-1为上行5日均线配合星线的时间止损买入法。星线时买入，3日后卖掉。

图 9-1　上行 5 日均线配合星线的时间止损

二、心理止损

心理止损法是指投资者根据个人心理承受能力，设置相应的止损点。例如，在买入股票时设置下跌7%或10%为止损点，或者设置下跌多少钱为止损点，完全是投资者根据个人心理状况的个性化设置，没有什么特殊的技术要求。但需要强调的是，设置止损点超过10%以上没有任何意义，这和投资者拥有多少资产无关。

三、技术止损

技术止损法是将止损设置与技术分析相结合，剔除市场的随机波动之后，在关键的技术位设定止损单，从而避免亏损的进一步扩大。这一方法要求投资者有较强的技术分析能力和自制力。

技术止损法是根据短线技术指标的走坏来止损，而不考虑实际损失的比例。一般而言，运用技术止损法，无非就是以小亏赌大盈。技术指标的选择因人而异，其主要的指标有：重要的均线被跌破，趋势线的切线被跌破，头肩顶、双顶或圆弧顶等头部形态的颈线位被跌破，上升通道的下轨被跌破，缺口的附近被跌破，等等。例如，在上升通道的下轨买入后，等待上升趋势结束再平仓，并将止损位设在重要的移动线附近。再如，市场进入盘整阶段后，通常出现收敛三角形态，价格与中期均线（一般为10~20天线）的乖离率逐渐缩小。一旦价格对中期均线的乖离率重新放大，则意味着盘局已经结束。此时价格若转入跌势，则应果断离场。需要注意的是同一种技术指标有不同的参数选择，短线操作必须使用适合做短线的参数，不能把中长线指标用在做短线上。

四、均线止损

这个方法为大多数投资者所采用。例如，以股价跌破5日均线或10日均线为止损点，或者跌破上升趋势线为止损点，或者跌破前期整理平台的下边线为止损点，等等。但由于心理因素等诸多方面的影响，往往在实战中执行不力。例如，本来设5日均线为止损点，跌破后又设10日线为止损点，再度跌破后极有可能再改为设30日均线为止损点，等等。其实这方法既简单又实用（图9–2）。

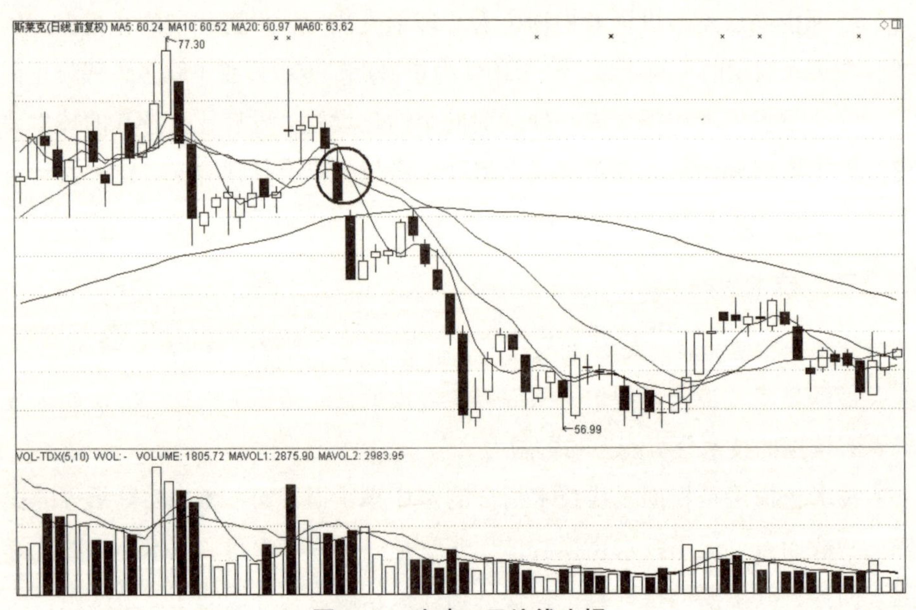

图9–2　跌破5日均线止损

五、一根K线止损

顾名思义就是用一根K线止损，这种止损方法要求投资者有较高技术素质。其真实含义是买入股票后股价必须上涨否则就止损，一般应用于短线强势股和上升通道保持良好的牛股。投资者对短线分时技术要有较高水平，对各项技术指标有一定的综合分析能力，对个股盘面变化了然于胸。这里有两个原则：一是股价跌破前一交易日的中间价即止损，二是股价跌破前一交易日的最低价即止损。

六、无条件止损

不计成本，夺路而逃的止损称为无条件止损。当市场的基本面发生了根本性转折时，投资者应摒弃任何幻想，不计成本地杀出，以求保存实力，择机再战。基本面的变化往往是难以扭转的。基本面恶化时，投资者应当机立断，斩仓出局。

短线点金

做股票首先要有奉献意识，买股之前定好止损位，到止损时坚决出局。有了这种意识，即使被套，也不至于慌了手脚。高位务必割肉出局，低位需等待补仓。

第二节　散户如何轻松解套

大多数进入股市的投资者几乎都被套牢过，这是一个不愿提起，但又回避不了的问题。它是每个投资者迈向成熟的一道必经门槛。既然不能简单回避，就要勇敢地面对它，找出适合自己的解决方案。解套的策略分为主动性解套策略和被动性解套策略。

一、主动性解套策略

1. 斩仓

当散户发现自己的买入是一个很严重的错误，特别是买在前期暴涨过牛股顶峰时，这时一定要拿出壮士断腕的决心，及时“斩仓割肉”，才能丢车保帅。只要能保证资金不受大的损失，股市中永远有无数的机会可以再赚回来。

2. 换股

当散户手中的股被套牢后处于弱势状态，但仍有下跌空间时，如果准确地判断另一只股的后市上涨空间大，走势必将强于自己手中的品种，可以果断换股，以新买品种的盈利抵销前者的损失。

3. 做空

或许有些散户认为中国股市没有做空机制，不能做空，这是错的，被套的股就可以做空。当发现已经被深套而无法斩仓，又确认后市大盘或个股仍有进一步深跌的空间时，可以采用做空方式，即先把套牢股卖出，等到更低的位置再买回，达到有效降低成本的目的。

二、被动性解套策略

1. 摊平

当散户买入的价位不高，或对将来的大盘坚定看好时，可以选用摊平的技巧。普通投资者的资金通常只能经得起一两次摊平，因此，散户最重要的是摊平的时机一定要选择好。

2. 坐等

当散户已经满仓被深度套牢，既不能割也无力补仓时，就只有采用这种消极等待的方法。只要是自己的钱，只要不是借的、贷的，还怕不能等吗?

最后的解套策略也是最好的解套策略，那就是对自己的心态把握。套牢后，首先不能慌，要冷静地思考有没有做错，错在哪里，应该采用何种方式补救。

千万不要情绪化，破罐子破摔，或盲目补仓，或轻易割肉乱作一团。套牢并不可怕，杨百万曾说过：“有时候不套不赚钱，套住了反而赚大钱。”不要单纯地把套牢认为是一种灾难，如果应变得法，它完全有可能演变成一种机遇。

第三节　四大解套必看绝招

股市变化莫测，而运用有关知识驰骋股市却并非一朝一夕可以做到的，稍有不慎便可能被套牢。因此，根据以往股市投资者从实践中得来的经验，归纳出以下四大解套绝招，希望对广大股民朋友们有所帮助。

一、分布解套

分布解套这种方法适用于平衡市且套得较深的股票，优点是能明显缩短解套时间；缺点是把握不得法容易踏空，在牛市中不太适用。

操作原则：一是如果手中有多只股票被套，应利用板块轮动的特点，集中资金，选择先启动的个股进行操作，等解套后再对其他股票一一击破；二是必须在上升通道中低吸高抛，当股市处于弱势时，由于获利比较困难，不宜进行操作。

二、补仓解套

补仓方法又称摊平法。随着股市的下跌，用不同的价格买进股票，用以降低累积持股的成本，或者以摊平持股成本。此法适合手中套牢的热门股。股票市场风云突变，让人措手不及，稍有不慎就会导致损失。此时可以用“补仓”的方法少赔一些，或者再想办法把赔掉的钱再赚回来。热门股套牢以后大多都是采取补仓的方法解套。

补仓的目的在于以更低的价格购买该股票，使单位成本价格下降，以期望在补仓之后反弹抛出，将补仓所买回来的股票所赚取的利润弥补高价位股票的损失。进行补仓解套的基本方法是：首先根据成交密集区来判定该只股票反弹时所能摸到的最高位置；其次根据量价关系来判断该只股票反弹的时机；最后再确定自己补仓的价位和时机，以及补仓的数量和补仓的步骤

（图 9–3）。

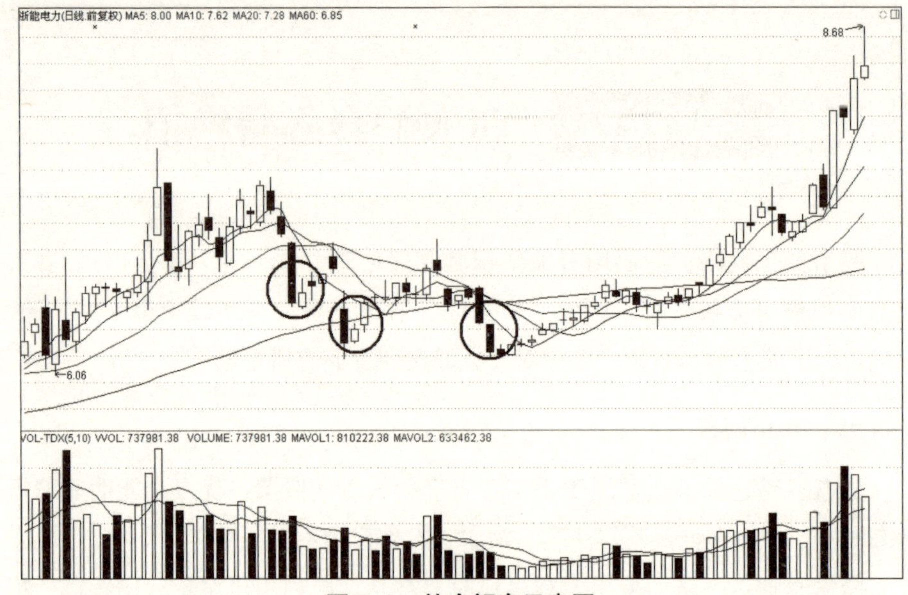

图 9–3　补仓解套示意图

补仓的原则是：资金安全第一。补仓时机的选择十分重要。补仓过早，往往会“弹尽粮绝”。“洞”越补越大，以后连翻身的机会都没有；补仓过晚，又难以降低成本和摊平成本。补仓是有风险的。虽然补仓可以摊薄成本价，但股市难测，补仓之后可能继续下跌，将扩大损失。补仓的前提是：跌幅比较深，损失较大；预期股票即将上升或反弹。

三、换股解套

换股是一种主动性的解套策略。所谓换股法，就是将手中套牢的股票，换成股性活跃、股本扩张力强、题材比较丰富的股票。换股解套关键在于找出强势股，运用得当的话，可以有效降成本，增加解套的机会。但换股也是风险较大的解套手法，一旦操作失误的话，就会“赔了夫人又折兵”。所以，投资者在换股时要非常慎重，在实际应用中要掌握换股的规律。

短线投资者买入股票后如该股不涨反跌，弱势明显，则应抛出弱势股，买入强势股，将赔钱的股票卖掉，兑成资金，买入赚钱的股票。用赚钱股票的盈利对冲掉赔钱股票的亏损。熊市初期卖出股票后应暂时休息，等待大跌之后高抛低吸的机会来临。

这种解套方法的优点是不受原被套股票的束缚，能有效控制风险；缺点是换股失误会赔了夫人又折兵，增加新的风险。具体操作规则有如下几点：

1. 留小换大

小盘股因重组成本低等原因容易被主力选中控盘，导致小盘股股性较活跃，走势常常强于大盘。所以，小盘股是跑赢大势和换取手中滞涨股的首选品种。

2. 换低不换高

换入股价处于相对低处的股票。低价股很容易被市场忽视，投资价值往往被市场低估，低价股由于绝对价位较低，进一步下跌的空间较有限，风险较小。如果是从高位深跌下来的低价股，因为离上档密集套牢区较远，具有一定的上涨潜力。而高价股本身的价格就意味着高风险，导致高价股面临较大的调整压力。所以，换股时要换出高价股，留下低价股。

3. 换强不换弱

换入有资金关照、走势相对强的股票。换股不等于卖出后要立即买入，应在走强时再行介入，以避免再次套牢。弱势股的特征是如果大盘下调，弱势股就会随着大盘回落，跌幅往往会超过大盘；如果大盘反弹，弱势股即使跟随大盘反弹，其力度也比大盘弱。所以，投资者一旦发现自己手中持有的是弱势股，无论是被套还是获利，都要及时清仓，另选强势股。这样才能有效保证资金的利用率。图9-4为2014年9月16日将处于下跌阶段的华能国际换股为万达信息，不但能止损解套，还能令收益倍增。

4. 留新换老

新股、次新股由于未经过扩容，一般流通盘偏小，很容易被主力控盘。上市时间不长、没有被疯炒过的次新股，上档套牢盘较轻，加上次新股刚刚上市，募集了大量现金，经常会出现新的利润增长点。这些因素都很容易激起主流资金的炒作热情。不论以前老庄股是否有过巨幅拉升，也不论其是否有获利的时间及空间，只要在长期的时间和成本的压制下，老庄股往往会考虑如何出逃，所以，老庄股的上升空间和上升力度都值得怀疑。新庄股指的是主力介入时间没有超过1 年的个股，由于新资金刚刚介入，其爆发力往往会超过老庄股。

5. 留下潜在题材股，换出题材明朗股

股市中经常会流传一些朦胧的题材，至于是否真实并不重要，只要能得到股民的认同，股价常常会有喜人的表现。可是题材一旦明朗，炒作便会宣告结束。所以，换股时要注意选择一些具有潜在朦胧题材的个股，不必选利好已经兑现的个股。

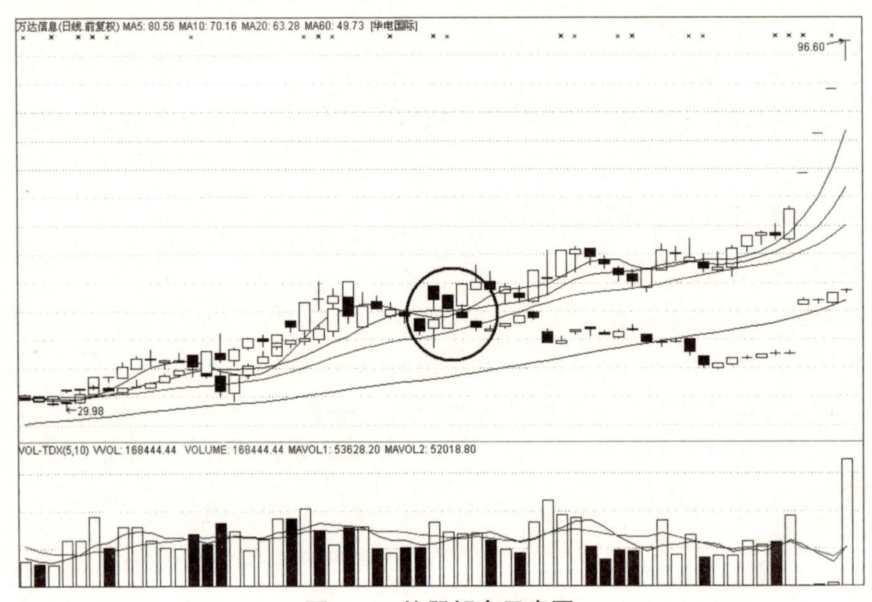

图 9-4 换股解套示意图

6. 留下有庄股，淘汰无庄股

有庄股是指有主力介入的股票。介入的主力凭借雄厚的资金，往往不理会大盘的起落，仍然继续推高股价，股价呈现出强者更强的状态。无庄股由于缺乏主力资金的关照，大多是一些小散户在里面苦苦地支撑，如果持有这种股票，只能和其他散户一起苦撑了。

7. 留下主流换出冷门

有些冷门股，每天仅在几分钱上下波动，全天成交稀少，如果手中有这种个股，应该及早把它抛出，换入现在属于主流板块但涨幅还不大的。

8. 留下放量股换出无量股

要换入能上涨的、涨得快的股票，凡是在底部放量的股票，跟随大盘起伏时往往会弱于大盘整体走势，即使将来被主力选中，主力在临建仓前也会把它打下去吸筹。如果主力的股票在底部不放量，只能说明主力早已吸了一肚子货，正在想着怎么派发，将来的上升空间可想而知。所以，换股时要尽量关注底部放量股。

四、止损解套

止损解套的基本方法是：在买进股票的同时，根据股市情况和自己的资金实力，先设定一个止损位，如果股票价格已经下跌到这个价位，就果断抛售。这种“壮士断腕”的方法也是一种减少损失的、行之有效的方法。该方法常使用于熊市初期，于追涨、投机性买入和股价在高位的股票面临急跌时尤其适用。中小股民遇到股票下跌往往都不愿承认损失，抱着不卖也不亏的思想，始终不卖出手中的股票，希望股票再次上涨挽回损失。而且中小股民最喜欢追高，股票涨了不卖，如果跌了更是不会卖。而往往事与愿违，待股票进入调整期后，后市的调整时间长，调整幅度深，在此期间投资者只能陷入漫长的等待，特别是当持有的股票本质不佳，而且整体投资环境有转趋恶化迹象时，股票更是一套再套。

因此，我们可以看出这种解套方法主要适用于追涨、投机性买入和股价在高位的股票，对满仓深套的人尤其适用，优点是解套效率高，常常能一步解套，缺点是有一定的做空风险。在操作上可以参照以下几点：

（1）当发现自己的买入是严重错误时，一定要果断卖出，不要错过止损的机会，另外要避免在低位操作。

（2）当明显感觉股指将深幅下挫时，如上调印花税等系列政策出台，对于涨幅过大股、非合理估值范围内个股，应第一时间止损。

（3）当个股放量下跌，出现异常卖盘时，说明主力资金无力护盘或获利出场而出货强烈，应果断止损（图9–5）。

（4）趁反弹卖出，如果股价快速下跌，未能第一时间抽身，这时再恐慌地杀跌止损，所起的作用将很有限。而经过深幅快速下跌后的股市极易出现反弹行情，投资者可亡羊补牢，趁大盘反弹时卖出。

该解套方法操作要领在于投资者对大势和个股有正确的判断，能否当机立断，是否具有承亏的心理素质。只有及时果断地卖出，才能防止投资损失的进一步扩大。只要能保证资金不受大的损失，股市中永远有无数的机会可以再赚回来。

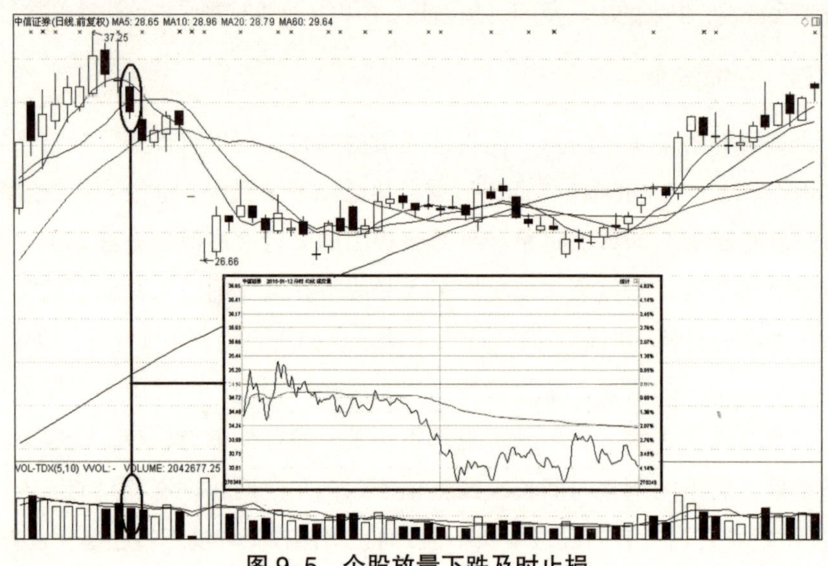

图 9–5　个股放量下跌及时止损

短线点金

解套前要注意分析大势，了解个股。对手中的资产状态有一个全面的了解，在这个基础上制定解套策略，不管套得多深都不要灰心，更不能因为被套太深就放任自流，那样只会越套越深。在没有解套前，不要重新投入新的资金。通常，一定要先制订出详细的解套计划，并且在基本解套或者完全解套后，才能考虑新资金的使用。

第四节　如何通过补仓的技巧来解套

补仓是被套牢后的一种被动应变策略，就其本身来说，它不是一个解套的好办法，但在某些特定情况下它未必不是好的方法。俗话说，股市中没有最好的方法，只有最合适的方法。只要运用得当，它将是反败为胜的利器；同样如果运用不当，那也不会有好的效果。因此，在具体应用补仓来解套的时候要注意以下要点：

一、熊市初期不应补仓

只要是炒股的人，一般都是知道这个道理的。但很多股民无法区分牛熊转折点怎么办？有一个很简单的办法：股价跌得不深坚决不补仓。如果股票现价比买入价低5%就不用补仓，因为随便一次盘中震荡都可能解套。要是现价比买入价低20%~30%以上，甚至有的股价被腰斩时，就可以考虑补仓，后市进一步下跌的空间已经相对有限。

二、大盘不稳不补仓

大盘处于下跌阶段或中继反弹时都不能补仓，因为，股价继续下跌时会影响绝大多数个股一起走下坡路，只有极少数逆市走强的个股可以例外。补仓的最佳时机是在指数位于相对低位或刚刚向上反转时。这时上涨的潜力巨大，下跌的可能最小，补仓较为安全。图9–6为乐凯新材的K线图，大盘在2020年3月9日至2020年3月27日区间出现剧烈震荡，乐凯新材也随之剧烈震荡调整，此后股价一路大跌，此时补仓风险极大。

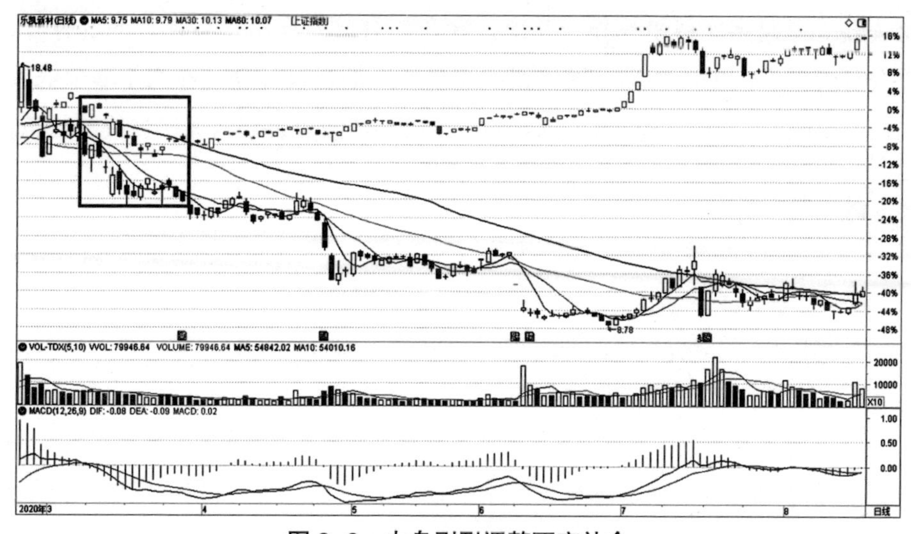

图 9–6　大盘剧烈调整不宜补仓

三、弱势股不补

弱势股不补，特别是那些大盘涨它不涨、大盘跌它却跟着跌的无庄股更不能补。因为补仓的目的是希望用后来补仓的股的盈利弥补前面被套股的损失，既然这样，大可不必限制自己一定要补原来被套的品种。补仓补什么品种不是关键，关键是品种要取得最大化的获利，这才是要重点考虑的。所以，补仓要补就补强势股，不能补弱势股。

四、前期暴涨过的超级黑马不补

股市上曾经有许多风光一时的龙头股，在发出短暂耀眼的光芒后，从此步入漫漫长夜的黑暗中。如深华新、太钢不锈、华泰股份、安阳钢铁、世纪星源、云维股份、鞍钢股份、宏达股份、华菱钢铁、华联综超等股价跌幅都超过了50%，它们下跌周期长，往往深跌后还能深跌，探底后还有更深的底部。投资者摊平这类股，只会越补越套，而且越套越深，最终将身陷泥潭。8年前就上市的1420只老股，如今平均市值增加了13.32%，而319只股票经过漫长的8年至今仍未解套。

五、掌握好补仓的时机

分段补仓、逐级补仓往往是不可取的。首先，普通投资者的资金有限，无法经受得起多次摊平操作；其次，补仓是对前一次错误买入行为的弥补，它本身就不应该再成为第二次错误的交易。所谓逐级补仓是在为不谨慎的买入行为做辩护，多次补仓，越买越套的结果必会使投资者陷入无法自拔的状态。

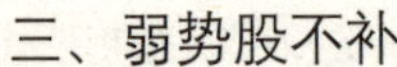

本章启示

本章主要从四个方面讲述了短线止损解套的技巧。

第一节主要通过对短线止损操作技巧的介绍，让股民朋友们明白一些常见的止损方法，通过对这些止损方法的了解，股民就可以在股市上多赚一点，少赔一点。

第二节主要讲述了常见的散户解套的技巧，即主动解套和被动解套两种方法。通过对这两种方法的熟悉和掌握，广大的散户朋友们就可以在适当的时机，通过解套的办法来减少股市上一些不确定的风险。

第三节主要介绍了常见的四大解套绝招。这四大绝招是股民在股市中经常能用到的。

第四节主要介绍如何通过补仓的技巧来解套。补仓是在解套中经常用到的方法，股民朋友们应该知道在什么情况下补仓，在什么情况下不应该补仓。

第十章

多点开花——其他板块如何炒

承担风险，无可指责，但同时记住千万不能孤注一掷！

——［美］乔治·索罗斯

第一节 如何炒创业板股票

一、认识创业板

创业板是指专为暂时无法在主板上市的中小企业和新兴公司提供融资途径和成长空间的证券交易市场，是对主板市场的重要补充，在资本市场有着重要的位置。创业板市场也即人们通常所称的二板市场，即股票第二交易市场，这里的“第二”是相对于主板市场而言的。

二板市场主要功能是为中小型创业企业，特别是为中小型高科技企业服务。一般来说，它的上市标准与主板市场有所区别。开设创业板市场是世界上经济比较发达的国家和地区的普遍做法，旨在支持那些一时不符合主板上市要求但又有高成长性的中小企业，特别是高科技企业的上市融资。因此，它的建立将大大促进那些具有发展潜力的中小型创业企业的发展。

创业板以成长型创业企业为服务对象，重点支持具有自主创新能力的企业上市，具有上市门槛相对较低、信息披露监管严格等特点，它的市场风险要高于主板。创业板股票主要存在以下几种风险摘牌风险；因盘子较小更容易被操纵而导致的过度投机风险；因抗市场风险能力弱而股价剧烈波动的风险；因高市盈率（70%~90%）转主板后导致市盈率暴跌的风险。但即便如此，随着主板市场的火爆，创业板指数也不断刷新历史新高，至2015 年4月7 日，已达到2544. 96 点。

短线点金

在创业板市场上市的公司大多从事高科技业务，具有较高的成长性，但往往成立时间较短，规模较小，业绩也不突出，但有很高的成长空间。可以说，创业板是一个门槛低、风险大、监管严格的股票市场，也是一个孵化科技型、成长型企业的摇篮。

二、了解创业板的上市规则

1. 发行人申请首次公开发行股票应当符合下列条件

（1）发行人是依法设立且持续经营三年以上的股份有限公司。有限责任公司按原账面净资产值折股整体变更为股份有限公司的，持续经营时间可以从有限责任公司成立之日起计算。

（2）最近两年连续盈利，净利润累计不少于1000万元，且持续增长；或者最近一年盈利，且净利润不少于500万元，最近一年营业收入不少于5000万元，最近两年营业收入增长率均不低于30%。净利润以扣除非经常性损益前后孰低者为计算依据。

（3）最近一期末净资产不少于2000万元，且不存在未弥补亏损。

（4）发行后股本总额不少于3000万元。

2. 发行人注册资本、经营业务

（1）发行人的注册资本已足额缴纳，发起人或者股东用作出资的资产的财产权转移手续已办理完毕。发行人的主要资产不存在重大权属纠纷。

（2）发行人应当主要经营一种业务，其生产经营活动符合法律、行政法规和公司章程的规定，符合国家产业政策及环境保护政策。

（3）发行人最近两年内主营业务和董事、高级管理人员均没有发生重大变化，实际控制人没有发生变更。

3. 发行人应当具有持续盈利能力，不存在下列情形

（1）发行人的经营模式、产品或服务的品种结构已经或者将发生重大变化，并对发行人的持续盈利能力构成重大不利影响。

（2）发行人的行业地位或发行人所处行业的经营环境已经或者将发生重大变化，并对发行人的持续盈利能力构成重大不利影响。

（3）发行人在用的商标、专利、专有技术、特许经营权等重要资产或者技术的取得或者使用存在重大不利变化的风险。

（4）发行人最近一年的营业收入或净利润对关联方或者有重大不确定性的客户存在重大依赖。

（5）发行人最近一年的净利润主要来自合并财务报表范围以外的投资收益。

（6）其他可能对发行人持续盈利能力构成重大不利影响的情形。

4. 发行人纳税、股权、治理结构

（1）发行人依法纳税，享受的各项税收优惠符合相关法律法规的规定。发行人的经营成果对税收优惠不存在严重依赖。

（2）发行人不存在重大偿债风险，不存在影响持续经营的担保、诉讼以及仲裁等重大或有事项。

（3）发行人的股权清晰，控股股东和受控股股东、实际控制人支配的股东所持发行人的股份不存在重大权属纠纷。

（4）发行人资产完整，业务及人员、财务、机构独立，具有完整的业务体系和直接面向市场独立经营的能力。与控股股东、实际控制人及其控制的其他企业间不存在同业竞争，以及严重影响公司独立性或者显失公允的关联交易。

（5）发行人具有完善的公司治理结构，依法建立健全股东大会、董事会、监事会以及独立董事、董事会秘书、审计委员会制度，相关机构和人员能够依法履行职责。

（6）发行人会计基础工作规范，财务报表的编制符合企业会计准则和相关会计制度的规定，在所有重大方面公允地反映了发行人的财务状况、经营成果和现金流量，并由注册会计师出具无保留意见的审计报告。

（7）发行人内部控制制度健全且被有效执行，能够合理保证公司财务报告的可靠性、生产经营的合法性、营运的效率与效果，并由注册会计师出具无保留结论的内部控制鉴证报告。

（8）发行人具有严格的资金管理制度，不存在资金被控股股东、实际控制人及其控制的其他企业以借款、代偿债务、代垫款项或者其他方式占用的情形。

（9）发行人的公司章程已明确对外担保的审批权限和审议程序，不存在为控股股东、实际控制人及其控制的其他企业进行违规担保的情形。

（10）发行人的董事、监事和高级管理人员了解股票发行上市相关法律法规，知悉上市公司及其董事、监事和高级管理人员的法定义务和责任。

5. 发行人的董事、监事和高级管理人员应当忠实、勤勉，具备法律、行政法规和规章规定的资格，且不存在下列情形：

（1）被中国证监会采取证券市场禁入措施尚在禁入期的。

（2）最近三年内受到中国证监会行政处罚，或者最近一年内受到证券交易所公开谴责的。

（3）因涉嫌犯罪被司法机关立案侦查或者涉嫌违法违规被中国证监会立案调查，尚未有明确结论意见的。

（4）发行人及其控股股东、实际控制人最近三年内不存在损害投资者合法权益和社会公共利益的重大违法行为。

（5）发行人及其控股股东、实际控制人最近三年内不存在未经法定机关核准，擅自公开或者变相公开发行证券，或者有关违法行为虽然发生在三年前，但目前仍处于持续状态的情形。

（6）发行人募集资金应当用于主营业务，并有明确的用途。募集资金数额和投资项目应当与发行人现有生产经营规模、财务状况、技术水平和管理能力等相适应。发行人应当建立募集资金专项存储制度，募集资金应当存放于董事会决定的专项账户。

三、股民如何利用创业板来炒股

对于创业板上市公司来说，成长性和创新性是最明显的烙印，一般来说，投资者可以根据营业收入增长率、净利润增长率等来衡量公司的成长性。

投资者在关注创业板上市公司分红力度的同时，还应注意分红的持续性。一般来说，利润是公司进行分红的基础，只有持续创造利润的企业才有能力进行长期持续的分红，因此，一个上市公司如果能够承诺并持续、长期兑现较高的现金分红，说明该公司具有较强的盈利能力。换个角度看，也说明该公司比较注重对投资者的回报，具有一定的长期投资价值。图 10-1 为创业板某股票走势图，其投资机会一点也不比主板少。

同时，投资者也要辩证地看待公司分红与成长性的关系。任何企业都要遵循形成期、成长期、成熟期和衰退期的生命周期规律。当一家公司处于成长周期的前两个阶段时，投资的需求很大，需要大量现金投入来支持公司的成长，分红率过高可能导致公司发展后劲乏力，对公司的成长造成不利影响。创业板市场上市公司主要定位于成长阶段的中小企业，多处于成长期，因此在一定期间内公司可能相对不会实施较高的现金分红来回报投资者。

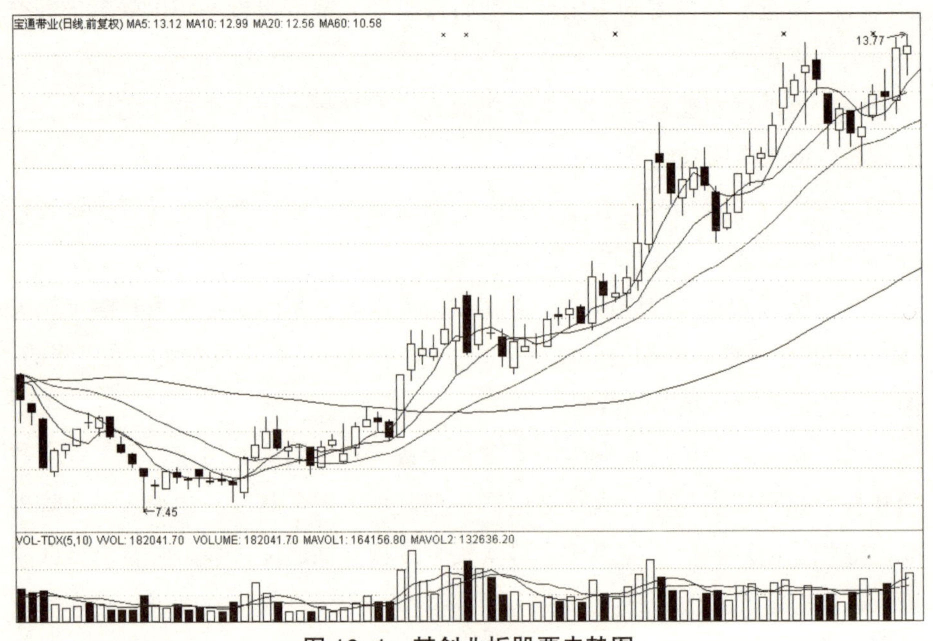

图 10-1 某创业板股票走势图

创业板也存在热点板块和题材，如近期，创业板市场表现火爆，铁路基建、智能电视、油改、国企改革等板块涨幅居前，仅民航机场、中韩自贸、彩票概念等少数板块下跌。表现出与主板市场的关联性和互动性，这些都需要投资者研判和关注。

短线点金

投资者还应具有投资风险意识，创业板上市公司高成长性并不意味着投资低风险或者无风险，特别对于高市盈率的公司股票，已经预先透支了企业的高成长性，应当引起投资者高度重视。总之，投资者在进行创业板投资时，要保持理性的投资观念，坚持长期投资、价值投资，审慎选择投资类型，警惕投资风险。

四、创业板投资中需要特别注意的问题

创业板是一个全新的市场，其上市公司的特点和市场规则安排等都与主板有不同程度的差异，并且市场风险相对高一些，投资者在入市前需尽量了解创业板市场的各种风险，并应注意以下几点事项：

一是入市前必须认真阅读并签署《创业板市场股票投资风险揭示书》，此目的是提醒投资者从风险承受能力等自身实际情况出发，审慎参与创业板市场股票投资。

二是监管机构要求券商强化客户管理和服务工作，对投资者风险承受能力进行综合评估，对此，投资者应积极配合券商的管理，同时要求证券公司详细讲解创业板的知识、交易规则和特殊风险等。比如，抗市场风险能力弱的风险、过度投机风险、专注资本投机令主业荒废的风险、转主板市盈率暴跌的风险、股票退市风险等。

三是监管部门正积极构建层次丰富、形式多样、覆盖面广的投资者教育体系，力争做到“把风险讲够，把规则讲透”，投资者可从多种渠道去认识、了解、熟悉创业板的各种相关规则和知识。

2020年8月24日，创业板实行注册制，规则和以前比发生了较大的变化。主要规则变化如下：

1. 新增投资者开户门槛

新增创业板个人投资者须满足前20个交易日日均资产不低于10万元，且具备24个月的A股交易经验的门槛(老客户要补签风险揭示书)。

2. 扩大涨跌幅

股票上市后前5个交易日不设涨跌幅限制，5个交易日后涨跌幅20%。当注册制第一只新股上市那天，所有创业板股票涨跌幅都变为20%。新旧创业板股票涨跌幅限制从目前的10%调整为20%。存量公司日涨跌幅同步扩至20%。

3. 实行“价格笼子”机制

在连续竞价期间，限价申报设置上下2%的有效竞价范围。即规定连续竞

价阶段限价申报的买入申报价格不得高于买入基准价格的102%，卖出申报价格不得低于卖出基准价格的98%。

4. 优化盘中停牌机制

在上市后的前5个交易日设立盘中临时停牌机制，设置涨跌30%、60%两档停牌指标，各停牌10分钟。停牌期间可以挂单也可以撤单，复牌时已接受的申报实行集合竞价。

5. 提高单笔最高申报数量

限价申报单笔最高申报数量调整至30万股，市价申报调整至15万股，保留每笔最低申报数量为100股的制度安排。这意味着，以往一些在连续竞价期间使用的交易套路将会失效。

6. 调整交易公开信息披露指标

当日收盘价格涨跌幅偏离值±7%调整为涨跌幅±15%、价格振幅由15%调整为30%、换手率指标由20%调整为30%、连续3个交易日内日收盘价格涨跌幅偏离值累计达到±20%调整为±30%，取消其他异动指标；增加严重异常波动指标。

7. 引入盘后定价交易方式

收盘后按照时间优先的原则，以当日收盘价对盘后定价买卖申报逐笔连续撮合的交易方式。每个交易日的15：05至15：30为盘后定价交易时间。

8. 新增股票特殊标识

新增股票特殊标识：N代表该股票上市首日、C代表该股票上市后次日至第五日之间、U代表发行人尚未盈利、W代表发行人具有表决权差异安排的、V代表发行人具有协议控制架构或者类似特殊安排的。多种类型公司均有上市可能，亏损企业也可上市。

9. 增设风险警示制度

以前的创业板没有摘星戴帽一说，调整后上市公司股票交易被实施退市风险警示的，在股票简称前冠以“ST”字样。而且被“ST”的股票将被调整出两融标的证券范围。取消了暂停上市、恢复上市环节，交易类退市也不再设置退市整理期。新增“连续20个交易日市值低于3亿元”的退市指标。

10. 优化两融交易机制

创业板注册制下发行上市股票首个交易日起可作为两融标的。

短线点金

以创业板注册制交易规则中，对投资人影响最大的变动是，创业板注册制新股前5日不设涨跌幅，以及之后涨跌幅比例为20%。创业板20%涨跌幅限制对于新股波动影响很小，但是对于创业板存量影响可能较大。这是由于注册制带来壳价值贬值预期，因此存量走势可能出现趋势性分化。20%涨跌停板新规则能够进一步提升创业板股票的流动性，市场应该给予这些流动性一定的溢价，因此涨跌停板的扩张对创业板带来的更多是利好。创业板注册制的“优胜劣汰机制”将会加大创业板内股票的估值分化，另外创业板的市场定位于服务成长型创新创业企业，特别是科技类企业。注册制下，普通投资者投资于创业板的投资风险和投资难度都会加大，投资者结构将更为优化。

以下几种类型的风险值得投资者重点关注：

一是公司经营失败或其他原因导致退市的风险；

二是上市公司、中介机构的诚信风险；

三是股价大幅波动的风险；

四是创业企业的技术风险；

五是公司价值评估的风险；

六是交易规则改变及停牌带来的风险；

七是投资者盲目投资及违规交易的风险；

第二节　如何炒中小板股票

一、认识中小板

中小板就是相对于主板市场而言的，中国的主板市场包括深交所和上交所。有些企业的条件达不到主板市场的要求，所以只能在中小板市场上市。中小板市场是创业板的一种过渡，中国的中小板市场代码是以002开头的。

中小板在美国的纳斯达克市场就是典型的创业板。根据深圳证券交易所发布的《中小企业板股票暂停上市、终止上市特别规定》，如果公司年度报告显示股东权益为负值，或者被注册会计师出具否定意见的审计报告，或者被出具了无法表示意见的审计报告而且本所认为情形严重的，实施退市风险警示。

中小企业板的建立是构筑多层次资本市场的重要举措，也是创业板的前奏，虽然中小企业板在现阶段并没有满足市场的若干预期，如全流通等，而过高的新股定位更是在短时期内影响了指数的稳定，但中小企业板所肩负的历史使命必然使得这个板块在未来的制度创新中显示出越来越蓬勃的生命力。

二、了解中小板的交易规则

中小板交易规则具体如下所示：

1. 交易时间

9：15~9：25开盘集合竞价，9：30~11：30和13：00~14：57连续竞价，14：57~15：00收盘集合竞价，15：00~15：30大宗交易。

2. 集合竞价

在9：15~9：25之间，交易系统会按照集合竞价规则对当前已收到的有效委托进行一次虚拟的集合竞价（每隔10秒揭示一次，不是实际开盘价，不产生实际成交），以确定截至目前的有效委托将产生的集合竞价成交价，这个价格就是虚拟开盘价。每次揭示的虚拟开盘价会随着新委托的进入而不断更新，这样投资者可以了解当前参与集合竞价的委托情况，增加开盘集合竞价的透明度。

3. 撤单申报

开盘集合竞价时，9：20~9：25主机不接受撤单申报，除此之外都可接受撤单申报。

4. 收盘定价

14：57~15：00实施收盘集合竞价，以确定收盘价，收盘集合竞价不能产生收盘价的，以最后一笔成交价为当日收盘价。

短线点金

具体来说，在五档行情下，如果集合竞价时未匹配量为零，则在买一和卖一档分别揭示开盘参考价格和匹配量；如果集合竞价时出现未匹配量为卖方剩余，则除在买一和卖一档分别揭示开盘参考价格和匹配量外，在卖二的数量位置揭示未匹配量，五档中的其他档均为空白，不揭示价格和数量；如果集合竞价时出现未匹配量为买方剩余，则除在买一和卖一档分别揭示开盘参考价格和匹配量外，在买二的数量位置揭示未匹配量，五档中的其他档均为空白，不揭示价格和数量。

三、如何利用中小板来炒股

从市场特点分析，中小企业板和创业板个股股性十分活跃，相对于主板比较沉闷的个股走势而言，震荡幅度与获利机会较大，对市场资金构成吸引力。中小板选股思路，集中在三个方面。

1. 基本面

“有增量资金介入”是一个参选标准，这类个股表现在盘面上就是成交量逐渐温和放大，底部逐步抬高，主力收集迹象明显，对已经形成了独立走势的个股，不妨可以作为投资重点来看待。但是，增量资金的介入必须是处于温和状态中的，同时股价涨幅不能过大。如果股价上涨过快或过高，并且成交量急剧放大时，投资者不宜轻易追涨。因为中小企业板和创业板个股的走势是活跃有余，但持续性不强。投资者可以选择目前价位不高，而且换手比较积极，短线低吸高抛的差价机会较明显的个股进行投资（图10–2）。

2. 技术面

主力经过长期打压，并陆续有资金按计划吃进，股票价格平稳，主力开始第一轮拉高建仓，在缩量洗盘的过程中仍然值得买进持有。

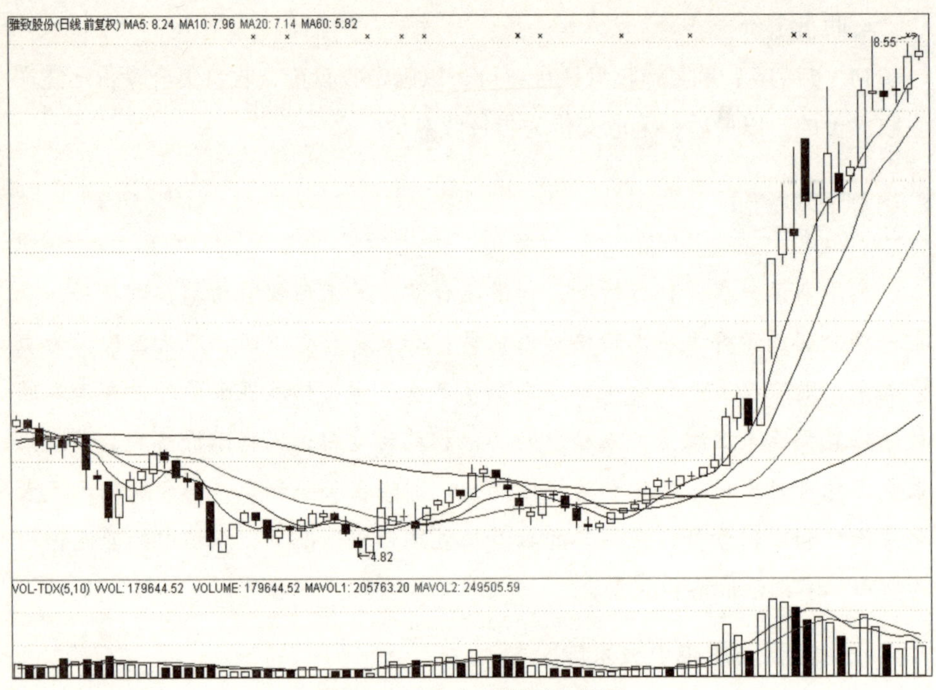

图 10-2　中小板股票走势图

3. 选择长庄股持有

市场资金分投机和投资两种，投机股来去神速，股票价格暴炒后，价格一落千丈，跟盘不慎，必然亏损累累。而长线投资资金必然不同，从个股走向看，这样的品种很少有跌停或涨停出现，有标准的慢牛型的上升通道，涨跌量价都健康，投资者不妨踩准主力节奏，在每跌到上升趋势线下轨位置时耐心吃进。

短线点金

通常在相同条件下，盘子小的股票定位要高于盘子大的股票，而小盘股的投机性必定会强于主板上的同类型股票。所以，中小企业板和创业板新股平均市盈率应该高于主板市场平均市盈率。但是要注意一点，高的程度不是无限制的，如果过分高估中小板和创业板个股平均市盈率，则必然面临价值回归，投资者要保持警惕。

四、中小板投资禁忌和风险控制

中小企业板的投机气氛比较浓厚，决定了其具有高收益、高风险的特性，因此掌握必要的风险控制手段是非常重要的。实际操作中应始终以风险控制为第一原则，其次才是考虑如何获取利润。要注意选择市场资金集中关注的强势品种，注意不在股价处于调整走势中买入，不要设置盈利预期，当行情难以进一步向上拓展时，要及时卖出而不必顾及实际盈利状况。

投资者在参与中小板个股时，对于庄家介入较深、拉升幅度过大的个股不要跟风追涨。应采用适度投资的原则。投资者应该控制投资的频率、投资的资金和投资的数量，要根据市场环境制定入市策略。投机市场瞬息万变，而中小企业板的行情突变情况经常会发生，满仓操作常会使投资者没有回旋的余地。当形势不明朗时，一定要谨慎从事，放弃操作。即使因为踏空而失去机会，也不能冒险盲目交易（图10–3）。

图 10–3　满仓持有被庄家过度拉升的中小板股票

为了应付随时可能出现的不确定风险，要建立必要的风险控制机制，一旦遭遇行情突变时，要果断地执行。风险控制机制中要设置止赢、止平和止损位，通过止赢起到提前预防风险的作用；通过止平使自己的持股避免被套的命运；通过止损来防止投资失误导致损失进一步扩大。

短线点金

注意防范上市公司风险。上市公司的风险分为经营风险、财务风险以及诚信风险。其中，公司的诚信风险尤为重要。防范此类风险的最好办法就是对那些诚信记录有“案底”的公司采取敬而远之的态度。

第三节 如何用沪港通炒港股

一、何为沪港通

沪港通是指上海证券交易所和香港联合交易所允许两地投资者通过当地证券公司（或经纪商）买卖规定范围内的对方交易所上市的股票，是沪港股票市场交易互联互通机制。

沪港通包括沪股通和港股通两部分：沪股通是指投资者委托香港经纪商，经由香港联合交易所设立的证券交易服务公司，向上海证券交易所进行申报（买卖盘传递），买卖规定范围内的上海证券交易所上市的股票；港股通是指投资者委托内地证券公司，经由上海证券交易所设立的证券交易服务公司，向香港联合交易所进行申报（买卖盘传递），买卖规定范围内的香港联合交易所上市的股票。

试点初期沪股通的股票范围是上海证券交易所上证180指数、上证380指数的成分股，以及上海证券交易所上市的A+H股公司股票。港股通的股票范围是香港联合交易所恒生综合大型股指数、恒生综合中型股指数的成分股和同时在香港联合交易所、上海证券交易所上市的A+H股公司股票。双方可根据试点情况对投资标的范围进行调整（图10-4）。

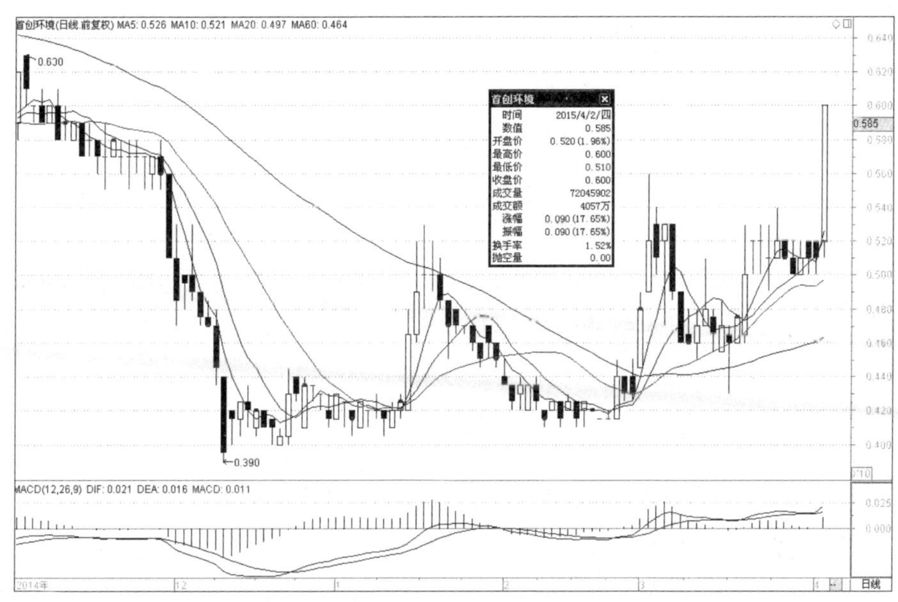

图 10–4　港股界面

二、港股通的交易规则

（1）沪港通仅向双方投资者提供限价类型订单。具体而言，内地投资者参与联交所自动对盘系统交易港股通股票时，在开市前时段内应当采用“竞价限价盘”委托；在持续交易时段应当采用“增强限价盘”委托。

（2）投资者的港股通订单如果已经申报的，那么不得更改申报价格或者申报数量，但在联交所允许撤销申报的时段内，未成交的申报可以撤销。联交所市场允许港股通投资者撤销申报的时段包括，交易日开市前时段的9：00~9：15（即输入买卖盘时段）、9：30~12：00和13：00~16：00（持续交易时段）。此外，港股通投资者可以在12：30~13：00的时段内撤销上午未成交的买卖盘申报。

（3）在开市前时段，卖盘以买卖盘类别、价格及时间等优先次序（竞价盘享有优先的对盘次序），按“最终参考平衡价”顺序对盘，“最终参考平衡价”即为开市价。若开市前时段未产生对盘价格的，以当日第一笔成交价格作为开市价。

（4）在正常运作情况下，港股的收市价按照持续交易时段最后1分钟内5个按盘价的中位数计算。系统由15：59开始，每隔15秒录取股票按盘价一次，共摄取五个按盘价。按盘价是根据联交所《交易所规则》第101条规定，在比较了当时的买盘价、沽盘价及最后录得价后确定的。选五个时段按盘价的中位数可以尽量减少某一宗交易的成交价对收市价的影响。

（5）港股通在证券交收时点上，实行T+2交收安排。T日买入港股的投资者，T+2日日终完成交收后才可获得相关证券的权益；T日卖出港股的投资者，T日和T+1日日终仍可享有关于证券的权益。投资者证券账户内的港股通股票余额分为可交易数量（Avalible）、日终持有余额（Balance）、未完成交收数量（Pending），如发生冻结，还包括冻结数量（Frozen）。

短线点金

T日买入港股的投资者，T+2日日终完成交收后才可获得相关证券的权益；T日卖出港股的投资者，T日和T+1日日终仍可享有相关证券的权益。提示投资者注意，T日是指港股通交易日；T+1日是指港股通交易日后第1个港股通交收日；T+2，依此类推。

三、港股通的操作流程和操作方法

港股开户只需提供身份证和居住地址证明，然后签署一份资料表格即可。随后，香港证券公司会帮助客户开设港股交易账户，客户收齐上述资料并转入资金后就可进行港股买卖了。

1. 资料准备

（1）居住地址证明：香港证监会要求港股投资者必须提供现居住地址证明，以此保证投资者能够收到证券公司邮寄的资料。居住地址证明可使用水电单、电话单、燃气单、基金对账单、保险对账单、信用卡对账单等代替。前提是单据必须为机打单据，而且要有客户名字、地址，且在三个月以内。

（2）身份证及复印件。

2. 签署开户文件

客户在香港证券公司职员的见证下填写个人基本信息资料并签字。

3. 开户资料送达

证券（香港）公司在收到客户开户申请并审核合格后，会为客户开设股票交易账户，并通过短信和寄送开户密码信等方式将账户号码及密码分别送达。

（1）短信：客户会收到证券（香港）公司发的手机短信，内有股票交易账号。

（2）开户密码信：证券（香港）公司将为客户寄送开户密码信，内有登录网上交易系统使用的初始密码。客户登录交易系统后，即要修改该密码。

至此，整个开户过程完成，客户就可以使用账户进行港股交易了。

短线点金

沪港通的投资规模是有实施额度控制的。在试点初期，遵循有序可控的原则，港股通的总额度为2500亿元人民币，每日额度为105亿元人民币。

四、港股通的注意事项

（1）在试点初期，根据香港证券及期货事务监察委员会的规定，参与港股通的内地投资者仅限于机构投资者及证券账户及资金账户余额合计不低于人民币50万元的个人投资者。截至目前，可纳入港股通股票范围的股票共268只。投资者还需要注意，如果股票被调出港股通股票但仍属于联交所上市股票的，投资者将不得通过港股通买入该股票，但可以卖出。

（2）投资者的港股通订单如果已经申报的，那么不得更改申报价格或者申报数量，但在联交所允许撤销申报的时段内，未成交的申报可以撤销。联交所市场允许港股通投资者撤销申报的时段包括交易日开市前时段的9：00~ 9：15，9：30~12：00和13：00~16：00。此外，港股通投资者可以在12：30~ 13：00的时段内撤销上午未成交的申报。

（3）“碎股”就是少于一手，即少于一个完整买卖单位的证券，香港市场称为“碎股”（内地称“零股”）。港股通投资者持有的碎股只能通过联交所半自动对盘碎股交易系统卖出。目前，在联交所通过半自动对盘的方式进行碎股买卖，价格通常有所折让。

短线点金

中国香港出现台风或黑色暴雨等事件时，联交所将可能临时停市，投资者将面临在停市期间无法进行港股通交易的风险。投资者除了关注正常的市场因素，还应当关注香港股市市场以外的因素，做好投资安排。

第四节 如何操作融资融券

一、融资融券业务综述

融资融券又称“证券信用交易”，是指投资者向证券公司提供担保物，借入资金买入证券或借入证券卖出的行为。包括券商对投资者的融资、融券和金融机构对券商的融资、融券。

融资融券业务，是指证券公司向投资者出借资金供其买入上市证券，或出借上市证券供其卖出，并收取担保物的经营活动。

融资是借钱买证券，证券公司借款给客户购买证券，客户到期偿还本息，客户向证券公司融资买进证券称为“买多”；融券是借证券来卖，然后以证券归还，证券公司出借证券给客户出售，客户到期返还相同种类和数量的证券并支付利息，客户向证券公司融券卖出称为“卖空”。

目前国际上存在的融资融券模式基本有四种：证券融资公司模式、投资者直接授信模式、证券公司授信的模式以及登记结算公司授信的模式。中国融资融券模式包括券商对投资者的融资、融券和金融机构对券商的融资、融券。修订前的证券法禁止融资融券的证券信用交易。

二、融资融券操作指南

根据中国证监会《证券公司融资融券试点管理办法》的规定，投资者参与融资融券交易前，证券公司应当了解该投资者的身份、财产与收入状况、证券投资经验和风险偏好等内容。

（1）融资买入、融券卖出的申报数量应当为100股（份）或其整数倍。投资者在交易所从事融资融券交易，融资融券期限不得超过6个月。投资者卖出信用证券账户内证券所得价款，须先偿还其融资欠款。融资融券暂不采用大宗交易方式。

（2）客户以其信用账户中的资金或证券作为担保品，向证券公司申请融券卖出；证券公司在与结算公司交收时，用其“证券公司融券专用账户”中自有证券为客户垫付证券；客户融券卖出所得资金作为向证券公司融券的担保品记入“客户信用资金汇总账户”，同时记增相应的客户二级明细账户。

客户可采用买券还券方式偿还融入证券。客户通过“客户信用证券账户”申报买券，买入证券从“客户信用证券汇总账户”划入“证券公司融券专用账户”。

短线点金

对于不满足证券公司征信要求、在该公司从事证券交易不足半年、交易结算资金未纳入第三方存管、证券投资经验不足、缺乏风险承担能力或者有重大违约记录的投资者，以及证券公司的股东、关联人，证券公司不得向其融资、融券。

三、融资融券的操作技巧

（1）如果满仓套牢，而行情已明显启动，急补仓解套，但苦于没有多余资金，可以通过向券商融资补仓，降低投资成本。

（2）利用融资融券杠杆效应可扩大收益。

假设你手上有100万元资金，你看好××股票，你可以用这100万元先行买入该股，随后，再将其抵押，再次融资买入该股50万只，这样，当股价上涨的时候，你就可以分享到额外部分的收益了。就以刚才的例子来说，如果××股票上涨5%，原本你只能盈利5万元，但通过融资融券操作，你就可以赚到7.5万元了。

（3）A股当天买了要明天才能卖的交易规则有所限制，如果你能精准抓住日内分时图的高点，可利用融资融券账户巧妙实现变相T+0交易。你手上持有100万只A证券，假使您用其抵押再次融入50万只该证券，当日该股上涨了6%，你就可以卖出原有的股票50万只，这样日终清算的时候你就没有任何

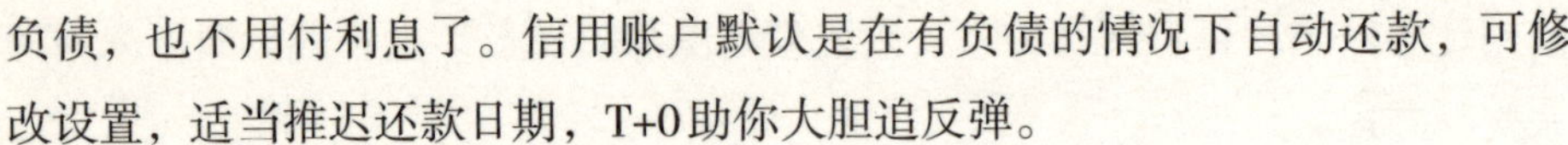

负债，也不用付利息了。信用账户默认是在有负债的情况下自动还款，可修改设置，适当推迟还款日期，T+0助你大胆追反弹。

短线点金

通过融资融券交易成功实现资金和股票的T+0流转中还需要把握住两个关键点和风险源。

（1）市场风险：T+0交易技巧不是无风险套利策略，其作用是降低融资融券利息费用，锁定投资收益。在投资中使用该技巧时，对于个股的选择也是依赖于投资者的判断和各种类型的选股择时方法，需要承担相应市场风险。

（2）仓位控制：使用T+0交易技巧时，对于融资融券的仓位选择，投资者需要根据自身风险控制能力和投资能力量力而行；另外，在操作中不能超过融资融券额度，特别是看涨股票的T+0流转需要提前预留足够的融券额度，防止这些交易技巧无法实施。

四、融资融券风险及控制

投资者参与融资融券业务，可通过向证券公司提供一定比例的保证金，借入资金买入或借入证券卖出，扩大交易筹码，具有一定的财务杠杆效应。与现有证券交易模式相比，投资者的收益与亏损都将以一定比例放大，当投资者亏损达到一定程度时，证券公司为保障债权将要求投资者追加保证金，如投资者不能及时足额追加保证金，其信用账户将被证券公司强制平仓以收回债权。追加担保物与强制平仓风险，是融资融券交易区别于现有证券交易的最大风险，投资者在参与融资融券交易时应重点关注。

（1）投资者应关注监管机构对初始保证金比例的调整，判断市场整体风险。初始保证金比例越高，对投资者防范追加担保物或强制平仓的风险越有利。投资者应将监管机构对初始保证金比例的调整作为风险提示信号，当融资交易或融券交易保证金比例提高后，及时领会调控手段传达出的市场整体风险信号。在保证金比例调高后如继续放大借贷规模往往面临潜在风险，投资者应控制情绪，切莫使用融资买入或融券卖出交易方式继续追涨杀跌。

（2）融资买入、融券卖出之前理性判断标的证券价格趋势。融资买入交易的风险出现在市场大幅下跌趋势中，融券卖出交易的风险出现在市场大幅上涨趋势中。在进行融资买入或融券卖出交易之前，投资者需要对标的证券未来趋势进行理性判断，如在价格高位融资买入、价格低位融券卖出，则很容易面临追加担保物，甚至强制平仓的状况。

（3）预留现金或可充抵保证金证券，以备及时追加担保物。投资者即使对融资买入或融券卖出的证券未来趋势出现判断误差，被证券公司通知追加担保物，也仍然有机会通过补足担保物、提高维持担保比例至150%以回避强制平仓的风险。“留得青山在、不怕没柴烧”在杠杆交易中尤其适用，如投资者能在规定期限内足额追加担保物，则相应的融资买入多头头寸或融券卖出空头头寸将可以继续保留，待标的证券价格趋势反转后，投资者即可开始盈利。

短线点金

如投资者未预留现金或可充抵保证金证券以备追加担保物，或投资者经理性判断，认为该标的证券现有趋势短期内不会出现反转，则应该果断了结亏损头寸。

本章启示

在判断是否为热点板块时，要注意以下三点：

（1）热点形成的过程就是主力资金介入的过程，热点形成时间越长，持续时间也越长，或持续时间不长但板块股价上升幅度较大。

（2）股票是不可能同时出现热点过多板块的，如果出现市场同时疯狂炒作的情况，注意大盘是否出现一浪见顶信号。当新热点板块形成时，旧板块热点将进行调整。

（3）热点板块转移过程中，大盘往往有一次较大调整，主力资金机构调整持仓结构，换股和板块操作。

参考文献

[1] 老牛.短线擒黑马：切准买入时机的76个细节[M].北京：人民邮电出版社，2011.

[2] 唐能通.短线高手的操盘技巧[M].成都：四川人民出版社，2015.

[3] 刘柯.不可不知的短线操盘细节[M].北京：中国铁道出版社，2014.

[4] 范江京.短线高手实战金典[M].北京：机械工业出版社，2013.

[5] [美]拉里.威廉斯(Larry Williams).短线交易秘诀[M].北京：机械工业出版社，2011.

[6] 曹明成.谭文.擒住大牛——一本书看透股市庄家[M].上海：立信会计出版社，2015.

[7] 康凯彬.跟庄实战技法(第3版)[M].北京：中国纺织出版社，2015.

[8] 纪垂海.庄家控盘核心2：进退有度[M].北京：中国经济出版社，2013.

[9] 邓睿.从零开始学跟庄：新手入门、洞察庄家、跟庄获利操作技巧之道[M].北京：机械工业出版社，2012.

[10] 程鹏.庄家心里操纵术：散户与庄家博弈的实战兵法[M].北京：新世界出版社，2011.

[11] 付刚.庄家动向一看就懂[M].北京：人民邮电出版社.2010.

[12] 林汶奎.庄家操盘全揭秘[M].上海：上海财经大学出版社，2010.

[13] 金浩.战胜庄家[M].合肥：黄山书社，2010.

[14] 付刚.看透庄家玄机[M].北京：人民邮电出版社.2009.

[15] 尹宏.纵横股海：各行业股票投资策略与技巧[M].北京：经济管理出版社，2006.